本书为作者独立承担的全国艺术科学规划

2001年国家年度课题：

从西方跨文化戏剧看文明的冲突与交流

孙惠柱 著

谁的蝴蝶夫人
―― 戏剧冲突与文明冲突

商务印书馆
2009年·北京

图书在版编目(CIP)数据

谁的蝴蝶夫人——戏剧冲突与文明冲突/孙惠柱著.
北京:商务印书馆,2006
ISBN 7-100-04978-4

Ⅰ.谁… Ⅱ.孙… Ⅲ.①东西文化—比较文化—研究②戏剧文学—比较文学—东方国家、西方国家 Ⅳ.①G04②I106.3

中国版本图书馆 CIP 数据核字(2006)第 032534 号

所有权利保留。
未经许可,不得以任何方式使用。

谁的蝴蝶夫人
——戏剧冲突与文明冲突
孙惠柱 著

商务印书馆出版
(北京王府井大街36号 邮政编码 100710)
商务印书馆发行
北京瑞古冠中印刷厂印刷
ISBN 7-100-04978-4/G·729

2006年9月第1版 开本 880×1230 1/32
2009年8月北京第2次印刷 印张 8¼
定价:17.00元

目 录

导言：文明冲突与跨文化戏剧 …………………… 1
一、《波斯人》与被打败的东方人 ………………… 18
二、欧里丕得斯与"危险的东方人" ……………… 35
三、《威尼斯商人》的文化冲突 …………………… 63
四、《奥赛罗》如何跨文化？ ……………………… 85
五、《暴风雨》与殖民叙事 ………………………… 112
六、西方文化批判者伏尔泰的东方梦 …………… 132
七、《图兰多》与东西方性别之争 ………………… 150
八、谁的《蝴蝶夫人》？ …………………………… 169
九、娜拉嫁到中国会怎样？ ……………………… 190
十、布莱希特与跨文化挪用 ……………………… 207
十一、黑白要不要分明？ ………………………… 231
十二、《狮子王》与世界新秩序 …………………… 245
结语：跨文化戏剧和中国 ………………………… 259

导言：文明冲突与跨文化戏剧

2001年9月11日发生在美国的恐怖主义袭击震惊了全世界，很多人甚至认为这一事件彻底地改变了世界。但对于相当一部分美国人来说，这个天大的坏事也可以转眼就变成好事，这些人里包括了小布什总统和他麾下的一大批政客，此外还有一些著名的文化学者。在政治学家塞缪尔·亨廷顿和历史学家小阿瑟·施莱辛格眼里，9·11事件恰好证实了他们好几年前就做出的"明智"的判断。亨廷顿1993年就在著名的《文明的冲突》一文中指出（他后来把该观点扩展成《文明的冲突与世界秩序的重建》一书，于1997年出版）："最危险的文化的冲突是沿着文明之间的地震带发生的。……全球政治已经以多极和多种文明为特征……文化的群体正在取代冷战的阵营，不同文明之间的地震带正在成为全球政治冲突中的主线。"[①] 小施莱辛格更早在1991年就写了一本名为《美利坚分裂》的书，书中几乎是同样地

---

① 见 Samuel P. Huntington, *The Clash of Civilizations and the Remaking of World Order*, New York: Simon & Schuster, 1997, pp.28—29。引者译，下同。

宣称:"意识形态冲突的时代正在淡出,人类进入了……或者更准确地说……重新进入了一个可能是更加危险的种族仇恨的时代。"①

具有讽刺意义的是,9·11事件是在美国和其他西方国家讲了二三十年的多元文化主义以后发生的。任职八年的上届美国总统克林顿曾十分支持多元文化,当亨廷顿的文明冲突论在外交界和国际上引起了不小的反响以后,克林顿在1997年其第二次总统就职仪式上强调的还是完全不同于亨氏理论的人文主义普世价值理想:

> 世界已经不再被分为两个敌对的阵营……现在我们正在与曾经是我们的敌手的国家建立纽带。日益频繁的商业和文化上的联系使得全世界的人都有机会来增加物质和精神的财富。②

但是9·11事件给了乐观的普世主义者兜头一盆冷水,原来一直掌握着强势话语权的普世主义者和多元文化主义者顿时哑口无言,几乎都患了失语症。虽然普世主义和多元文化主义也有差别,前者希望不同文化最终可能融合,而后者永远拒绝融合,但多年来他们一直联手在西方国家的校园里和媒体上拼命鼓吹,非西方文化和西方文化一样,是平等和美丽的。这些宣传究竟起了多大的作用呢?9·11一来立刻就见分晓。越来越多的西方人认为,多元文化主义并不能平息那些憎恨西方文化的"他

---

① Arthur Schlesinger, jr., *The Disuniting of America*, New York: Norton & Co., 1991, p.138. 该书名 The Disuniting of America 正好颠覆了"美利坚合众国"的国名 The United States of America。

② *The New York Times*, 1997, 1, 21.

者"的怒气,甚至还会纵容他们惹是生非。亨廷顿和小施莱辛格还是两位曾经为民主党政府效过力的"左派"哈佛学者,连他们都这么看,那些老右派就不用说了。"非我族类"现在是危险的、可疑的了。小布什总统虽然一直在提醒自己不能忘记外交辞令,坚称出兵攻打阿富汗和伊拉克并不是反对伊斯兰世界,但还是不小心从嘴边滑出了一个"口误","十字军东征"一词把他的"圣战"动机暴露无疑。就是没有口误的时候,他的潜台词也十分清楚:你只有接受我的基督教价值观,加入我的阵营,才能OK,否则你就是邪恶。

9·11的爆炸不仅仅炸掉了纽约世贸中心的两座高楼,也仿佛使不同文化之间和平共处、和谐交流的前景刹那间化为了烟云。2003年10月去世的后殖民主义批评家、哥伦比亚大学英文教授爱德华·赛义德曾警觉地指出:9·11过去仅仅十多天以后,2001年9月22—28日出版的英国《经济学家》周刊就盛情赞扬亨廷顿"对伊斯兰教所做的残酷、毫不留情,然而又是敏锐的观察"。[1]记得亨廷顿的"文明冲突论"刚出笼的时候,因为他特别把中华文明和伊斯兰文明并列为西方基督教文明的主要对手,全世界华人学者的反应十分强烈,甚至超过了美国本国学者对这一论文的关注程度。当时我还在美国,却是首先从中文媒体得知亨廷顿的观点的,立刻到网上去找,在英文网上还找不到多少关于"文明冲突论"的资料,而在刚刚起步的中文网上却发现了许多评论,甚至连亨廷顿论文的中文全译本都比英文原版更早上网。

---

[1] Edward Said, "The Clash of Ignorance," *The Nation*, 2001, 10, 22.

大多数华人论者是反对亨廷顿的理论的,不少人用中国人习惯的文化交流与融合说来批判亨氏的冲突说,这恰恰昭示出两种文化截然不同的特点。例如,王沪宁是坚决反对用西方价值观来统一全世界的文化的,但他同时也说:"任何价值一体化的进展最终会有利于整个人类利益的平衡的发展。"[①] 汤一介在《评亨廷顿的〈文明的冲突〉》一文中对亨氏提出的第一个质问就是:"人类文化发展的总趋势是以互相对抗还是以互相吸收而融合为主导?"[②] 渐渐地从我们的权威学者如季羡林等人的声音中,浮现出一个更为清醒和现实的理论,"和而不同"成为我们反对文明冲突论的基调。

总的来说,华人世界的和而不同论可以溯源到中国文化中根深蒂固的"和为贵"的儒家传统观念,同时也反映了过去几千年来中国疆土上无数次种族文化冲突导致最终的大致融合这一特殊的历史。汤一介在批评亨廷顿时曾引用普世主义者罗素写于 1922 年的话:"不同文明之间的交流过去已经多次证明是人类文明发展的里程碑,希腊学习埃及,罗马借鉴希腊,阿拉伯参照罗马帝国,中世纪的欧洲又模仿阿拉伯,而文艺复兴时期的欧洲则仿效拜占庭国。"然后他评论说:"罗素这段话是否十分准确,可能有不同的看法",但他马上就肯定地指出:"如果我们看中国文化的发展,特别是儒家文化在中国的发展,就更可以看到在不同文化之间由于文化原因引起的冲突总是暂时的,而不同

[①] 王沪宁:《文化扩张与文化主权:对主权观念的挑战》,见王缉思编:《文明与国际政治——中国学者评亨廷顿的文明冲突论》,上海人民出版社 1995 年版,第 349 页。

[②] 汤一介:《评亨廷顿的〈文明的冲突〉》,见王缉思编:《文明与国际政治——中国学者评亨廷顿的文明冲突论》,第 250 页。

文化之间的相互吸收和融合则是主导的。"① 诚然,如果只看中国的历史,文化融合说是能够轻松地驳倒文明冲突论;然而问题是,现在我们所要讨论的文化冲突已经大大超出了中华文化的疆界,而且在今后的文化冲突中,我们未必能像以前那样经常处在强者的地位上。眼下世界上最强大的文明圈是西方的基督教文明,不同于儒家文化,基督教是希望普天下的人都皈依基督教的——这是他们的普世主义的终极内涵。在这样的情况下,东西方文明的冲突还会像两千多年前的孔夫子所希望的那样,还能像我们的历代先人那样得到解决吗?

9·11告诉我们,今天的世界确实是大大缩小了,喷气式飞机能把天涯海角的人们轻松地连接到一起;但在这个交往日益频繁的地球村里,冲突却也更加激烈了,本应该方便人们进行文化交流的喷气式飞机竟会变成杀害文化他者的烈性炸弹。人们不得不承认,今天的这个世界距离我们所讲的和而不同的理想境界还相当遥远。10年前我也曾经对亨廷顿的理论十分反感,现在却不得不承认,他的文明冲突论尽管听来很不舒服,但作为一个对世界局势的现实主义的判断,实在有其过人之处。问题是,在亨廷顿所描绘的不可避免的文明冲突与我们所希望的"和而不同"之间,有没有可能架起一座桥梁来?如果有可能的话,如何才能架起这座桥梁?要回答这些问题,有必要对世界范围内文化冲突的过去有一个清醒的认识,特别需要了解与我们有着十分不同的文化背景的西方人是如何应对这个问题的。

---

① 汤一介:《评亨廷顿的〈文明的冲突〉》,见王缉思编:《文明与国际政治——中国学者评亨廷顿的文明冲突论》,第251页。

西方文化和种种非西方文化(在西方常常被统称为"东方",即 Oriental,包括远东、中东和非洲)的冲突已经有了数千年的历史,在西方文学的文本中就有了至少 2500 年的记载。东方人经常被西方人视为邪恶的野蛮人,也经常被描写成西方人的手下败将——这两点正是赛义德那本引起极大反响的著作《东方主义》的主要发现。这部后殖民主义理论的经典向历史上几乎所有西方人所写的关于东方的著作提出挑战,并且归纳出西方人之"东方主义"的两大母题:"(第一,)欧洲是强大和善辩的,亚洲是被打败和遥远的;第二个母题则是东方意味着危险。"①

《东方主义》一书在卷首引用马克思的名言:"他们不能代表他们自己,他们只能被别人来代表,"来说明东方人在西方文化中的地位。赛义德也深受毛泽东反殖民主义理论和文化革命理论的影响,他的理论对于我们认识东西方文化的关系有极大的帮助,但是他提出的"两大母题"说并不全面。这位西方左派学者的旗手 1979 年的这本书过于简单地把世界看成就是西方和非西方之争,这一点正和后来他所批评的亨廷顿以及比他更右的西方价值卫道士不谋而合了。在面对非西方文化的时候,他们都把西方看成铁板一块,忽视或低估了西方文化内部所存在的矛盾。必须指出,赛义德后来对他这一观点作了一定的调整,把西方作者的东方主义著作分为"可接受的"和"不可接受的"两类。②

---

① Edward Said, *Orientalism*, New York: Vintage Books, 1979, p. 57. 该书已出版的中译本名为《东方学》,淡化了原书十分强调的政治倾向,我以为不妥。

② 见 Bonnie Marranca, et al eds., *Interculturalism and Performance*, New York: PAJ, 1991, p.58. 例如,他对用跨文化剧作来批判法国主流社会的剧作家让·日奈就表示肯定,但这主要还是因为日奈支持赛义德出生地的巴勒斯坦事业。

他20多年的好友W.J.T.米切尔在纪念他的文章中说:"赛义德一旦通过多种著述全面建立起所谓的'后殖民'研究,他立刻开始对其加以批判,对随之出现的自满状态和已经为人接受的思想进行质疑。"① 而自从9·11以后,他更是直接批判过媒体和许多学者热衷的"西方反对非西方的基本范式",并称之为"重新配置的冷战对抗模式",②但他并没有否认《东方主义》的基本观点。总的来说,赛义德对东方主义的彻底批判至今仍然具有极大的影响。而事实上,2003年伊拉克战争前后法、德两国与美、英两国在政策上的罕见的尖锐分歧突出地表明,西方人并不是都站在一个立场上。亨廷顿之所以在发出文明冲突的警告以后要呼吁西方人特别是美国人"重新确认他们的西方本体,并且……团结起来复兴和捍卫西方本体,以对抗来自非西方社会的挑战",③就是因为他看到了西方社会的内部对他所谓"西方本体"的怀疑和挑战。从古到今,这样的怀疑和挑战一直存在,其中相当一部分是来自文人知识分子,除了赛义德这样的文化批评家,还包括特别擅长于发现和表现冲突的戏剧家。

东方主义的两大母题是赛义德从西方文学的源头——悲剧之父埃斯库罗斯的《波斯人》和另一希腊悲剧家欧里丕得斯的《酒神的伴侣》中找到的,前者展现波斯国王的母亲和老臣们在王宫里悲悲切切地等待他们的军队被希腊大败的噩耗,后者描

---

① W.J.T.米切尔:"批评的良知:纪念爱德华·赛义德,"《中华读书报》2003年11月5日。

② Edward Said, "The Clash of Ignorance," *The Nation*, 2001, 10, 22.

③ Samuel P. Huntington, *The Clash of Civilizations and the Remaking of World Order*, pp.20—21.

写从亚洲回来复仇的酒神狄奥尼索斯用东方的巫术仪式杀死了代表希腊理性的国王。因此赛义德认为《波斯人》告诉人们东方是被打败的,《酒神的伴侣》又表明东方是危险的;但他在书中对这两个希腊剧本只各下了一个简单的结论,并未作具体的分析。其实,读者和观众必然会问的是,《波斯人》在重复波斯被希腊打败这个众所周知的事实的时候,是不是也表示了一点对那些失败者的恻隐之心呢?《酒神的伴侣》在指出东方人危险的同时,是不是也在对过于理性整饬的希腊模式提出了质疑呢?赛义德似乎无暇顾及这样的深一层的问题,他下结论下得很快,在全书的其他部分也很少再提及别的戏剧作品。倒是别的西方戏剧学者在赛义德理论的影响下,找到了越来越多的例子来证明他的"两大母题"说,证明西方戏剧家向来就是敌视和丑化东方人的。很少有人去注意与他这一观点相反的例证。

如果西方人笔下的东方人确实全都是那样的话,那么文明冲突看来真是天经地义,没有一点和解的希望了。然而事实并非尽然如此。在西方跨文化戏剧的历史上,赛义德指出的两大母题确实非常突出,可是与此同时,还有一个恰恰是与之相对立的贯串性母题:批评西方人,浪漫化东方人。赛义德的支持者可能会说,这类作品并不属于西方文化的主流,但是,现在的西方经典中有很大一部分都是当时被视为另类的批判者写来批评自己的社会的。人类历史上既有不绝如缕的文明冲突和西方人的文化偏见,也经常可以看到西方人对于文化融合的乌托邦的向往,因此,东方主义的第三母题不应该被忽视。

在所有文学艺术中,最离不开冲突的一个门类就是戏剧,所以《东方主义》开篇就举出两个剧本为例。西方戏剧史上许多大师都描写过东西方之间的文化冲突,包括马克思主义经典作家所赞赏的埃斯库罗斯、莎士比亚、伏尔泰和莱辛等等,他们所创作的跨文化题材的戏剧展现了多种多样的东西方关系,自然也暴露出作者对待东方人的不同态度。在这些作品中,赛义德尖锐批评的西方沙文主义和文化帝国主义是一个大量存在的严重问题,但除此之外,一些作品中表现出来的西方知识分子对自身文化的批判和对东方文化的憧憬也同样值得我们关注。伏尔泰、莱辛和日奈是代表西方文化中这个批判传统的三位重要的戏剧家。伏尔泰在《中国孤儿》中盛赞中国文化,莱辛在《智者纳坦》中贬基督徒而褒犹太人和穆斯林,日奈在《黑人》和《屏幕》中站在被压迫的黑人和阿尔及利亚人的立场上挑战白人统治者,都反映了西方社会里的有识之士对于东西方文化的一种重要的另类观点。

赛义德认为西方文人之所以对东方有兴趣,一定是为了获取关于东方的知识,以便为企图征服东方的帝国主义强权服务。中国人所熟悉的"知识就是力量"这句培根的名言,在赛义德看来正泄露出东方主义者的狼子野心:Knowledge is power 中的 power 被中国人译为"力量",在赛义德眼里却是指的"强权"——关于东方的知识就意味着可以用来征服东方的强权。这又可以为亨廷顿的文明冲突论提供历史的注脚:世界上没有无缘无故的爱,学习东方文化的西方人没一个是安好心的。这个说法固然有它的道理,美国的中央情报局就有许多东方学专家,还不时要去咨询各大学相关领域的专家教授,对他们来说,知识确实就是强权。这个说法对于9·11以后的美国政府尤其合适,在小布什总统圣战式的战争宣传和军方利益集团以国家安全为借口的媒体控制下,非基督徒的形象在越来越多的美国人头脑中受到了歪曲,美国对非西方文化的研究也越来越成为为强权政治服务的工具——各种情报部门加紧招聘和训练懂阿拉伯语的特工就是一例。但是,对非西方文化有兴趣的戏剧家未必都是这样。戏剧家里确也有不少人以丑化东方人形象为能事,起到了为西方帝国主义的文化侵略、文化宣传服务的作用。但这些人最大的问题并不是因为他们获得了很多关于东方的知识,而恰恰是这方面的知识还不够,他们对东方人了解得实在太少。即便是浪漫化东方人的伏尔泰等人,也因为他们与描写的对象距离太远而并不能使其作品真正令人信服。他们只是因为对自己的社会不满,急于要在西方文化的圈子以外去寻找替代物,这才在还没有十分了解的东方文化中找到了他们以为理想的形象。

在丑化和浪漫化这两个极端的倾向之间,西方舞台上还有大量的东方人形象很不容易简单归纳,例如莎士比亚笔下的文化他者就有多样的形态。《威尼斯商人》和《奥赛罗》两剧在西方饱受左派的批评,其实作者倒未必有什么恶意。《威尼斯商人》中的犹太吝啬鬼和《奥赛罗》中忌妒的黑将军固然和他们各自文化、种族的背景有关,但这并不能证明作者对这两种异族文化有成见,他在描写中还是倾注了人文主义的同情,看得出,莎士比亚是希望不同文化之间能够和解的。但他那个很少有人批评的封箱之作《暴风雨》却真是一个丑恶的殖民主义文化典范,该剧把受外来殖民者泼斯普柔压迫的原住民凯列班和爱丽尔写成连人都算不上的半人半兽的怪物,一个在地上爬,一个在天上飞,爱丽尔因为会拍马屁被解放了,而凯列班因为反抗殖民统治而被诅咒永世不得翻身。一个一直被视为经典的名作对殖民地的人民进行这样明显非人道的侮辱,正是赛义德两大母题说最好的例证——凯列班既是被打败的,又是危险的,这个怪物竟还妄图强奸泼斯普柔的女儿! 可是,我们却没有看到赛义德或他的学生对这个充斥着殖民者的傲慢、极度丑化被殖民者的剧作提出多少批评,就此也可以看出西方左派学者关于东方主义的理论混乱到了什么程度。①

从写希腊和波斯之战的希腊悲剧《波斯人》到20世纪百老汇的《国王与我》(剧中英国女教师教诲泰国国君)和《西贡小姐》(剧中南越妓女爱上美国大兵),西方的跨文化戏剧中经常可以看到西方战胜东方的势力炫耀以及对文化他者的脸谱化漫画,但有时也可以看到一定程度的西方人对战争的反思,以及对他者的人文关怀。《美狄亚》和《蝴蝶夫人》这类跨种族婚姻的悲剧(都是亚洲女性嫁给白人)比比皆是,这些故事几乎都不可避免地显露出男性白人作者对东方人尤其是东方女性的居高临下的霸气,但有时候也表现出创作者对大男子主义和沙文主义的某种自省。由于这些形象在一定意义上反映了东西方人交往中的真实情况,他们甚至成了一种社会学意义上的原型。例如"蝴蝶夫人"现象就是住在海外的亚洲人经常讨论的一个题目,就像非洲裔美国人常用小说和舞台上的"汤姆大叔"来指在白人面前卑躬屈膝的黑人一样。因此,即便是《蝴蝶夫人》和《汤姆大叔的小

---

① 出身于法属非洲殖民地的作家 Aime Cesaire 早就看出了《暴风雨》严重的殖民主义倾向,以此为蓝本写出了反其道而行之的另一个《暴风雨》,英文剧名从 The Tempest 改为 A Tempest,剧中的凯列班成了奋起反抗殖民主义压迫的起义者领袖。英国剧作家 Philip Osment 对该剧做了更大的改动,重新取了个更为响亮的名字《这个岛是我的》(This Island's Mine),于1988年在伦敦演出。该剧把当年英国殖民者对北美原住民的压迫和当今美国文化帝国主义反过来对英国的"侵略"对应起来,强调殖民主义至今仍是世界的危害。

屋》这些在后殖民批判家看来凸现出白人作者文化沙文主义的作品,也不能像赛义德在《东方主义》中那样一言以蔽之,而应该认真地加以分析研究。这些剧作本身及其演出和社会的反应都深刻地反映了东西方文化冲突发生、发展直至解决的一些典型模式,也能给需要表现当今世界越来越多的跨文化交流和冲突的艺术家提供有益的经验教训。赛义德在9·11以后批判了对文化冲突的简单化理解,他说:"亨廷顿是个意识形态家,他想把'文明'和'身份认同'说成是停滞、封闭的实体,事实上它们是推动人类历史的无数潮流和反潮流的集合,就是因为有了文明和身份认同,这么多世纪的历史中才可能不仅有宗教战争和帝国征伐,也有着交换、杂交和共享。"[1]后者正是研究跨文化戏剧时也必须注意的方面。

"跨文化戏剧"(intercultural theatre)是一个还比较新的概念,它和较早在西方流行的多元文化戏剧(multicultural theatre)既有关联又很不相同。多元文化戏剧首先是一个美国现象,指的是美国这个多民族多文化的移民国家中各种族艺术家各自创作演出的关于自己文化的戏剧,例如黑人戏剧、亚洲戏剧(又可分为华人戏剧、日本戏剧、菲律宾戏剧等)、印第安人戏剧等等,舞台上这些孤立主义的多元文化戏剧彼此极少"串门",更不让白人来"抢戏"。这类戏剧的产生有其历史背景。1960年代以非洲裔美国人为主导的民权运动在美国掀起热潮,理论上他们提出要抛弃美国朝野一向认同的多民族文化大熔炉的说法,主张代

---

[1] Edward Said, "The Clash of Ignorance," *The Nation*, 2001, 10, 22.

之以色拉盆的比喻,因为色拉盆里的不同成分仍然保持自己的特色,并不需要在高温下融为一体。从那时候起,刻意排除了其他族裔形象、专门彰显本族裔文化特色的多元文化戏剧就热闹起来,还逐渐从美国发展到了其他西方国家。这类戏剧对于提升历来受压制的各种非西方文化的地位,以及向西方人展示多元文化固然有其历史功绩,但互不相容的多元文化其实也并不能反映真实的当今世界。无论人们如何强调多元文化的特色,处于同一社会乃至同一地球之上的人与人之间还是由不少共同接受的东西连接起来的,诸如大家必须遵守的法律规则,由科技决定的生活习惯(例如交通和通讯),甚至还有宗教——美国黑人民权运动的领袖马丁·路德·金就是一个基督教的牧师,而基督教本来是由白人奴隶主强加于黑奴的。应该说,这些把不同种族和文化扭到一起来的东西多半都是近几百年来的西方霸权的产物。孤立主义的多元文化戏剧只能从表面上做到在舞台上拒绝出现白人的形象,绝不可能真正清除白人的影响。在当今世界上,东西方文化的冲突是想避也避不开的。跨文化戏剧就直面不同种族文化的冲突和交流这个问题,让不同文化的观念和人物在舞台上展开碰撞和交锋。它既不同于由白人独占舞台的大部分传统的西方戏剧,也不同于排斥文化他者只顾各自一个种族的多元文化戏剧,而要真实地反映当今世界的面貌,把不同种族和文化之间的遭遇作为表现的重点,因而最能够暴露出西方人对东西方文化冲突的真实态度。

严格地说,跨文化戏剧作为一个学术课题从提出至今时间并不长,最早提出这一概念的西方学者关注的主要是1960年代以来一些欧美著名导演在东方艺术的影响下所做的一系列戏剧实验,特别是耶日·格洛托夫斯基(波兰)、尤金尼奥·巴尔巴(意大利)、彼得·布鲁克(英国)、阿芮昂·姆努西肯(法国)、理查·谢克纳(美国)等人的观念及其作品。很快人们就发现跨文化戏剧也可以用来概括近一百年来自从东西方戏剧有了实际的交流以后所帮助催生的很多新戏剧形式,最主要的就是阿尔托和布莱希特这两位老前辈的反写实戏剧。总的来说,多数西方学者所关注的还只是形式上的跨文化戏剧,或是用东方的艺术形式来讲西方的故事,如日本歌舞伎版莎士比亚和印度卡塔卡里版希腊悲剧;或是用西方的观念来讲东方的故事,如布莱希特的《高加索灰阑记》和布鲁克的《摩诃婆罗多》,总之是寻求一种东西方形式与内容的融合。我1991年在意大利召开的第一次关于跨文化戏剧的国际学术研讨会上率先提出,其实跨文化戏剧的历史应该追溯到2500年前的古希腊,《波斯人》、《酒神的伴侣》和《美狄亚》等剧作代表的是远更古老、也更为重要的一种跨文化戏剧——内容上的跨文化戏剧,直接用人物和情节来反映文化冲突。《汤姆大叔的小屋》和《西贡小姐》是这类跨文化戏剧在近代和当代的代表。从历史上看,内容上的跨文化戏剧是第一阶段的重点,形式上的跨文化戏剧是第二阶段的重点。

近年来跨文化戏剧又出现了第三阶段——内容和形式二者相结合的跨文化戏剧,这方面最突出的代表有尼日利亚的诺贝尔文学奖得主沃里·索因卡的《死亡与国王的马夫》和华裔美国剧作家黄哲伦的百老汇得奖名剧《蝴蝶君》。这两个戏选择的都是有关国际政治的大题材,前者描写在非洲的白人殖民者对当地国王葬礼仪式的"人道关怀"和横加干预引发了激烈的文化冲突,导致了更大的人道悲剧;后者则围绕着一个京剧男旦揭开了一桩奇特的间谍案,牵出越南战争以及广义的东西方文化冲突与误读等一系列问题,把赛义德的东方主义理论形象地展现在舞台上:西方人总爱把自己看成雄性的强者,而把东方人看成雌性的弱者,其实他们是把自己的想象强加在东方人的身上。

这两个戏具有相当的典型性。作者都不是欧洲裔白人,但他们的剧作都被欧美主流社会大力肯定,除了得到最高奖,还被收入美国大学里用得最多的当代戏剧教材,同时也在世界各国演出。在这两个戏里,文化冲突都导致了死亡,但两个作品本身却都被看成是跨文化交流成功的象征。如果光看剧中展现的这两个跨文化的故事,很可能会得出结论说,和谐只是暂时的表面的,致命的冲突才是不可避免的;但如果看看台下观众(多数是白人)的鼓掌和好评,又可能会觉得这正是理想的文化交流。台上和台下,究竟哪个画面才是真实的呢?

这两个戏的创作演出和得奖走红都比 9·11 早得多,那还是在多元文化主义的黄金时期——1980 到 1990 年代。如果它们是 9·11 以后写出来的,结果会怎么样呢?美国有无数赛义德这样的"政治上正确"的学者批评家,热衷于批评埃斯库罗斯等死去的白人男作家;但美国的艺术家在跨文化题材的创作上却未必比前人有多少进步。作家们怕写文化冲突会得罪所有的人——左派会批评说这么写歪曲了文化他者,而政府和右翼又会骂作者不爱国。有一点可以肯定的是,在 9·11 以后的美国,绝没有人敢像 2500 年前写《波斯人》的埃斯库罗斯那样,为同样在波斯湾被打败的敌人写一个哪怕是略表同情的戏——就是写了也是白搭,绝不会有制作人敢来演出。法国人倒是有可能写的,甚至会直接批评美国政府和军队,但肯定要遭到美国政府和舆论的抨击,甚至被美国老百姓用"不买法国货"的办法来抵制。美国人最喜欢向全世界炫耀的创作自由和言论自由在9·11以后情形大变,以前被认为"政治上不正确"因而不能发表的对"非我族类"文化的公开排斥开始在主流媒体频频出现。针对这个危险的倾向,赛义德写过一篇文章正确地批评道,9·11以后的美国报纸上充斥着大量排斥非西方文化的言论,一向敢说敢言的知识分子现在都噤若寒蝉,不敢批评一声。著名学者和作家苏珊·桑塔格勇敢地写了篇文章,指出美国人自己也要反省一下对造成"9·11"事件的责任,马上招来一片"不爱国"的谩骂。戏剧界的国际级大师理查·谢克纳就同样的题目写了批评政府单极文化政策的文章,寄给《纽约时报》,却得不到发表,只能发在他自己编的学术刊物上。他在外百老汇用写戏导戏的方法来表达自己的愤懑,但也不能碰现实题材,只能借个古希腊的神话故事,用曲笔做文章。这都说明了什么呢?如果说亨廷顿在1993年提出文明冲突论时还没能使很多人相信的话,9·11的血与火和随之而来的报复循环终于让大家看清楚了。在美国人占了大多数的西方文人中间,对于非西方文化的宽容意识已经今不如昔,甚至还比不上千百年前的埃斯库罗斯和伏尔泰。文明的融合谈何容易?文明的冲突怎么才能解决?前些年炒得沸沸扬扬的多元文化主义和"政治上正确"的言论一律掩盖了很多白人内心深处对他者文化的怀疑,也掩盖了潜在的文明冲突的危险。现在局面已经清楚了,普世主义的文化融合乌托邦离现实还遥远得很,相互孤立的多元文化主义叫人只说些言不由衷的空话,你好我好大家好,那还不如正视不同文化之间存在的问题,把它们摊到台面上来认真讨论——对戏剧家来说就是把文化冲突放到舞台上来,看看都有些什么样的冲突,它们会如何发展,又可以怎样来解决,以帮助人们从中学到有益的经验教训。这就是跨文化戏剧对于世界和平与人类进步所能具有的意义,也是研究了西方跨文化戏剧以后下一步的必然发展。

一、《波斯人》与被打败的东方人

  1991年初美国总统老布什发动了攻打伊拉克的海湾战争,战争结束两年以后,以重构古典著称的先锋派导演彼得·塞勒斯在洛杉矶最大的剧院"泰帕论坛剧院"推出了首演于公元前472年的悲剧之父埃斯库罗斯的《波斯人》,这个悲剧写的是2500年前那场希腊人与波斯人的战争(前492—前479年),但是在塞勒斯的现代版中变成了美国人对于刚刚过去的那场战争的反思。一位剧评家一眼就看出了该剧影射现实、借古讽今的意思,他说,导演和编剧改编的剧本"很容易地就滑向了反美主义"。①

  同样是这部《波斯人》,在以《东方主义》一书成为后殖民文化批评旗手的爱德华·赛义德笔下,却是西方人歪曲东方人形象的始作俑者,罪莫大焉!赛义德的《东方主义》批判了自古希腊以来西方的东方学者和作家所写的几乎所有关于东方的文献和作品。赛义德尖锐地指出,传统的"东方学"实际上暗藏着强烈的政治倾向,绝不仅仅是

---

① Anne Marie Welsh, "*Persians* is classic, thrilling theatre with politics thrown in," *The San Diego Union-Tribune*, 1993, 10, 2, P. E-6.

一个客观的做学问的领域。他在书中特别强调了两个古希腊剧本的作用,在他看来,正是埃斯库罗斯的《波斯人》和欧里丕得斯的《酒神的伴侣》这两个悲剧,从西方文化的源头上就奠定了"东方主义"的两大基调,前者说的是:"欧洲是强大和善辩的,亚洲是被打败和遥远的;"而后者说的是:"东方意味着危险。"[①]

《波斯人》的确写的是被希腊人打败的波斯人。这个学者们公认的现存西方历史上的第一个剧作,是留传至今的32部希腊悲剧中唯一受到现实启发而不是根据神话故事来创作的,也就是说,这是一个当时的现代戏。剧作家埃斯库罗斯一生共写了约九十个剧本,有七个流传到了现在,《波斯人》是其中最独特的一个。在写这个戏八年前,埃斯库罗斯亲身参加了打败波斯侵略军的马拉松和萨拉弥斯战役,而且在疆场上失去了亲兄弟库奈古罗斯,这位战斗英雄亲撰的《波斯人》赢得了酒神戏剧节的大奖。剧本中有一个特别的角色波斯信使,身份不高,台词却不少,一回到王宫就滔滔不绝地向王太后和长老们报告严酷的战斗场面,他的大段台词成了现存关于萨拉弥斯战役的最早的记载,也是迄今仅有的两个历史文献之一。

另一个文献是在著名希腊史家希罗多德的一本名为《历史》(又名《希波战争史》)的书里,其中的说法和埃斯库罗斯的有不少出入,究竟谁的更可信呢? 相信埃斯库罗斯的人认为,希罗多德并未亲身经历那场战争,埃斯库罗斯剧本里的这段文字是唯一的亲历者的记录,而且在当年看他的戏的观众当中,有着成千上万和他一样从战场上回来的老兵,他怎么能当着他们的面随意编造? 但相信希罗多德的人认为,亲历者的描写未必比专业史学家的记述更准确,反而可能

[①] Edward Said, *Orientalism*, New York: Vintage Books, 1979, p.57.

就因为置身其中而失去客观的眼光,特别是当亲身经历的是一场你死我活的战争的时候;再说埃斯库罗斯写的是文学性的语言,难免会有点夸张。因此,要判断埃斯库罗斯的描写是否真实,还是应该仔细看一看他在《波斯人》里究竟是怎么描写希腊人的胜利和波斯人的失败的。

出人意料的是——准确地说,出乎现代人意料的是,剧中根本没有去夸张地表现希腊战斗英雄胜利的喜悦,甚至一点都没有出现战争胜利的场面。剧作家笔下的角色全是波斯人,还不是他在战场上看到过的波斯士兵或将军,而是打仗时远远地在后方宫中苦苦等待着前方消息的王太后和长老们。他们等到的先是从战场赶回来传递噩耗的信使,他一来就报告说:

> 我曾目击此事,并非听人传言,波斯人啊,
> 我能清晰地述说,诉说这场已经发生的祸灾。……
> 遍野的尸体,命运凄惨的施秉,倒死在
> 萨拉弥斯的滩沿,在邻近的海滩长眠。……
> 我们的弯弓派不上用场,军队整体
> 被歼,在船对船的拼杀中毁灭。
> 唱吧,唱起悲苦凄惨的哀歌,
> 哭悼苦命的波斯青年,
> 全体被歼——苦啊,
> 我们的军队,彻底终结!……
> 阿耳腾巴瑞斯,统辖一万匹快马的首领,
> 已经头撞西勒尼亚的海岸,粗砺的石岩;
> 达达开斯,领兵一千的将军,随着一次
> 轻巧的翻滚,被枪矛捅出船外;还有

忒纳工,巴克忒里亚人的首领,古时名门的后裔,
如今正魂游埃阿斯的岛屿,浪水冲刷的险滩。①

他一共列举了18个将领的名字和他们的悲惨结局,然后说:

这些便是死去的首领,我的追忆。我们
的损失极其惨重,方才的枚举只是其中的几例。②

这之后他又绘声绘色地详细描述战争的状况,还加上自己的诠释,颇有点像当代的足球解说员。作为信使,他理所当然地是偏向于自己一方的,因为波斯人败得实在太惨,他只能借助神灵的说法:

那里有一尊岛屿,面对萨拉弥斯矗立,
对抛锚的航船,是个危险的地点:
迎着海水的冲刷,潘神舞蹈在它的滩沿。
塞耳克塞斯在那里布阵,派去最好的士兵,
以为希腊战勇,从沉没的海船逃生,
会寻求落脚的地点,登上那座岛屿的沙滩,
他们可就势消灭敌人,以逸待劳,从海峡的
水火之中救出伙伴。他的判断错得没边。
希腊人决胜海上,尽享荣光,得之于某位神明,
同一天,他们身披精美的铜甲,跳出
木船,把岛屿紧紧包围,
我们的将士冲不出去,四面都是
敌兵。许多人倒死在地,被飞驰
的石块敲击,离弦的箭矢雨点般地

---

① 《波斯人》,见《埃斯库罗斯悲剧集》(陈中梅译),辽宁教育出版社1999年版,第90—93页。

② 同上,第94页。

22 谁的蝴蝶夫人

  泼来,使大群的兵卒丧命。
  希腊人发起最后的冲击,
  把可怜的军士,他们的肢体
  砍成肉段,杀死了所有的士兵。
  塞耳克塞斯失声恸哭,眼见悲愁的极点,
  最低的深谷,因他坐身海边,一处高耸的石岩,
  整个战场,所有的部队,都在视野之内。
  他撕裂自己的衫袍,高声哭喊,
  继而命嘱陆上的残部,解散了军队,
  将士们惊恐万状,惶惶逃命。①

王太后听到信使这样的报告,当然更要为自己的儿子开脱,她说:

  哦,可恨的神明,你欺骗了
  波斯兵民!我儿遭到残酷的
  报复,本想把此番悲难致送卓越的雅典士兵!——
  对巴巴罗伊军士,马拉松的失败难道还不够
  惨烈?我儿原想报复,却不料
  给自己造成如此深重的愁灾。②

最后她的儿子,那个本应"无颜见江东父老"的败国之君塞耳克塞斯自己也"衣衫褴褛"地回来了,他一上场就责怪命运:

  苦哇,我的不幸!遭受此般
  残酷的命运,突降的苦难,不曾
  给我半点示迹!命运,你用何等

---

① 《波斯人》,见《埃斯库罗斯悲剧集》(陈中梅译),第 100—101 页。
② 同上,第 102 页。

一、《波斯人》与被打败的东方人　23

残暴的方式践踏波斯族民!
我还将遭受什么悲虐?哦,可怜的人儿,
我四肢酥软,眼见这帮年迈的市民——
唉,宙斯,为何不让死的灾难
把我葬埋,
随同他们,已经倒地的士兵!①

宙斯是希腊绝大多数神话题材的悲剧里不可或缺的众神之王,但《波斯人》是个"现代戏",本来和宙斯毫无关系,却也硬把他扯了进来,把现实生活中波斯人失败的原因推到他身上。埃斯库罗斯这么写,是在为失败的波斯人开脱吗?还是在嘲笑波斯领导人推卸责任的狡辩?为敌人开脱似乎不符合这位著名的爱国者和从战场回来的老兵的思维逻辑,而嘲笑他们又不符合剧中所描写的波斯人的性格逻辑。塞耳克塞斯在抱怨神灵害他以后,很快也责怪了自己。由长老组成的歌队在迎接他时这样说:

哦,国王——为我们骁勇的
将士,为波斯王权的显赫与尊严,
为整齐的队伍,成排的
士兵,被神灵斩尽杀绝!

塞耳克塞斯却回答说:

哦,苦啊!——我,你们悲哭的
对象,形容憔悴,狼狈不堪,
给民族和国家带来愁难。②

---

① 《波斯人》,见《埃斯库罗斯悲剧集》(陈中梅译),第126页。
② 同上,第126—127页。

他还对长老们说:

    哭哇!痛哉!

    你所述说的苦难,引起我对伙伴的怀念,

    骠烈的壮勇——哦,忌妒的苦难,含恨的悲哀,

    难以忘怀,在我心里激起啸吼的情澜![1]

这显然不是一个当今世界上经常看到的文过饰非、编织谎言为自己的失误狡辩的领导人的形象。但这个悲剧主人公也不同于以后绝大多数的悲剧中的主人公,他在剧中一点都没有展现出一般悲剧主人公所应有的最终导致悲剧结局的积极行动,而只是在一切故事都已经结束以后,到舞台上来哀叹一番。严格地说,在这部早期悲剧中并没有后来亚里士多德认为悲剧最重要的因素——行动或情节,塞耳克塞斯这个主人公除了身份比普通人高以外,他的行为并不比常人高多少,只会可怜兮兮地哀号。缺乏动作性是人类的戏剧创作还处于初级阶段时的常态,在这一点上《波斯人》已经比更早的一个也涉及希波战争的《腓尼基妇女》进了一步,那个早已佚失的弗鲁尼克斯的悲剧一开始就宣告波斯军队已经失败,使得以后的等待显得更没有任何悬念。而埃斯库罗斯在《波斯人》里把战败的消息延宕了很长一段时间不明说出来,让观众和台上的长老一起惴惴不安地猜测和等待。

    当然,在今天的戏剧观众看来,这一点点等待的悬念是无法根本改变全剧的沉闷气氛的。可以拿这个戏与亚里士多德最推崇的《俄狄浦斯王》作个比较。比埃斯库罗斯年轻30岁的索福克勒斯在《俄狄浦斯王》中展现的虽然是现成的神话人物,却经过了他别具匠心的

---

[1] 《波斯人》,见《埃斯库罗斯悲剧集》(陈中梅译),第130页。

改造。那些角色也是一直在说着已经过去的悲惨故事，而且是更为久远的事情——俄狄浦斯出生至少是二十多年前的事了，然而这里的述说却是被当前的行动所推动的。因为国家遭到瘟疫，根据神示，必须找出杀死先王的凶手才能解除瘟疫，这就迫使俄狄浦斯这个国王立刻积极地行动起来。应该说俄狄浦斯无意中弑父娶母的前史比塞耳克塞斯在战场上的失利更加可怜，但因为他现在的行动是要为拯救国民而找到凶手，即便揪出自己也在所不惜，这就使这出悲剧有了一股昂扬之气，是悲壮而不是悲苦。如果埃斯库罗斯也用索福克勒斯的编剧技巧，把波斯王宫里的等待和一个现在进行时的事件结合起来，譬如国王回来以后和将军及长老之间就战争的真相和责任问题发生冲突，是掩饰还是揭露？舞台上就会马上出现积极的行动。或者像后来欧里不得斯在《希波里托斯》里写过的那样，让国王出征在外时王宫里发生变故，国王回来以后马上要作出艰难的决定，这样无论是国王还是留守宫中的王太后，都有可能展现出真正的悲剧主人公的力量。但埃斯库罗斯的这个戏里完全没有当场发生的积极行动，只有对远方消息的悲悲切切的消极等待，等来的消息也没有引起任何冲突，事情说完就是大哭一场完事。因此，赛义德说《波斯人》就是表现被打败的东方人，这绝对是无可否认的。

《波斯人》是迄今为止所发现的人类第一部描写战败的敌人的剧本，在此后的 2500 年里，表现战败敌方的剧作不计其数，但是用的手法全都与之大不相同。绝大多数此类作品都是把被打败的敌方与胜利的己方对比起来加以刻画，用敌人的邪恶、愚蠢、猥琐来突出己方的正义、智慧和英勇；像《波斯人》这样完全写敌方，己方人物一个也不出场的剧作，在知名的戏剧影视剧作中绝无仅有。即便是像电影

《辛德勒的名单》这样的以纳粹集中营为题材的作品,大多数角色还是无辜的犹太人,而且找了一个好的纳粹党员辛德勒做主角,表现他如何违背纳粹的邪恶命令救下犹太人。美国有不少越战老兵出身的剧作家和导演,著名电影导演奥立佛·斯通就是其中一个,他从越南战场回来以后,战争的惨相在他脑中挥之不去,这一点和当年的埃斯库罗斯有点相似,虽然埃斯库罗斯并不像他那样反战。斯通同情在战争中死去的几百万越南人,接连拍出了像《野战排》、《天与地》这样的反思越战的作品。但是,就是这样的反战作家也从来没有完全让越南人形象占领舞台或者银幕的中心。

因为舞台上没有出现一个希腊将士,《波斯人》中的波斯人并没有被作者直接用来反衬希腊胜利者的光荣,而且关于他们的描写全都是从波斯角色口中说出来的,所以听起来相当正面,至少也是中性的。一开场,那个全由长老组成的歌队就开始描写他们的将士,既隐隐地暗示着波斯军队将要失败的命运,也喋喋不休地赞扬着他们的英勇:

> 波斯人统兵的领袖,本身即是
> 王者,然而臣服于一位最伟大的权贵,
> 王中之王,急急忙忙,分统浩荡的大军,
> 精于弓马骑射,长得呲牙
> 咧嘴,打仗不顾性命,
> 个个心志豪莽,骁勇的将星。[1]

还有一段是这样说的:

> 没有哪种力量可以挡住如此汹涌

---

[1] 《波斯人》,见《埃斯库罗斯悲剧集》(陈中梅译),第76—77页。

的激流,惊涛骇浪般扑来的人群,

用坚实的防卫抵御

大海的巨浪冲击;

波斯的军队不可阻挡,

它的士兵心中升腾勇气。①

但是我当年在加州州立大学教过的白人研究生泰瑞·史密斯在他的英文博士论文里把这一段的头两句词译成这样:

再出色的种族的战士,

也挡不住这么疯狂的洪水……

这两种译文有一个很重要的不同。陈译完全是褒奖的语气,而史密斯的英译中出现了"疯狂"的贬义词。更关键的是,埃斯库罗斯的剧本在这里把波斯军队和其他军队相比较,其他什么军队呢?陈译是泛指的,而史密斯的英译则涉及到种族,而且用了"出色"一词。史密斯肯定是信奉赛义德理论的,他认为这段台词表面上在颂扬波斯人,其实应该看做是在丑化波斯人——希腊人的文化他者、敌人和手下败将。他在引用了这段台词以后写道:"这些描写并不能算是赞扬的。例如,'再出色的种族'这个说法实际上就暗示着那个进攻的种族(波斯)当然不如被进攻的种族(希腊)出色。"②

究竟谁的翻译更准确呢?我在美国一个大学图书馆查到五种《波斯人》英译本,都和史密斯的这两句英译不同。那五个从1920到1990年代的英文版本大致上都和陈译一样,用"None"、"No one"或者反问句式"What army can…"来泛指波斯以外的其他军队,并没有涉

---

① 《波斯人》,见《埃斯库罗斯悲剧集》(陈中梅译),第80页。
② Terry Donovan Smith, "Seminal Orientalism: *The Persians* and *The Bacchae*,"手稿。

及种族,而史密斯却硬是从字里行间看出了埃斯库罗斯有种族歧视的意思。这种阐释和批评方法近年来在美国知识分子中很有影响,是所谓"政治上正确"的做法,和赛义德一样,努力在过去被奉为经典的死去的白种男性作家作品的字里行间找问题。应该说,史密斯确实看出了埃斯库罗斯这个伟大的悲剧家的一个以前人们不愿提及的重要侧面,即这个希腊军人是不可能全心全意地吹捧自己的敌人的,更不可能把事实上刚刚被打败的波斯人写成得胜的英雄。他这段词的潜台词是:"波斯人勇则勇矣,可论出色是怎么也比不上我们希腊人的。"但是,如果考虑到他毕竟是个刚刚跟波斯人进行过殊死搏斗的老兵,即便他只是对败在自己手里的敌军写出一些中性的话,也已经非常难能可贵。

可是,埃斯库罗斯为什么要写这样一个戏呢?他本人没有留下作者阐述,后人只能根据他们在各自的时代和社会中形成的思维逻辑来作出解释。根据赛义德的东方主义和文化帝国主义理论,史密斯认为埃斯库罗斯并不满足于在战场上战胜对手波斯人,还要在舞台上再大败他们一次,就像嘲笑关进牢里的手下败将,在死老虎的伤口上再撒把盐。然而问题是,在雅典看《波斯人》的观众当中并不会有真的波斯人,尤其不会有剧中所描写的战败的波斯人,所以,这个剧里的"盐"对波斯人的伤口并不能起什么作用。相反,观众中多数是像埃斯库罗斯一样从希波战场上回来的老兵,如果要考虑这些观众的需要,要庆祝他们的胜利,显然应该演一个关于希腊人如何打败波斯人的戏,来颂扬希腊人的战功,而不是去表现波斯人如何为了他们的失败而悲伤。那么,是不是因为埃斯库罗斯有恻隐之心,打了胜仗以后又可怜起波斯人来,像很多美国的越战老兵一样后悔自己参加了战争呢?好像也不可能,因为埃斯库罗斯对他的这段战争经历

一、《波斯人》与被打败的东方人　29

图 1　古希腊人观剧盛况

非常看重,其证据是他的墓志铭上竟只字不提他作为悲剧之父的辉煌的文学艺术成就,光记下了他的战功:

> 欧福里昂之子,雅典人埃斯库罗斯死了,
> 长眠在格拉的玉米地的坟墓里;
> 长发的波斯米兹人本不知道他的勇气,
> 神圣的马拉松战场会告诉世人他的荣誉。①

这样一个自豪的老兵当然不可能有在舞台上向波斯人忏悔的意思。

---

① Edith Hamilton, *The Greek Way*, New York: New American Library, 1942, p.175.

其实看一下历史就知道,几乎所有战争题材的戏剧作品都是写给自己一方的观众看的,从最早的《波斯人》到近年来演遍了许多西方国家的音乐剧《西贡小姐》,概不例外,尽管这两个戏的标题和主角都是外国人。在创作这类作品时,作者并不需要去考虑其作品对于远在他乡的战争对手会有什么效果。那么,埃斯库罗斯写下这个伤心的波斯人的故事,到底是要给希腊人说些什么呢?

首先要弄清楚的是,这有没有可能是个反战的戏?可以把埃斯库罗斯和他以后的希腊剧作家作个比较。雅典社会后期是有真正反战的剧本的,那是社会的需要。埃斯库罗斯去世25年以后,雅典跟曾经与之一同抗击波斯侵略者的另一希腊城邦斯巴达矛盾加深,斯巴达人入侵雅典,这场名为伯罗奔尼撒战争的希腊内战断断续续持续了27年之久,使人民深受其苦,最后以雅典的失败告终。现存的44个希腊剧本中,除了埃斯库罗斯的7个悲剧,其余的37个都是在这场战争期间的前前后后创作出来的,多少都受到影响,其中最著名的反战悲剧是欧里丕得斯的《特洛伊妇女》。该剧虽然表面上写的是神话里的战争,凸现的却是活生生的妇女们在无谓的战争中遭受的苦难,其影射之意不言自明。那些主战的雅典人还因此而不让欧里丕得斯得奖。阿里斯托芬的《拉色斯扎达》是个喜剧,按常规可以直接对社会现实品头论足,于是,干脆把雅典和斯巴达两国的妇女都写到戏里,让她们全都积极行动起来,用"床上罢工"的办法迫使她们的丈夫放下手中的武器。自1960年代西方开始反对越南战争的运动以来,这两个古希腊剧本经常上演,就是因为其反战的内容。但《波斯人》完全不一样,希波战争发生在雅典社会的上升时期,是希腊人反击入侵的波斯人的正义战争,而且当时波斯人实行完全的奴隶制,而希腊人正在发展进步的民主制度,因此有识之士是不应该反对这样的战争的。

那么《波斯人》这个戏里到底有什么东西使今天西方的反战艺术家引起了共鸣呢？对比历史上其他有关战争的名剧，可以说这个戏极其难得地显出了一点对于战败的对手的同情。近年来有些中国艺术家也越来越喜欢表现所谓人性的普遍性，创作出了好些把战场上的敌人"人性化"的作品，例如电影《紫日》，讲一个在抗日战争中巧遇在一起的中国人、日本人和苏联人三人行的故事。那是从抽象的理念出发，人为地剥离了国与国打仗的具体背景以后编织出来的寓言，硬把三个异国人绑在一起"同舟共济"，看上去巧则巧矣，要打动人却很难，因为缺乏战争这个背景所必需的质感。埃斯库罗斯写《波斯人》凭的是他来自战场的血淋淋的亲身体验，但仍能表达出他对战败一方的恐惧与怜悯，这是他高出后世剧作家一大截的地方。就是这一点打动了反对战争的当代导演彼得·塞勒斯，他把他对无辜的伊拉克人民的同情放到这个古典悲剧中去，进一步用现代的精神分析法给波斯国王发动战争找到一个原因——新版《波斯人》中老国王大流士的灵魂负疚地指出，儿子塞耳克塞斯有施虐癖是因为他幼年缺少感情的慰藉造成的。塞勒斯还给塞耳克塞斯选了个长得像迈克·杰克逊那样略带阴柔的演员，比原来剧本中的角色更像一个值得同情的悲剧英雄。但塞勒斯这样借古讽今的困难在于，希腊悲剧突出的是少数英雄，他让人看到波斯国王塞耳克塞斯时联想到的只能是总统萨达姆而不是伊拉克的普通士兵，而真的萨达姆值得同情吗？这一想就难免给人"反美主义"的印象了。

比起 2500 年前的埃斯库罗斯，今天的艺术家的勇气差得远了，在战争题材的创作上比《波斯人》倒退了一大步。两次海湾战争前后，虽然反对战争的美国作家大有人在，却没有任何人敢像写《波斯人》那样动笔来描写战争给伊拉克人带来的痛苦。因此彼得·塞勒斯只好翻出一个古人的剧本来改改弄弄再搬上舞台,还被人说成有"反美主义"。想想人家雅典人,竟然在他们唯一的一出现代戏里不写本国的胜利和成就,却去写敌国人的苦恼,还在官方组织的戏剧节上给《波斯人》发大奖!2003年初当小布什总统正在准备发动针对伊拉克的第二次战争时,一个在加州大学任教的我过去的博士生告诉我,他们正在排一个戏,要在参加反战示威游行时到街上去演出,戏里说的是妇女们为了阻止男人再去打仗荼毒生灵,联合起来进行罢性抗议。这正是前面提到的古希腊喜剧家阿里斯托芬的《拉色斯扎达》。呜呼,跟希腊老祖宗比起来,今天的欧美作家只能说都是些侏儒。

不过话又得说回来,《波斯人》尽管表现出埃斯库罗斯对战败的波斯人的同情,但这不大可能是他写戏的初衷,埃斯库罗斯毕竟还不至于忘记了自己的文化身份。这个戏完全是为希腊人自己而写的,表面上他写的是一个刚愎自用的波斯君主,弦外之音却是给观众席里的希腊人听的。当塞耳克塞斯的父亲大流士的灵魂出现在舞台上,批评儿子"想法幼稚、简单,把我的训导忘怀"的时候,长老们组成的歌队问他:

关于此事的结局,敢问大流士,我们的王贵?
你的告示,你说了这些,用意何在?[1]

大流士最关键的回答是:

偌大的块片,成堆的尸体,作为无声的见证,

---

[1] 陈中梅:《悲剧和埃斯库罗斯的悲剧》,见《埃斯库罗斯悲剧集》(陈中梅译),第119页。

一、《波斯人》与被打败的东方人

将成为我们的后代,远至第三代子孙的前车之鉴:
凡人不能把吹喊送上云天。
粗野的狂莽,在放任的催润下胀开,
结成灾难的果实,伴随丰收的泪珠垂悬。
记住这些惩诫,对过分的行为,
记住雅典和希腊人给我们的教训。
尔等切不可蔑视已有的运气,贪图
更多的进益,耗靡丰足的财产。
宙斯——别忘了——会追惩骄奢放胆的
行为,动手纠正——那才叫做厉害。①

这里的台词"记住雅典和希腊人给我们的教训",实在应该读做"记住波斯人给我们的教训"。这其实也是许多希腊悲剧的共同主题,正如《波斯人》的中译者陈中梅所说的:"骄狂(hubris, hybris)会触犯神明,导致毁灭(ate)。此乃希腊悲剧反复强调的主题。"② 为了美女海伦祭杀女儿统兵远征后带着女俘得胜回朝的阿伽门农、年轻气盛弑父娶母的俄狄浦斯、抛弃美狄亚另攀高枝的伊阿宋,还有《酒神的伴侣》中藐视酒神力量的国王彭透斯等等虽然处境各不相同,从根本上说都是因此弱点而受到了惩罚,《波斯人》用一个当代人的故事传达的是同样的教训。这样看来,剧中让每个波斯角色都把战争失败归因于神灵,并不能为塞耳克塞斯开脱罪责,因为说到底,神灵之所以要让波斯军队失败,还是因为他们自己犯了骄狂的错误,白白葬送了先王"千辛万苦攒下的家业"。埃斯库罗斯要向希波战争以后沉浸在胜

---

① 陈中梅:《悲剧和埃斯库罗斯的悲剧》,见《埃斯库罗斯悲剧集》(陈中梅译),第121—122页。

② 同上,第121页,脚注。

利喜悦中的同胞们也提出这样的警告,但又不能直截了当说出来,因为那就太煞风景了,因此他别出蹊径,在一般人认为理应展现希腊人辉煌胜利的舞台上偏偏回避了任何希腊形象,刻意表现被他们打败的波斯人的惨痛教训,这是一个一举两得的选择,既可以让人看做还是在庆祝希腊人的胜利,又表达了一个关于戒骄戒躁的带有普遍性的主题,事实上寓意着一种对自己人的警告。试想,如果中国两千多年前的吴王夫差在战胜了越王勾践以后,能够从越国的失败中看出对自己有益的教训的话,他还会被卧薪尝胆的勾践反败为胜吗?

但是,要让胜利者从手下败将手中吸取教训总是很难的,埃斯库罗斯对希腊同胞的婉转的警示并没有引起多少人的注意。这位特立独行的思想家曾经说过:"我有我自己的思想,和别人想的都不一样。"① 他想要借被打败的波斯人的形象来教育希腊人的企图失败了,对观众来说,这个解读的弯转得太大了些。历史上,雅典在希波战争后不久进一步确立了民主制度,带来了社会文化的高度繁荣,更使人忽略了埃斯库罗斯在这个剧中借波斯人的命运用曲笔传达的普遍性主题跟他们自己的关系。但他的警告不过四十年以后就不幸成为了事实,伯罗奔尼撒战争爆发后,雅典人每况愈下,伟大的希腊文化终于毁于一旦。可以说希腊文化是成也战争,毁也战争。希腊人先是打败了波斯人,最后又打败了自己。

赛义德说《波斯人》一剧为"打败的东方人"这一东方主义的第一基调开了先河,这话固然不错,而对于埃斯库罗斯来说,最大的悲剧还是《波斯人》最终没能让雅典人自己摆脱失败的命运。

---

① 转引自 Edith Hamilton, *The Greek Way*, New York: New American Library, 1942, p.185.

二、欧里庇得斯与"危险的东方人"

埃斯库罗斯借波斯人的失败对雅典人提出了警告,而处于上升时期的雅典人未必想到那部讲波斯人的悲剧里会有一个关系到他们自己的普遍性寓意。但是,四十年后另一位悲剧家欧里庇得斯借东方人的形象来婉转地批评希腊人的时候,人们就不难意识到作者隐含的用心了。这个变化有三方面的原因:首先,在欧里庇得斯的剧中,东方人角色和希腊角色之间发生了面对面的冲突,这样观众就不可能再认为故事与他们无关了。其次,欧里庇得斯的人物塑造和语言风格不像埃斯库罗斯和索福克勒斯那样宏大庄严,而更加贴近生活,因此也容易使观众联想到现实。再次,欧里庇得斯是古希腊三大悲剧家中最年轻的一位,在他写有关东方人的剧本的时候,雅典不是笼罩在伯罗奔尼撒战争的阴影之中(《美狄亚》首演于公元前431年),就是已经失败(《酒神的伴侣》写于公元前408年—前406年),此时的雅典人当然更能看出他对社会的批评。但也正因为看出了这一点,觉得他揭出了太多阴暗的东西,雅典人对他就不如对他那两位前辈那样崇敬。欧里庇得斯的同时代人和后世的人对他的看法很不一样。在留传到现在的总共 33 个希腊悲剧中,欧里丕得斯的剧作被保存得最多,占了 19 个(埃斯库罗斯和索福克勒斯各只有七个),说明他最为后世的人看重。现代人尤其对欧里丕得斯情有独钟,如萧伯纳就认为他是古希腊三大悲剧家中最伟大的一位,近半个世纪以来欧美演出最多的希腊悲剧也是他的《美狄亚》。但该剧在公元前 431 年戏剧节的比赛中竟被列为最后一名,《酒神的伴侣》则是在欧里丕得斯去世以后才得到首演。

赛义德的《东方主义》在众多的希腊悲剧中特别选出《酒神的伴侣》,说它是东方主义第二基调"危险的东方人"的始作俑者,这当然是因为该剧主人公狄奥尼索斯的亚洲背景以及他和忒拜国王之间的致命冲突。但奇怪的是赛义德只字不提比《酒神的伴侣》远更有名的《美狄亚》。美狄亚更是个亚洲人,她也会东方的"巫术",也与希腊角色产生了致命的冲突,为什么赛义德不把她作为一个危险的东方人的范例端出来呢?身为纽约哥伦比亚大学的教授,他一定知道,自 1960 年代以来,《美狄亚》在欧美各国有过无数的演出;很可能恰恰是这个事实使得他不愿意提及它,因为他的《东方主义》第一章需要的是供批判用的反面材料,而《美狄亚》有那么多人演那么多人看,显然不是被当成"奇文共欣赏"的材料来演的。如果把这个剧本说成是东方主义的代表,人们一定会说,那么东方主义并不坏。所以,赛义德刻意回避了这个有着东西方文化冲突内容的名剧,只挑出《酒神的伴侣》来做"危险的东方人"的代表。

为什么当代西方人对《美狄亚》特别感兴趣呢?这和 1960 年代以来女性主义的大规模崛起有着很大的关系。该剧中歌队的一段话几乎像是预见到了 2500 年后发生的事情:

> 如今那神圣的河水向上逆流,一切秩序和秩序都颠倒

了……从今后诗人会使我们女人的生命有光彩,我们获得这种光荣,就再也不会受人诽谤。诗人们会停止那自古以来有辱我们名节的歌声!如果福波斯,那是个之神,把弦琴上的神圣的诗才放进了我们心里,那我们便会唱出一些诗歌,来回答男人的恶声!①

虽然这些话仍然是一位男性作家写下来的,美狄亚在绝大多数现代西方人眼里已经成了一个女性声音的代言人——但未必是代表了面对着一个西方男子的东方女子。她一出场的大段独白中就有这样两段用复数第一人称表达的关于女性的不平之鸣:

在一切有理智、有灵性的生物当中,我们女人算是最不幸的。首先,我们得用重金争购一个丈夫,他反会变成我们的主人;但是,如果不去购买丈夫,那又是更可悲的事。而最重要的后果还要看我们所得到的,是一个好丈夫,还是一个坏丈夫。因为离婚对于我们女人是不名誉的事,我们又不能把我们的丈夫轰出去。……

一个男人同家里的人住得烦恼了,可以到外面去散散他心里的郁积,不是找朋友,就是找玩耍的人;可是我们女人就只能靠着一个人。他们男人反说我们安处在家中,全然没有生命危险;他们却要拿着长矛上阵:这说法真是荒谬。我宁愿提着盾牌打三次仗,也不愿生一次孩子。②

在《美狄亚》各种各样的现代版本中,美国剧作家兼导演通尼·亥瑞森新取的剧名特别点出了他所强调的主题:《美狄亚:一场两性的

---

① 《美狄亚》,见埃斯库罗斯等:《古希腊戏剧选》,人民文学出版社1998年版,第254页。

② 同上,第248—249页。

图 2 《美狄亚》：美狄亚将要杀死儿子前，
伊阿宋在后面看着

战争》(*Medea: A Sex War*)。为了平衡美狄亚杀孩子的情节，亥瑞森特意把原剧中并不存在的大力士赫拉克勒斯加进剧中，让他也杀死孩子，以表明男人在这一方面并不比女人善良。评论家玛丽安·麦克唐纳对亥瑞森剧作的解释是："美狄亚是每一个彷徨的丈夫的梦魇。"①美国女剧作家凯若·索根夫莱的亚洲风格版本更能说明问题。这个于1970年代从大学校园搬上美国公共电视台,然后又被许多剧团搬演的全新版本名为:《美狄亚:一个能剧的轮回》,但这里的亚洲风格是日本的能剧,与剧中美狄亚的西亚背景毫无关系,连希腊角色伊阿宋等人也都走起了日本式的台步。这是个普世主义者所做的形式上的跨文化戏剧实验,特别强调弃妇美狄亚的故事在世界上任何地方都具有普遍意义,并没有把她和伊阿宋的故事当成两种文化的冲突来看,反而因为其突出的日本风格进一步淡化了美狄亚和伊阿宋之间文化上的对立,全剧的重心也只是他们俩之间的性别大战。这是多数现代欧美人对《美狄亚》这个戏的印象。

1997年我在美国马开勒斯特学院戏剧系导演该剧,一开始就提出要突出剧中两种文化的色彩对比,演员和设计师们听了都愣住了,他们没想到这个如此熟悉的剧本竟是关于东西方冲突的。这使我也有点吃惊,因为马开勒斯特学院是个自1940年代起就提出要把多元文化当成最大特色的大学,联合国刚成立,校园里就挂起联合国旗,后来当上联合国秘书长的加纳人科菲·安南1960年一到美国就选了那个学校就学,但那里的师生竟还是对经典文学中的文化问题如此隔膜。其实《美狄亚》的跨文化性质问题是很容易解决的,大家翻开剧本一读就明白了。剧本中上文引用的那段"女性主义宣言"之后,紧接着就是这样一个转折:

可是这同样的话,不能应用在你们身上:这是你们的城邦,

---

① Marianne McDonald, *Ancient Sun, Modern Light: Greek Drama on Modern Stage*, New York: Columbia University Press, 1992, p.115.

你们的家乡,你们有丰富的生活,有朋友来往;我却孤孤单单在此流落,那家伙把我从外国抢来,又这样将我虐待,我没有母亲、弟兄、亲戚,不能逃出这灾难,到别处去停泊。①

分明是一个被排斥的文化他者的控诉。美狄亚所说的"外国"科尔基斯在现在的格鲁吉亚一带,该地几十年前成了前苏联的一部分,现在已经很难说清文化上到底是属于东方还是西方,但在 2500 年前绝对是希腊人认为的所谓"东方"。剧中反复强调美狄亚的"巫术"和"法术",就因为她有这样一个神秘的东方文化背景。在全剧快要结尾的时候,美狄亚实现了她的复仇计划,伊阿宋对她的行为做了这样一个"总结":

当我从你家里,从那野蛮地方,把你带到希腊来居住的时候,我真是糊涂;到如今,我才明白了,你原是你父亲的莫大的祸根,原是那生养你的祖国的叛徒,原是上天降下来折磨我的!自从你在你家里杀死了你的兄弟以后,你就上了那有美丽的船头的阿尔戈,你的罪行就是这样开始的。后来你嫁给我,替我生了两个孩子,却又因为我离开你的床榻,竟自这样杀害了他们!从没有一个希腊女人敢于这样做,我还认为我不娶希腊女人,娶了你,是一件很美的事情呢!哪知这是一个仇恨的结合,对于我真是一个祸害,我所娶的不是一个女人,乃是一只牝狮,天性比提尔赛尼亚的斯库拉(一种吃人的妖精——罗念生注)更残忍!可是这许多辱骂并不能伤害你,因为你生来就是这样无耻!②

但为什么美国人读剧本时会看不到台词中写得这么清清楚楚的文化

---

① 《美狄亚》,见埃斯库罗斯等:《古希腊戏剧选》,第249页。
② 同上,第285—286页。

冲突呢？在导演《美狄亚》的过程中我渐渐明白了，当今欧美的普世主义者往往只想做个"色盲"的读者，故意不去看角色的肤色和文化背景，存心忽略文本中这类关于文化差别和冲突的语言，只把它们当成是普遍性人性弱点的反映。他们一旦决定了要把美狄亚当成一个女性主义英雄来表现，就特别不想把她的巫术以及"野蛮"、"牝狮"这种骂人的话与东方人联系起来，生怕那样会犯下赛义德们严厉批评的"丑化东方人"的"政治错误"。而且他们觉得，无数淡化文化冲突、只强调性别冲突的《美狄亚》演出都很成功，为什么非要突出它的文化冲突不可？可是我的问题是，如果美狄亚的东方背景真是无关紧要的话，为什么作者要在剧中特别指出美狄亚作为一个文化他者的身份呢？为什么要把这个神话人物的出生地说得这么清楚实在呢？这里，有必要先来分析一下欧里丕得斯自己的文化身份。

欧里丕得斯和他的两位前辈悲剧家在雅典文化中的地位很不一样。埃斯库罗斯既是战斗英雄，又是悲剧之父，索福克勒斯是个重要的政府官员，他们都是雅典主流文化的代表，而欧里丕得斯一直是个远离雅典文化圈的边缘人物。从地理上说，欧里丕得斯出生在萨拉弥斯岛上，本来就不是雅典人，他也不喜欢雅典，还老爱质疑大家都习以为常的传统习俗和法律制度。他在一生的最后几年里自我放逐到了远离雅典的"野蛮人"住的马其顿，结果竟在树林里散步时遭到希腊皇家豢养的猎犬撕咬，不治而亡。从性格来说，他被人认为是个整天低着头读书想事的书呆子，据说还在地下挖了个书房，一个人钻在那里悉心"钻研"。喜剧家阿里斯托芬好几次在讽刺喜剧中直接挖苦欧里丕得斯。从某种意义上说，他自己也是一个文化他者，虽不同于美狄亚的因为民族出身而成为他者，但他绝对是三大悲剧家中最能体会边缘弱势人群的处境和心理的一位。

在所有的希腊诗人中,欧里丕得斯是最接近现代人的理念和思维方式的,但他却被那时候掌握了话语权的男性主流代表视为不正常。有人还给了他一个恶名"厌女症患者",因为他写了一些在当时很多人不能接受的女性形象,其中最著名的就是美狄亚。在当时许多希腊人看来,一个丈夫抛弃外国妻子另娶当地公主未始没有道理,而作家写一个母亲亲手杀掉自己的孩子来报复丈夫,倒是很不正常,一定是有厌女症。这跟当今观众的想法有着多大的差别!

为什么当时的观众会认为伊阿宋有道理呢?他们都是希腊人,当然容易把自己不了解的东方人看成是野蛮人。伊阿宋对美狄亚说:

你因为救了我,你所得到的利益反而比你赐给我的恩惠大得多。我可以这样证明:首先,你从那野蛮地方来到希腊居住,知道怎样在公道与律条之下生活,不再讲求暴力;而且全希腊的人都听说你很聪明,你才有了名声!如果你依然住在大地的遥远的边界上,决不会有人称赞你。……

至于你骂我同公主结婚,我可以证明我这事情做得很聪明,而且很有节制,对于你和你的孩子我够得上一个很有力量的朋友,——请你安静一点。自从我从伊奥尔科斯带着这许多无法应付的灾难来到这里,除了娶国王的女儿外,我,一个流亡的人,还能够发现什么比这个更为有益的办法呢?这并不是因为我厌弃了你,——你总是为这事情而烦恼,——不是因为我爱上了这新娘,也不是因为我渴望多生一些儿子:我们儿子已经够了,我并没有什么怨言。最要紧的是我们得生活得像个样子,不至于太穷困,——我知道谁都躲避穷人,不喜欢和他们接近。我还想

二、欧里丕得斯与"危险的东方人"   43

把我的孩子教养出来,不愧他们生长在我这门第;再把你生的这两个儿子同他们未来的弟弟们合在一块儿,这样联系起来,我们就福气了。你也是为孩子着想的,我正好利用那些未来的儿子,来帮助我们这两个已经养活了的孩儿。难道我打算错了吗?①

伊阿宋认为他这样做还是为了美狄亚的孩子的将来,现在的人听起来荒唐得很,但当时的事实确是这样。因为美狄亚是个外国人,按照雅典的法律,她生的孩子成不了希腊公民,如果伊阿宋娶了国王的女儿,将来再有儿子就是国王的外孙,只有他们才能帮那两个同父异母的哥哥在希腊社会立足。因此欧里丕得斯写下的这些反话在许多当时的观众听来并非强词夺理。

《美狄亚》首演时引起的反应和现代戏剧的扛鼎之作《玩偶之家》有些相似。当19世纪欧洲剧场里的男性观众听到海尔茂对他的妻子娜拉说,"你最神圣的责任是你对丈夫和儿女的责任,"② 以及"男人不能为他爱的女人牺牲自己的名誉"③ 时,多半也深以为是。但娜拉却这样来挑战丈夫和他所要维护的社会:"国家的法律跟我心里想的不一样,可是我不相信那些法律是正确的。"④ 这些观众当然要皱起眉头。因为易卜生比欧里丕得斯更明显地是站在女主人公一边,因此"批评家们当然地狂骂易卜生,这样的个人至上真是太可怕了,一个人民公敌……当时美国最有影响的剧评家威廉·温特对于易卜生所表现的题材大发雷霆,像遭到阉割似的狂怒,甚至还骂去看他

---

① 《美狄亚》,见埃斯库罗斯等:《古希腊戏剧选》,第258—259页。
② 《玩偶之家》,见《易卜生戏剧四种》(潘家洵译),人民文学出版社1958年版,第198页。
③ 同上,第201页。
④ 同上,第199页。

的戏的整个'阶级'"。①这里的"人民公敌"一词就是易卜生在《玩偶之家》受到攻击以后为了反击那些批评者而写的剧本的名字,该剧主人公自称是一个"世界上最有力量"也"最孤立"的人,正反映了他遭到媒体围攻时的处境。

在这一点上欧里丕得斯不同于明确地反主流的易卜生,因为在他那时候,所有的剧本都只有一个主流的场所才可以演出,就是政府发起的酒神戏剧节,因此,要想当剧作家,就绝不能明显地反对社会主流。他写的美狄亚比起仅仅是抛下孩子出走的娜拉来要更加狂暴得多,这一来他的同时代人反而无法确定他对角色是什么态度了,还以为他是个厌女症者,故意塑造了一个不讨人喜欢的变态女子。但时代的变迁使得人们对这两个戏的看法都变了,今天的大多数观众都会站在娜拉和美狄亚一边,就是有人在心里面同情海尔茂和伊阿宋,也不大会公开说出来了。② 上文引用的那位学者在写下那段关于易卜生遭遇的话以后,立刻嘲讽那些攻击易卜生的批评家说:"他(易卜生)确是个敌人——那些被激怒的混蛋的敌人。"时代演变到了今天,《美狄亚》虽不像《玩偶之家》那样被推作妇女解放的经典,但因其主人公行动的激烈程度远远超过娜拉,正好符合了 1960 年代以来激进的女权主义的需要,于是,欧里丕得斯和易卜生一样——尽管程度不同——也被看成了替妇女发言的剧作家。其实易卜生曾经明确表示他并不知道女权运动是什么意思,那么欧里丕得斯的初衷

---

① Ethan Mordden, *The Fireside Companion to the Theatre*, New York: Simon & Schuster, 1988, p. 151.
② 《美狄亚》有个重要的例外:迄今为止中国唯一的《美狄亚》演出的导演罗锦麟于 1997 年 6 月告诉我,当他导的河北梆子《美狄亚》在河北农村演出时(该剧很大程度上是为了要去希腊而排的),村里的大娘们对这个居然能下手杀死自己孩子的母亲很不以为然。

二、欧里丕得斯与"危险的东方人" 45

图3 导演孙惠柱根据剧情所加的序幕：
美狄亚用巫术来救伊阿宋

到底是不是替美狄亚这样的外国女人申冤呢？也许还是索福克勒斯和亚里士多德看得准一点。根据后者的《诗学》，索福克勒斯曾对他自己和欧里丕得斯的悲剧作过一个著名的比较："我塑造人物时按照他们应该的样子，而欧里丕得斯是按照他们本来的样子去塑造。"可以说欧里丕得斯是最早的现实主义作家，他相当客观地描写了现实中存在的活生生的人物，他对美狄亚的同情和对伊阿宋的批评都相当隐讳，以至于不少人懵里懵懂看不清楚。但毕竟还是有人看出了他的意思，一旦看出来就不会太高兴，因此《美狄亚》那一年参赛名列榜尾。欧里丕得斯一生写了约90个剧本，只得了四次奖——而埃斯库罗斯得过13次奖，索福克勒斯得过24次之多。但到了女性主义崛起的20世纪后期，《美狄亚》就成了西方女性主义书单上的第一部文学作品。

46　谁的蝴蝶夫人

图4　导演孙惠柱根据剧情所加的序幕：
伊阿宋被救以后爱上美狄亚

如前所述，美狄亚不仅是一个女性，也是一个异族人、东方人；但问题是，当人们普遍地对欧里丕得斯的女性观由疑惑转向肯定以后，为什么反而很少有人肯定——哪怕只是注意——他对美狄亚这个东方人的描写呢？这也和时代有关。可以说20世纪是女性地位全面提高、男女平等全面改善的世纪，尤其在较为发达的西方国家；然而相比之下，不同种族和文化之间的关系还没有得到根本性的改善，不少地方曾经有过相当大的进步，但并不稳固，常常政局一变就出现大倒退，冷战结束以后前南斯拉夫地区的种族屠杀和9·11以后全球凸现的文明冲突就是两个突出的例子。就是前些年欧美大讲"多元文化主义"的时候，绝大多数白人为了"政治上正确"，对种族、文化冲突宁可避而不谈，或者只报喜不报忧，这也并不是健康的现象。把美狄亚看成一个没有种族文化背景的"纯粹"的女人，不提美狄亚的东方

二、欧里丕得斯与"危险的东方人"　47

出身,就是因为怕讲"犯政治错误"的话。因为美狄亚毕竟是个亲手杀了自己孩子的母亲,如果西方艺术家明确地把她处理成代表了东方人的话,要是遭到东方人的抗议怎么办?他们会不会问,哪个东方剧作家会写出一个这么残忍的母亲?

这个问题是很值得一问。可以拿《美狄亚》和几个东方的经典剧作作个比较。梵剧《莎恭达罗》和《法撒发达塔之梦》、南戏《琵琶记》是印度和中国戏剧史上的非常著名的经典剧作,都表现了男人丢下妻子另娶别的女人的故事。① 它们是怎么表现被抛弃的妻子的呢?那些女主人公个个都是逆来顺受,耐心等待丈夫回心转意。莎恭达罗的男人是个国王,打猎路过看中了她,跟她成婚以后很快就回京城去了。发现自己怀孕的莎恭达罗到京城去找国王,却因丢失了国王给她的戒指而不能让国王想起她来。她回家以后并不恨国王,反而深刻反省自己的错误——因为她在思念国王的时候对一位陌生的仙人不够谦恭,这位仙人理所当然要惩罚她。她独自把孩子带大,又检讨了自己的失礼,仙人就原谅她,让国王找到她,收她为第 N 个妻子。《法撒发达塔之梦》的故事也大同小异,女人用宽容和忍耐总能换来男人的回心转意——但并不以一夫一妻为条件。现代西方人既坚持一夫一妻制,又认同娜拉的个人主义立场,肯定会认为那样的东方女人不可思议,这样的剧作怎么可能真实?有人说这样的女人仅仅是古代东方男人的一种幻想,但这些故事未必是完全凭空编造的,在一个直到现在还不时有新娘因为财礼太少而被夫家活活烧死的男权社会里,被抛弃的古代女人若不忍让还能怎么样?

---

① 当然,美狄亚出身的东方是地处西亚的中东,与远东的中国和中南亚的印度都不同,但由于中东直到近代受到殖民主义影响以后才有人演戏剧,所以如果要比较东方戏剧和古代的希腊戏剧,只能到更远的东方去找对应的作品。

比起这两个教人们"应当如何"的印度剧作,中国的《琵琶记》更像是个反映"本来如何"的戏,剧中人物要复杂很多。赵五娘的男人蔡伯喈像戏曲中几乎所有的书生一样,一结完婚就要进京赶考,他考中状元以后,娶了宰相的女儿再也没回家。这个故事有过很多民间版本,最早的版本把他写成一个简单的"弃妇背亲"的反面人物,而自己也做过官的剧作家高明在他那流传极广的版本中把蔡伯喈改成了一个忠孝两全的正面形象,他先是不愿重婚要辞官回家,因为皇帝阻挠才被迫留在京城当官做宰相女婿,内心很是矛盾。赵五娘被他甩在家里,只好为缺席的丈夫侍奉80岁的公婆,又碰上饥荒年月,吃尽千辛万苦,比单纯被抛弃的莎恭达罗还要难上无数倍。直到公婆都去世以后,她才背着琵琶上京寻夫,最后感动了宰相,答应女婿与她破镜重圆,来个一夫二妻大团圆——这和那两个印度戏差不多。明朝皇帝朱元璋认为《琵琶记》正是他所需要的伦理教育作品,极为赞赏地说:"五经、四书,布、帛、菽、粟也,家家皆有;高明《琵琶记》,如山珍、海错,贵富家不可无。"[①]

拿这几个亚洲戏剧和《美狄亚》一比,差别是太明显了,美狄亚可以说一点也不像东方人,倒像个典型的西方女子——坚持个人权利,丝毫不肯委屈自己,这一点上她跟《俄瑞斯泰亚》中那个杀丈夫的克鲁泰墨丝特拉并没有本质上的不同——如果确有不同的话,只有过之而无不及。克鲁泰墨丝特拉虽说是伙同情夫杀了阿伽门农,但那是因为她恨丈夫杀了自己的女儿,而美狄亚却是因为恨丈夫而杀死孩子。欧里丕得斯毕竟是个欧洲男子,只熟悉他自己的文化,那时候他根本不知道任何印度或中国女性,只有关于东方女子的泛泛的想

---

① 徐谓:《南词叙录》。

二、欧里丕得斯与"危险的东方人" 49

像,还以为他给美狄亚安上的烈性子是那些野蛮的东方人特有的呢!希腊人以理性著称,对于人与人之间应不应该报仇、如何报仇的问题,埃斯库罗斯已经在《俄瑞斯泰亚》三联剧的最后一出《善好者》里提出了一个西方人沿用至今的方案:让市民审判团来作出裁决。可偏偏美狄亚是个外国人,并不能参与这一理性的程序,于是她就只能铤而走险,把法律拿到自己手里来执行了。因此可以说,赛义德归纳的"危险的东方人"之所以危险,是因为他们的行为逻辑和西方人的不一样,即便他们想要一样,也没法一样。

  如果说美狄亚的行动在她的环境当中有其必然性的话,那么她的性格是不是一定只能像欧里丕得斯这样来展现呢?其实未必。从编剧的角度来说,在确定了角色"做什么"以后,"怎么做"更是展示角色性格的关键所在。欧里丕得斯这个剧作家在题材选择上很大胆创新,在歌队的运用上也打破陈规,减少了歌队的人数和歌词的长度,但他在基本的结构方法上却还是墨守成规。他把美狄亚和伊阿宋之间十多年的恩怨集中到两个小时里来解决,于是观众就只能看到她复仇的计谋和行动:先是对国王克瑞翁装可怜,骗得时间好下手;再是诱伊阿宋让孩子去给新娘送衣服,让衣服烧死她;最后就亲手杀死孩子。但是在这以前美狄亚这么多年来为伊阿宋所做的好事——也就是她为什么要复仇的原因——观众一点也看不到。虽然那些前史也在角色的嘴里说了出来,但对于观众来说,听见的总不如看见的来得印象深刻。

  但欧里丕得斯毕竟是个伟大的剧作家,就是这样写,美狄亚这个人物也已经栩栩如生。在她和伊阿宋争执的时候,她就怕人忘了以前的事情,说了一句最重要的台词:"且让我从头说起。"可是具有讽刺意义的是,给她写下了这句台词的欧里丕得斯就是不肯在舞台上把美狄亚的故事"从头说起"。我在导演该剧的时候,给剧组作出的第一个决定就是必须让美狄亚"从头说起",因此我特地请来一位舞蹈编导,编出了一段带有中东风格的舞蹈,来形象地把美狄亚的这段台词展现出来:

> 且让我从头说起:那阿尔戈船上航海的希腊英雄全都知道,我父亲叫你驾上那喷火的牛,去耕种那危险的田地时,原是我救了你的命;我还刺死了那一圈圈盘绕着的、昼夜不睡地看守着金羊毛的蟒蛇,替你高悬着救命之光;只因为情感胜过了理智,我才背弃了父亲,背弃了家乡,跟着你去到佩利昂山下,去到伊奥尔科斯。……我就这样替你解除了一切的忧愁。[①]

在"且让我从头说起"这句话以后,美狄亚对着台后叫道:"伊阿宋!"伊阿宋应声而出,和她一起加入那个全由女性组成的歌队,用写意的动作表现出驾火牛、刺蟒蛇、取金羊毛、堕入情网、驾船远航等一系列的情节。这是整个演出中唯一的一段优美抒情、表现爱的力量的戏,让观众看到了美狄亚美丽温柔的一面,也更容易看出伊阿宋以后变得多么虚伪。因为要"从头说起",这段舞蹈只能放在开头,成了全剧的序幕,从时间来看还只是一段简短的哑剧,全剧的大部分时间还是在展现美狄亚凶狠报仇的一面。现在回想起来,如果要从根本上改变原剧的重心所在,应该把许多段倒叙前史的台词转换成活的舞台形象,像《推销员之死》那样变成闪回,以此来推动复仇这一主要情节的发展,使之更加合乎情理,更能赢得观众的同情。

当然,在欧里丕得斯的时代,不可能有人创造出闪回这种电影式

[①] 《美狄亚》,见埃斯库罗斯等:《古希腊戏剧选》,第256页。

手法，这是不能苛求于古人的。但是，只要把原来的神话故事原原本本在舞台上展现出来，也就不会这么突出美狄亚最后的复仇而忽略她前面累积了这么多年的原因了。(这里未必需要莎士比亚的技巧，只要像中世纪那些业余爱好戏剧的教士一样把故事——敷演出来就行了。)即便是讲同样的故事，结构形式也是可以影响人物和主题的。索福克勒斯淡化俄狄浦斯弑父娶母的前史，突出他不惜端出自己也要查清凶手的最后的行动，把一个本来在命运的摆布下显得很可怜的受害者变成了一个大无畏的英雄。欧里丕得斯淡化美狄亚不顾一切救伊阿宋的前史，强调她杀人报复的最后的行动，则让一个本来更应该令人同情的弃妇看上去像个"丈夫们的梦魇"。虽然现在多数西方女性已经把她看成了一个不仅值得同情，甚至可以为之骄傲的形象，但对于许多东方人来说，欧里丕得斯笔下的美狄亚还是免不了会让人皱起眉头。

在欧里丕得斯的下一个涉及东方形象的悲剧里，不再有容易引起争议的孩子，"东方人"把复仇的目标直接地瞄准了他的对立面——国王，而且还得到了剧中很多希腊人有意无意的支持。严格地说，这个"东方人"并不像美狄亚那样有着东方血统，但却是刚刚从东方来到希腊，他所做的一切都具有当时的希腊人所认为的典型的东方人的特点，而这个"东方人"不是别人，正是和希腊悲剧关系极深的酒神狄奥尼索斯。

但这个狄奥尼索斯在《酒神的伴侣》里的故事有点不同——希腊剧作家经常把神话中的角色拿去，根据自己的想象大加发挥。这位酒神并不像后来的尼采所分析的那样与日神结合起来创造了悲剧这种艺术样式，在欧里丕得斯所写的这个特定的悲剧里，他和代表日神精神的理性的国王彭透斯展开了一场你死我活的搏斗,而他所代表的并不是西方文化中固有的奔放、狂热的一面,却是西方文化对立面的所谓东方的"巫术"。和《美狄亚》一样,希腊人总爱把他们并不熟悉的东方和巫术联系起来,虽然在欧里丕得斯等人的眼里,巫术不一定像很多人看来的那么坏。

赛义德在《东方主义》中批评《酒神的伴侣》是最早提出"危险的东方人"这一母题的西方文学作品。为什么希腊神话里相当主要的一个酒神会变成了东方人的代表呢?狄奥尼索斯虽然是天神宙斯的儿子,却是宙斯和凡人塞墨勒所生,为天后赫拉所嫉恨。赫拉化装成老女人去见怀孕的塞墨勒,故意劝她要求宙斯现出神的真相。塞墨勒不知有诈,真的去说了,宙斯答应她现形,不料塞墨勒挡不住神的光辉,立时被雷电烧死。宙斯想方设法救下胎儿狄奥尼索斯,可赫拉还是不肯罢休,最终使他发了疯,跑向东方。他长大以后从亚洲带了一批门徒,也就是由歌队扮演的"酒神的伴侣",回到希腊来要个说法。这"要说法"应不应该看做是复仇呢?请看全剧一开场他的大段台词:

> 我来到这忒拜地方,我乃是宙斯的儿子狄奥尼索斯,卡德摩斯的女儿塞墨勒所生,由霹雳火催生出来的。我现在由神的形象化作凡人,出现在狄耳刻泉旁,伊斯墨诺斯河畔。我看见我那遭雷劈的母亲的坟墓就在这宫旁,她那房间虽然早已坍塌,却还在冒烟,宙斯的火焰还在闪光——这是赫拉迫害我母亲的永不泯灭的痕迹。
>
> 我赞美卡德摩斯,他使这地点成为圣地——他女儿的坟墓,我用果实累累的葡萄藤将它四面围绕起来。
>
> 我离了佛律奎亚和盛产黄金的吕狄亚以后,经过太阳烧焦

二、欧里丕得斯与"危险的东方人" 53

的波斯平原,巴克特里亚的城关,墨狄亚的寒冷高原,富庶的阿拉伯,还经过亚细亚沿岸有美丽望楼的许多城市,那里杂居着希腊人和外国人。我曾在那些地方建立我的仪式,教人歌舞,庆祝我这个天神的到来。现在我来到了希腊,首先是这座城市,在希腊的忒拜叫人狂欢作乐,我使他们腰缠鹿皮,手执神杖——缠绕着常春藤的武器。只恨我母亲的姐妹们——她们真是不该——说我狄奥尼索斯不是宙斯所生,她们诽谤说塞墨勒同凡人结了私情,却把失身的罪过推在宙斯身上,又说这是卡德摩斯说谎;她们还狂妄地说,宙斯因此把她杀死,都只怪她隐瞒私情,说了假话。

因此我才使她们姐妹发了狂,让她们从家里跑了出来,她们现在神经错乱,住在山上;我叫她们穿上了我这宗教的服装。我还使卡德墨俄族(即忒拜民族——罗念生注)的所有妇女,个个疯狂……忒拜必须学会尊重我和我的仪式,当她们都承认我是神的时候,她们也会承认塞墨勒是神的母亲。①

看过这个剧的人历来对狄奥尼索斯的行为有两种相反的解释,有人认为他是个"心眼小、报复心重的施虐狂,他所吹嘘的'自由'的背后隐藏着魔鬼般的冷漠"。② 也有很多人认为——自 1960 年代以来这派观点明显地占了上风:他只是让女人们把被刻板理性压抑了太久的天性释放出来,在带有原始味道的庆祝自然神的仪式中得到重生。这两种解释都有道理,后者明显地带有 1960 年代欧美如火如

---

① 《酒神的伴侣》,见《欧里庇得斯悲剧集》(三)(罗念生译),人民文学出版社 1958 年版,第 357—358 页。为使意思更为清晰,译文参照 J. Michael Walton 的英译有所调整,英译见 *Euripides*: *Plays*: *One*, London: Methuen, 1988, p.115。

② 转引自 J. Michael Walton: "Introduction," *Euripides*: *Plays*: *One*, p. xxxi。

茶的学生运动、民权运动和反战运动的时代烙印,似乎是外加的主观的解释,而前者可以从剧本的文字中找到根据。从狄奥尼索斯的台词来看,他要那些当年把他逐出国门的姨妈们上山发疯,是隐含着报复的意思。可是,观众看到的舞台上的动作却又好像暗示着另一种情况。欧里丕得斯一点也没有展现狄奥尼索斯如何用法术蒙骗人们走火入魔,相反的是,她们出现在舞台上时个个都是兴高采烈的,甚至连忒拜城里两位最德高望重的老人也兴致勃勃地要去加入她们的行列。紧接着狄奥尼索斯的宣言和歌队的第一次评论以后,先知忒瑞西阿斯就急匆匆来到忒拜城的创建者、现任国王的外公卡德摩斯门前,催促看门人说:"你们哪一位去说一声,忒瑞西阿斯前来找他。他知道我为什么前来,我们两个老人——他比我还老——有约在先,要扎起神杖,披上鹿皮,用常春藤缠在我们头上。"

话音未落,卡德摩斯闻声而出:"啊,最亲爱的朋友,我在屋里就听见了你的声音,一个行家说出来的行话。我出来了,我已准备好,穿上了那位天神的衣裳;我定要竭力赞美我这外孙。我到哪里去跳舞? 在哪里站稳脚跟? 向后仰仰我的白头? 忒瑞西阿斯,你来指导我,老年人指导老年人,因为你是行家。不分昼夜我都会不倦地用神杖敲地。我们在欢乐中忘了我们的年纪!"[①]

有人会觉得这两位白发老人突如其来的对跳舞的热情有些荒唐,但现代中国人恰恰应该特别能够理解这种兴奋。在经历了多年的文化禁锢以后,文化大革命结束带来的突然开放不也曾使无数的中国人产生了这样的热情吗? 二十多年以后,现在仍然热衷于跳舞的老年人甚至超过了年轻人。欧里丕得斯绝对想不到,他的这些描

[①] 《酒神的伴侣》,见《欧里庇得斯悲剧集》(三),第361页。

二、欧里丕得斯与"危险的东方人"　55

写会在2500年以后遥远的中国得到共鸣。这说明上山跳舞狂欢并不是什么坏事——如果不是碰到一个蛮横地要来阻止他们的当权者的话。

可是忒拜就有这么一个当权者,他还是狄奥尼索斯的表兄弟——卡德摩斯的另一个外孙,国王彭透斯。狄奥尼索斯早就知道"这人反对我的神道,不给我奠酒,祷告时也不提我的名字,为此我要向他和全体忒拜人证明,我乃是一位天神。……忒拜城如果胆敢在气愤中用武力把我的信徒赶下山,我就要率领狂女们进行战斗"。①

后来事情的发展被他不幸而言中。彭透斯得知他的城邦里有很多妇女跟着狄奥尼索斯"在山林中到处游荡,狂歌乱舞",极为愤怒,立刻下令把她们抓起来投入监牢,还要用铁链锁住。他的卫兵碰到化装成凡人的狄奥尼索斯,把他押送到彭透斯的宫里。彭透斯问他为什么要把东方的仪式带到希腊来,他回答说,"是宙斯的儿子狄奥尼索斯派我带来的。"这是一段极具戏剧性的对话,因为彭透斯并不认识狄奥尼索斯,狄奥尼索斯一直假借别人的名义用第三人称来跟对手说明自己的态度:

狄奥尼索斯：所有的外国人都举行这样的仪式。

彭　透　斯：只因为他们远不及希腊人聪明。

狄奥尼索斯：在这方面他们更聪明,尽管他们的习惯不同。

彭　透　斯：你是在夜里还是在白天举行祭祀?

狄奥尼索斯：多半在夜里,因为黑暗更庄严。

彭　透　斯：好引诱女人,败坏道德。

狄奥尼索斯：就是在白天一个人也可以做坏事。

---

① 《酒神的伴侣》,见《欧里庇得斯悲剧集》(三),第358页。

彭　透　斯：你无理强辩,该受惩罚!

狄奥尼索斯：你昏聩糊涂,对神不敬,才该受惩罚!①

吵架的结果自然是国王把犯人送进监狱。狄奥尼索斯当时就对他说:"我警告你,别把我捆起来——一个精明人警告一个糊涂人。"可是彭透斯却说:"我说'捆起来'。我比你有权威。"② 但是他不知道这个犯人不是个凡人,狄奥尼索斯在监狱里用法术制造出地震,并在他母亲坟上点起火来,把彭透斯和卫兵都吸引过去,趁机溜走。彭透斯不但没有惩罚到他,反而使他下定了复仇的决心:"狄奥尼索斯,就是你所谓不存在的神,要向你报复,惩罚你的暴行,因为你把我关进监牢,就算侮辱了他。"③

狄奥尼索斯对彭透斯所做的才是真正的复仇:诱骗他装扮成女人,上山去看那些跳舞的妇女。狄奥尼索斯心里明白,"等他穿上女人衣服,被引着通过城市的时候,我想叫他成为忒拜人的笑料。……他穿上了,就会死在他母亲手中,进入冥府。那样一来,他就会知道宙斯的儿子狄奥尼索斯是有权威的神,对人类最和善而又最凶狠。"④ 果然,在山上跳舞的妇女看到了这个"穿着女人衣服来侦察狂女的疯人",为首的那位恰恰是彭透斯的母亲阿高厄,她嚷道:"来,狂女们,围着树站着,抓住树枝,好捉拿这只爬在树上的野兽,免得他泄露了神的秘密的歌舞仪式。"这个因狂欢而走火入魔的母亲一点也听不进儿子的哀叫,"抓住他左边的小膀子,踏在这不幸的人胸上,把

---

① 《酒神的伴侣》,见《欧里庇得斯悲剧集》(三),第370页。
② 同上,第371页。
③ 同上,第371页。
④ 同上,第381页。

他的胳臂扯下来……"① 在阿高厄的带动下,跳舞的妇女一拥而上,生生把彭透斯撕成碎片。

反对狄奥尼索斯的人完全有理由说,他这个报复实在是太毒了,彭透斯仅仅是把他关进监狱,他却把人家杀了,而且还是让他妈妈亲手来杀死儿子。但狄奥尼索斯的支持者也可以为他辩护,因为彭透斯在抓住他之前就说过:"只要我能把他捉住,关进监牢,我一定把他的脑袋从肩上砍下来,不许他再用棍子敲地,仰着头,甩他的卷发。"② 狄奥尼索斯必须保护自己,而且更重要的是,他不但没有亲自动手杀彭透斯,也没有命令——甚至没有暗示——阿高厄去这么做,杀彭透斯完全是她自发采取的行动。当然,不喜欢他的人要说,这正是狄奥尼索斯最危险、最邪恶的地方。

这是一个希腊悲剧中独一无二的形象。和被丈夫逼得杀人的美狄亚不一样,狄奥尼索斯并没有遇到美狄亚那样的不幸,他回到忒拜只是为了讨回一个名分,未必要在这里长住下去;虽然彭透斯说过要杀掉他,但他既能用法术从监狱遁身,自然不可能真的被彭透斯所杀,而他除掉彭透斯却是不费吹灰之力。欧里丕得斯为什么要写出这样一个东方形象? 理查·谢克纳认为,那时候"来自东方的狄奥尼索斯崇拜正在雅典人中间流行起来。欧里丕得斯肯定是在对他的雅典同胞说什么,他预见了公元前 5 世纪(希腊)文明的灭亡"。③但事实上它的灭亡并不是任何东方的力量造成的。欧里丕得斯写《酒神的伴侣》时,雅典正在伯罗奔尼撒战争中被打败,打败他们的不是东

---

① 《酒神的伴侣》,见《欧里庇得斯悲剧集》(三),第 389 页。
② 同上,第 363 页。
③ Richard Schechner, "In Warm Blood: *The Bacchae*," *Public Domain*, New York: Avon, 1970, p.120.

方人,而是希腊的另一个城邦,几十年前曾和雅典人并肩战斗击溃东方波斯人的斯巴达。这时候欧里丕得斯对希腊深深地失望了,尽管他一直是在希腊文化的边缘上,但毕竟是用希腊文写作,剧本也是在雅典演出的,说到底他还是一个希腊人。

由于时代的限制,欧里丕得斯不可能像后来的伏尔泰那样幻想出一个优于希腊文化的东方文化替代物,他只是知道,他所从属的文化已经没有什么希望,而它的崩溃,主要还是由于内因,剧中狄奥尼索斯这个外来的力量只是起了一种催化剂的作用。他唤醒了忒拜人长期被理性压抑着的人性中要求解放的一面,而一解放就矫枉过正,彻底破坏了所有的秩序。这个情节给中国读者的联想就不再是文革结束以后的跳舞热,而是文革初期的红卫兵狂热。但不同的是红卫兵狂热完全不是外来的力量引起的。

在1960年代的西方,当谢克纳和众多的学者们研究《酒神的伴侣》的时候,他们对陷在越战泥潭中的美国及其代表的西方文明的看法就跟欧里丕得斯对希腊文明的看法差不多。他们还没有像欧氏剧中的狂女和中国的红卫兵那样失去理智,而是像剧作家欧里丕得斯那样从无望的战争中看到了西方没落的征兆。他们有了欧里丕得斯那时所不具备的条件,还真的从东方[①]找到了一个精神上的"神"——毛泽东的"小红书",尤其是关于"大民主"和"造反有理"的理论,关于"帝国主义和一切反动派都是纸老虎"的理论。他们也想用大众狂欢式的群众运动来冲倒用资产阶级的理性建立起来的体

[①] "东方"这个词一般指文化上与欧美相对的地域,但在冷战时期也常被用来代表社会主义阵营,例如那时候的苏联在文化上是西方的,在政治上却是东方的。中国在两个意义上都是东方的,但文革中的毛泽东思想更多的是一种政治思想,与传统中国文化关系不大。

制。所以，谢克纳在写他的关于《酒神的伴侣》的论文的同时，已经在计划将这个剧古为今用。不久，由他创建的"表演团"集体改编创作的《69年的狄奥尼索斯》问世，把剧中的许多名词改成了当代的语汇，很快就成了举世闻名的先锋戏剧的经典之作。在这个演出中，欧里丕得斯笔下那个基本中性的狄奥尼索斯成了一个正面形象，而彭透斯就被看成了街上的示威游行者所抨击的美国政府的代表。

《69年的狄奥尼索斯》保持了原剧情节的大致框架，但简化了很多，从《酒神的伴侣》的1300行台词中只选用了600行，另外却从索福克勒斯的《安提戈涅》中挑出一些反抗权威的台词加进去。原剧一开始狄奥尼索斯自报家门的大段台词被全部删去，现在观众一开场就看到狂女们作乐的仪式，而且就在这个仪式中狄奥尼索斯从四个全裸女人的胯下构成的"子宫"里"生"了出来。这一来原剧中狄奥尼索斯到忒拜来肇事要名分的前史被隐去了，他身上复仇的味道完全没有了，成了一个可亲的"花孩子"。演出中用了大量的观众参与，有一次一帮年轻观众竟把彭透斯劫持出了剧场。演员常常根据当时的时势、现场的气氛和自己的情绪即兴发挥，有一个结尾的版本是这样的：

> 狄奥尼索斯：我的美国同胞们！乌斯特街（剧场所在地街道——引者注）的公民们，醒来吧，让你们自己激动起来！跟我到街上去！除了理智以外，你们还有什么好失去的？跟我来！我的舞蹈极其快速，我的愤怒极其强烈。我要你们把自己发动起来！下来！高高兴兴地互相接触吧。抓起一根酒神的神杖！装好一把左轮手枪！武装起来，轰炸腐朽的一切！烧毁贫民窟！朝大人物头上拉屎！权利归酒徒们！

自由！把汉弗莱(美国保守参议员——引者注)的衣服扒掉,给林赛市长一个全身抚摸！给约翰逊(总统)飞吻！舔舔你们的领袖们,再把他们撕成碎片！……我腻透了理性和法律。讨厌软绵绵的自由派和死硬的保守派。讨厌彭透斯和白鬼们……我喜欢暴乱的气味,死和血的性高潮,再也不能容忍假的革命,不能容忍假的仪式和假的血洗！我们要来真的！①

这时候,剧场门大开,演员和观众一起来到街上,和候在外面的民众会合,虚构的仪式成了真实的游行,狄奥尼索斯被人抬到肩上！这哪里是一个"危险的东方人"的形象,分明是人民群众的精神领袖！

当然,这个狄奥尼索斯已经完全是谢克纳和他的演员们重新塑造的形象,不再像是欧里丕得斯笔下的那个宙斯的私生子。在大多数纽约观众的眼里,他既不是危险人物,也早已不是东方人。当时这样的改编本还有不少。一个被评论家认为"远更忠实于欧里丕得斯"的演出《乱套的女人》把场景严格地放在彭透斯的忒拜城里,但用的还是现代英语,并且时不时提到当代欧美的人和事。②虽然谢克纳承认他们那时候在思想上受到"小红书"的很大影响,但这个狄奥尼索斯的形象更多的是从格洛托夫斯基的演员训练方法中得来的,同时也是继承了美国 1930 年代政治性街头戏剧的传统,说不上有多少东方文化的成分。

---

① Richard Schechner, ed., *Dionysus in 69*, New York: Farrar, Strane & Gironx, 1970. 该书打破了出版界的成规,全书不标页码。

② Ethan Morddan, *The Fireside Companion to the Theatre*, New York: Simon & Schuster, 1988, p.34.

和当代西方艺术家那些古为今用的版本相比，欧里丕得斯笔下的那个狄奥尼索斯身上倒是有着更多的东方文化的影子。一直主张简化、淡化歌队作用的欧里丕得斯在写他最后一部戏的时候却突然又加强了歌队的作用。这个剧中的歌队扮演的角色全是跟着狄奥尼索斯而来的亚洲追随者，他们一直在台上，有很多台词，而且载歌载舞，一会儿呈现出狄奥尼索斯制造的地震的景象，一会儿又详细描写狂女们上山跳舞的仪式，①因此这个戏的东方色彩比《美狄亚》强很多。狄奥尼索斯是他们心中的英雄，但未必是观众眼里的英雄。当他最后一次出现时，和卡德摩斯有这样一段对话：

狄奥尼索斯：我狄奥尼索斯——我不是凡间的父亲所生，乃是宙斯的儿子——这样说。如果在你们不愿意的时候，你们变聪明了，你们现在可以得到宙斯的儿子做朋友，快快乐乐过日子。

卡德摩斯：狄奥尼索斯，我们有罪，向你告饶。

狄奥尼索斯：你们认识我太晚了；当你们应当认识的时候，你们却不认识我。

卡德摩斯：我们认罪，但是你也未免太严厉了。

狄奥尼索斯：因为我是神，受了你们的侮辱。

卡德摩斯：可是神不应该像人，动不动就生气。②

这个狄奥尼索斯虽然口口声声要别人别忘了他是神，却更像个带点孩子气爱跟人赌气的年轻人，卡德摩斯在接受了他的指令以后竟还可以批评他。他绝不是《69年的狄奥尼索斯》结尾时被纽约人抬到

---

① Peter D. Arnott, *Public and Performance in the Greek Theatre*, London: Routledge, 1991, p.38.

② 《酒神的伴侣》，见《欧里庇得斯悲剧集》（三）（罗念生译），第397页。

肩上欢呼的那个英雄,但他是像赛义德所说的那样代表着"危险的东方人"吗?

狄奥尼索斯诚然是危险的,但对忒拜人来说,最大的危险在于他能够那么容易地激起忒拜人心中对自由和狂欢的向往,问题的根子还是在忒拜那个僵化的国王和他制定的刻板体制之中。晚年欧里丕得斯日思夜想的与其说是东方文化,还不如说是日渐衰微无可救药的希腊社会。他是个老练的剧作家,最清楚如何运用外在的力量来造成剧情的震荡,进而引起观众头脑中的震荡。当他要反映的是整个希腊文化的时候,他需要的外在力量就必须是一个文化他者的形象了。2300年后的黑格尔认为,希腊悲剧最高明之处就在通过展现两个合理命题的极端化造成的致命冲突,来强调合题的必要。2400年后的尼采换个角度反过来说,是酒神精神和日神精神的和谐结合创造出了希腊悲剧。这两个理论都可以用《酒神的伴侣》来验证。狄奥尼索斯与彭透斯所代表的与其说是来自两种文化的人物,更像是两种形而上的力量。如果说狄奥尼索斯是危险的,那么彭透斯至少也同样危险;其实二者所代表的方面都是一个健全社会不可或缺的。如果就按表面上的文化身份,把他们分别看做是东方人和西方人的代表的话,那么同样地,二者也都是一个健全的世界不可或缺的。无论是把《酒神的伴侣》中的狄奥尼索斯看做是带领人民战胜彭透斯的英雄——像谢克纳他们所做的那样,还是把他看成是阴险狡诈的东方人的代表——像赛义德认为的那样,都完全是出于当时政治需要的重新创造。

三、《威尼斯商人》的文化冲突

在莎士比亚的37个剧本中,《威尼斯商人》是因其跨文化的内容而引起最多争议的一个。人们一说起这个剧就会想到那个一心要割人一磅肉的犹太人夏洛克,以至于许多听说过这个故事的人——包括不少戏剧专业的学生——都误把夏洛克当成了剧名所指的那个"威尼斯商人"。他们的逻辑几乎无可挑剔:既然主角是夏洛克,剧名又叫威尼斯商人,那不就是他吗?再说剧名叫"商人"的能有好的吗?无商不奸嘛。人们往往想不到,这个剧名所指的商人恰恰是一个好到几乎像圣人一样的商人,他就是夏洛克的对立面,基督徒安东尼奥。这个基督徒和犹太人之间的冲突就是关于《威尼斯商人》的争议的根源。

进入20世纪以后,犹太人和基督徒的矛盾变得更加尖锐,一方面,犹太人在金融、实业、科学、文化各方面都取得越来越大的成就,远远超过了他们在人口中所占的比例;而另一方面,全世界目睹了纳粹屠杀六百万犹太人的惨剧,作为一个具有独特文化的种族,犹太人成了20世纪乃至人类历史上最大的受害族群。因此,如何看待犹太人是西方话语中一个极为敏感的问题,反犹主义(anti-Semitism)是比反任何国家和个人都严重得多的罪恶。在西方社会里,反对一个国家或一个政治家被视为是一种政治态度,就是在街上游行大喊反某某国或某某人的口号,都属于言论自由的范围,只要事先得到警察批准再上街就没事;但反对犹太人不同,那要算是一种种族仇恨,在办公室对记者说或者在教室里对学生说都不行,一旦犯错误很可能导致官员和教授丢饭碗。2003 年马来西亚总理马哈蒂尔退休之前公开说了几句批评以色列犹太人的话,立刻招来美国总统小布什的当面批评,布什还要其他国家领导人也都表态反对马哈蒂尔的反犹太人的观点。身为穆斯林的马哈蒂尔不但不认错,还对大家说:只要看看西方世界对我那些话的反应就知道了,犹太人的势力有多大!我的话难道错了吗?要是我批评的是其他国家,会有这么大的反应吗?在犹太人形象问题如此敏感的情况下,《威尼斯商人》显然是一个证明基督徒作家如何丑化文化他者的极好的反面教材。事实上在纳粹掌权的德国,这个戏确实是被用来做反犹宣传的,战后德国最有影响的戏剧权威弗里德利希·卢福特曾经总结过德国批评家的共识:在德国演这个戏是不可能的。①

但是这个基督徒与犹太人的争议对于中国人就显得相当隔膜了。1980 年中国青年艺术剧院推出由张奇虹导演的《威尼斯商人》,观众反应非常热烈。但在一个由中国戏剧家协会举办的关于该剧的座谈会上,专家和艺术家之间发生了激烈的争论。当时在北京大学西语系研究莎士比亚的专家张隆溪指出,演出删去了剧本中有关夏

---

① Hans Daiber, *Deutsche Shakespeare Rezeption*, 转引自 Klaus van den Berg: "George Tabori's *Shylock-Improvisations* and the Dramaturgy of Transgressing Boundaries," Paper presented at the American Society for Theatre Research Conference, 1996, manuscript, p.3。

洛克和安东尼奥冲突的宗教背景的台词,从根本上歪曲了莎士比亚的立意,是不能容忍的篡改。而剧院的艺术家都认为,原剧本故事线索繁多,其中犹太人和基督徒的文化冲突对中国观众并无意义,删去能使全剧更加紧凑抓人。对中国的大多数艺术家和观众来说,夏洛克就是一个吝啬的高利贷者,根本无须再加上犹太人的身份来使人更恨他;而如果向观众指出他因为是犹太人,所以值得同情,那也不可能收效。在观众眼里,犹太人和基督徒都是高鼻子白皮肤的外国人,并没有什么两样。研究莎士比亚的学者完全不能说服熟悉中国观众的导演,演出照样进行,前后共演了300多场,创下了外国话剧演出场次的一大纪录。

那件事发生在1980年,现在中国人与西方人的交往日益频繁,对西方的了解增加了,对犹太人也有了新的认识,同时还从自己的经历中对于文化差异得到不少切身的体会。人们逐渐了解到,海外的华人常常被人称为东南亚的犹太人,因为他们善于经商集聚财富,也是动不动就受到迫害。这就使犹太人的故事对中国人更有意义了。如果现在在中国演出《威尼斯商人》,还会把关于犹太人和基督徒冲突的台词删去吗?这是每个导演都要根据当地观众的情况认真斟酌的。但对于该剧的读者来说,剧中犹太人与基督徒的文化冲突是一个非常值得探讨的问题,莎士比亚对犹太人形象的刻画给后人提供了很多启示。

其实莎士比亚本人对犹太人很可能一点感性认识也没有,还在他开始写剧本300年前的1290年,英国就把犹太人驱逐出境了,要到他去世好几十年以后克伦威尔执政时,才再次允许犹太移民入境。莎士比亚为什么会想到去写一个与英国人毫无关系的犹太人主角呢?这要从犹太人与基督徒的历史渊源说起。

图 5 《威尼斯商人》的法庭一场

在基督徒的眼里,犹太人最早是和《圣经》里的叛徒犹大联在一起的,被他出卖的耶稣基督被钉在十字架上,成了犹大的罪恶的永远的象征。在中世纪的舞台上,犹太人常常是十分夸张的魔鬼和邪恶的形象,但这些看法和20世纪纳粹所推行的反犹主义很不一样,因为那时候真能经常接触到犹太人的基督徒并不很多,一般人当中更为流行的对犹太人的看法还是一种异国情调般的迷恋。英国最早的几百个犹太人是跟着后来成为英国国王的征服者威廉从现在法国的诺曼底过去的,征服者威廉于1066年发动了诺曼底征服行动(Norman Conquest),随他去征服英国的诺曼底人因为在过去几百年里跟犹太人处得还不错,就邀请了犹太人一同前去。那以后两百年左右的时间里,英国的犹太人口增加到了五到六千人,但他们没有政治地位,夹在矛盾重重的诺曼底人和英国人中间,常常成为他们出气和敲诈的对象。一旦诺曼底人不再保护他们,杀人放火的反犹暴乱就开始出现了。这时候英国的犹太人的钱财已经被勒索得差不多了,另一方面,以前还不存在的米兰和佛罗伦萨等地意大利银行的资本借贷现在开放了,这一来犹太人的贷款也就不再那么重要,因此英国政府于1290年正式决定把犹太人全部驱逐出境。[①]在欧洲大陆,西班牙经罗马教皇批准自1478年起建立宗教裁判所,驱逐犹太人、新教徒和其他异教徒。这个制度要到1834年才终结。

严格地说,英国在驱逐了犹太人以后的300多年里,犹太人并没有彻底绝迹,有一些葡萄牙籍的犹太人还是去了英国,但多数都皈依了基督教。英国历史上有过一个非常著名的和犹太人有关的事件,就是涉嫌暗杀伊丽莎白女王的"犹太医生案"。该医生名为罗德里戈·洛佩斯,是个葡萄牙籍的犹太医生,因医术高超享有盛名,成了女

---

① Howard Fast, *The Jews: Story of a People*, New York: Dell Publishing, 1968, p.246.

王的私人医生。伊丽莎白女王在登基时推翻了她的前任——同父异母的玛丽·都铎——选择的天主教政策,恢复了她父亲确立的新教制度,因此信奉天主教的西班牙国王一心要把她推翻,派人去伦敦和洛佩斯建立联系。这事被本来就不喜欢洛佩斯的女王宠臣爱赛克斯得知,立刻逮捕了这位犹太医生。虽然洛佩斯发誓忠于女王,还是被以叛国罪处死。这件事证明,英国在驱逐了犹太人以后的 300 年里,还是有个别犹太人居住的;但同时这件事又可以说明,是什么样的犹太人才会在驱犹以后的英国居住。

爱赛克斯杀洛佩斯的背后有没有反犹的心理现在已经很难猜测,但如果要说这件事反映了社会上的反犹情绪,恐怕证据不足,因为毕竟犹太人已经从英国社会中基本消失了 300 多年。当然,在要不要杀犹太医生的问题上,宫廷内部的分歧多少和对犹太人的态度有点关系。有一个证据是,就在关于洛佩斯的起诉和判决闹得翻天覆地的时候,主张判他死刑的法庭官员让他所庇护的剧团在"玫瑰剧院"又一次开始上演克利斯多夫·马洛的剧本《马耳他的犹太人》,每周演一次,直到一个多月后洛佩斯被处死那天还在演。[①]

《马耳他的犹太人》是戏剧史上的一奇,它以土耳其人进攻基督教统治的马耳他这一历史事件为契机,把马耳他岛上最富有的犹太人推到冲突的焦点上,是第一部全面展现基督徒、犹太人和穆斯林三种文化之间的冲突的重要剧作。从其样式来看,这是一个非常奇特的戏,有人称它为历史剧,因为土耳其人确曾在 1565 年攻打过马耳他;也有人称它为悲剧,因为剧中死了很多人,包括主人公;还有人称它为悲喜剧,或者是严肃的笑剧(serious farce),因为剧中有不少令人

---

① 阿尼克斯特:《莎士比亚传》(安国梁译),海燕出版社 2001 年版,第 121 页。

三、《威尼斯商人》的文化冲突　69

发笑的形象,尤其是那个戴着红色假发和长着一个"令人崇拜"的"瓶子般鼻子"的犹太人巴拉巴斯。这个巴拉巴斯是全剧的绝对主角,比《威尼斯商人》中的夏洛克神气得多,戏是从他的出场开始的,而他的出场竟要由一个历史名人——当时臭名昭著的权术理论家马基雅弗利——来主持介绍。这位"马基雅弗利"的开场白是:

马基雅弗利的灵魂在阿尔卑斯山上空飞翔

尽管世人都以为他已经死去。

……

我来英国不是来做什么讲座,

而是来推出一个关于犹太人的悲剧。

这个犹太人微笑着目睹他的钱包鼓起来,

——他用的全是我的妙计。

希望你们不要慢待了他,

因为他是我的徒弟。(Prologue.1—2,28—35)

巴拉巴斯不仅是马基雅弗利的忠实信徒,还具有他自己的犹太特色。马基雅弗利刚刚说过:"就让我被人嫉恨吧,绝不要被人可怜!"(Prologue.27)巴拉巴斯就说:"我这个犹太人宁可被人恨,也不要落到成了贫穷的基督徒让人可怜。他们那信仰一点好处也没有,只有恶意、虚假和过分的自大。……他们说我们是个到处流浪的民族,这我不管。我只知道我们聚集了很多财富,远比那些自吹信仰的人多得多。"(I.i.112—121)为了聚敛财富,巴拉巴斯不仅用阴谋和暗杀来对付他的敌人基督徒和前来攻打马耳他的土耳其人,连对自己的犹太同胞也一样心狠手辣。他说:"让他们去打,去征服,去杀尽所有的人,这样他们就会放过我和我的女儿,我的财产。"(I.i.150—151)但是他聪明反被聪明误,最后还是中了基督徒总督设的计,落到他的手

里。这时候巴拉巴斯一点也神气不起来了,忙不迭地求饶:

巴拉巴斯: 救命!基督徒,救命!
　　　　　总督,你怎么站在那里一点怜悯心也没有?
总　　督: 听到你的哀号,被诅咒的巴拉巴斯,
　　　　　我应该怜悯你这个下贱的犹太人吗?
　　　　　不,我要看到你的背叛行为得到报应,
　　　　　但愿你没做那么多坏事。
巴拉巴斯: 你不肯救我吗?
总　　督: 不,坏蛋,不。(V.v.69—75)

巴拉巴斯绝望了,立刻又连声谩骂:"该死的基督徒,狗,土耳其异教徒!……生命,死吧!灵魂,飞吧!舌头,骂个够吧,骂完就死!"(V.v.85—88)[1]

　　马洛和莎士比亚出生于同一年(1564年),也差不多同时到伦敦来发展;但马洛是大学才子之一,当莎士比亚还是个默默无闻的演员时,马洛已经得到了牛津大学的艺术硕士学位(1587年),同年就上演了第一个剧本《帖木儿》,比莎士比亚早了三年,但他29岁就英年早逝。学者们认为莎士比亚在写作的最初几年里常常跟在他的同龄人马洛后面写类似题材的剧本,既像是跟着大学才子学一手,又像是摽着劲儿要跟他比一比,因为他们俩分属于不同的剧团。在跟着《帖木儿》写了《理查三世》、跟着《爱德华二世》写了《理查二世》以后,他的第三个对台戏就是针对《马耳他的犹太人》的《威尼斯商人》。[2]

---

[1] 引文均出自 Christopher Marlow: *The Jew of Malta*, ed. Richard W. Fossen. Lincoln: University of Nebraska Press, 1964.

[2] 阿尼克斯特:《莎士比亚传》(安国梁译),第68页。

三、《威尼斯商人》的文化冲突

莎士比亚笔下的夏洛克远不如巴拉巴斯那么威风,但比巴拉巴斯值得同情。《马耳他的犹太人》一开场巴拉巴斯就吹嘘他的海船:"我希望我派到埃及和周围岛屿去的诸艘轮船,已经到了尼鲁那曲折的岸边;我那从亚立克山大启航的船队,满载着香料和丝绸,正在地中海上驾着风帆,平稳地沿着糖果海岸,驰向马耳他。"(I.i.41—47)接着上场的商人马上阿谀地告诉他:"您的船全都平平安安。"而夏洛克却连一艘船也没有,《威尼斯商人》的第一幕第一场也有一个人讲到了自己的船队,那恰恰是夏洛克的死对头,信基督教的商人安东尼奥。他的朋友萨拉里诺对他说:"您的心是跟着您那些扯着满帆的大船在海洋上颠簸着呢;它们就像水上的达官富绅,炫示着它们的豪华,那些小商船像它们点头敬礼,它们却睬也不睬,凌风直驶。"然而安东尼奥比巴拉巴斯还要"牛"得多,他竟满不在乎地说:"不,相信我;感谢我的命运,我的买卖的成败并不完全寄托在一艘船上,更不是倚赖着一处地方;我的全部财产,也不会因为这一年的盈亏而受到影响,所以我的货物并不能使我忧愁。"①

莎士比亚把马洛笔下巴拉巴斯的两大主要职业分给了安东尼奥和夏洛克两个生意上的对手去做,让安东尼奥拥有庞大的船队,包括"从特里坡利斯、墨西哥、英国、里斯本、巴巴里和印度来的船只"(第三幕,第二场)②,但手头却没有足够的现金来借给他的朋友巴散尼奥,所以只好到专放高利贷的夏洛克那里去借三千镑钱,这样就引出了著名的一磅肉的故事:如果三个月内安东尼奥的船队回不来因而还不出钱,就要按照合约让夏洛克割下一磅肉。这是该剧三组交织

---

① 《威尼斯商人》,《莎士比亚全集》(3)朱生豪译,人民文学出版社1978年版,第5—6页。

② 同上,第61页。

在一起的故事中最广为流传的一个,出于一个名叫乔万尼·弗林提奥的小说家的短篇小说《蠢货》(1558 年)。在这个故事里,夏洛克虽然财富和身份都不如巴拉巴斯,但他的恶毒并不亚于巴拉巴斯。17 世纪的英国演员托马斯·乔尔丹写过一首关于夏洛克的诗:"他生着一把红胡子,脸活像个巫婆,浑身那一套犹太装束不论晴天下雨都适用,他下巴朝上钩,鼻子朝下钩,两个钩尖接合起来了。"① 很久以来,欧洲舞台上犹太人的传统演法一直就是这样。

然而在分析莎士比亚塑造的犹太人的时候,最重要的不是看他和以前的犹太角色多么相似,而应该着重看他有哪些不同。事实上夏洛克要比巴拉巴斯人性得多,美国学者艾伦·布隆姆在谈到莎士比亚笔下两个威尼斯的文化他者角色(夏洛克和奥赛罗)时指出:"在欧洲文学中第一次出现了对于(与我们)如此不同的人物的强有力的性格描写,莎士比亚证明他拥有如此宽广的同情心,给观众留下了不可磨灭的印象。不管观众是不是喜欢这两个人物,现在至少知道他们是人,而不是可以让观众任意发泄恶气的东西。"②和骄横跋扈的巴拉巴斯相比,夏洛克是一个经常受基督徒欺负,难得有机会出口气的小人物。他一见到安东尼奥,就说出这样一段恨恨的旁白:"他憎恶我们神圣的民族,甚至在商人会集的地方当众辱骂我,辱骂我的交易,辱骂我辛辛苦苦赚下来的钱,说那些都是盘剥来的腌臜钱。要是我饶过了他,让我们的民族永远没有翻身的日子。"一会儿他又直接对安东尼奥说:"安东尼奥先生,好多次您在交易所里骂我,说我盘剥

---

① 转引自阿尼克斯特:《莎士比亚的创作》(徐克勤译),山东教育出版社 1985 年版,第 247 页。

② Allan Bloom, *Giants and Dwarfs*, New York: Simon & Schuster, 1990, p.64.

取利,我总是忍声吞气,耸耸肩膀,没有跟您争辩,因为忍受迫害本来是我们民族的特色。您骂我异教徒,杀人的狗,把唾沫吐在我的犹太长袍上,只因为我用自己的钱博取几个利息。……您把唾沫吐在我的胡子上,用您的脚踢我,好像我是您门口的一条野狗一样;现在您却来问我要钱,我应该怎样对您说呢?"(第一幕,第三场)①

  这是剧中夏洛克和安东尼奥的第一次交往,与夏洛克的可怜和愤懑形成反差的是安东尼奥的富裕和傲慢——他明明是在向人借钱,却还要气势汹汹地说:"我恨不得再这样骂你,唾你,踢你。"气势的对比让处于弱势的夏洛克得到了一些同情分。有了这样一个铺垫,他再说"我们不妨开个玩笑",提出要写下一磅肉的借据,就不至于显得过分残酷。前面说过,莎士比亚本人并没有与犹太人交往的经验,作为一个天才的剧作家,他这样写更多的是出于冲突双方力量平衡的考虑,避免以前大多数有关犹太人的戏中黑白过于分明的弊端。因为他在英国没有直接观察犹太人的机会,他巧妙地把故事放在了意大利的威尼斯——当时西方世界贸易物流和旅行人流的中心城市。

  莎士比亚有好几个戏都以威尼斯为背景,这既是因为威尼斯能带来异国情调,又有真实性方面的考虑。威尼斯是当时世界上为数不多的几个成功的共和国之一,自 16 世纪末到 17 世纪中期的半个多世纪里,西方人一直把她看成是令人仰慕的现代政治体制的榜样,追求经济繁荣的伦敦人尤其羡慕威尼斯。同为意大利人,威尼斯人的宗教意识比罗马人少,公民意识、法制意识、商业意识更浓厚,居民中来自各种地方和宗教信仰的人很多,也包括犹太人。正如安东尼

---

① 《威尼斯商人》,《莎士比亚全集》(3)(朱生豪译),第 17、19—20 页。

奥在第三幕第三场中所说的:"公爵不能变更法律的规定,因为威尼斯的繁荣,完全倚赖着各国人民的来往通商,要是剥夺了异邦人应享的权利,一定会使人对威尼斯的法治精神发生重大的怀疑。"① 然而,威尼斯的世俗化未必意味着对犹太人更有利。在宗教色彩浓厚得多的罗马,犹太人倒是受到了更多的保护,因为 1555 年以前,梵蒂冈的历任教皇都明令不准教徒干涉犹太人的信仰,也不准伤害他们。然而在威尼斯,犹太人却很遭忌,就是因为他们这些外来人在商业和海运领域里做得非常出色,对信仰基督教的威尼斯商人形成了极大的威胁。"在整个中东地区,犹太人的销售业绩都比威尼斯人好,投标比威尼斯人更成功,一次又一次把持了威尼斯人珍视的珍珠市场,还垄断了通向中国的贸易路线。"②自中世纪以来,绘制地图的行业一直是犹太人控制的,而威尼斯正好没有绘制和经营海图的犹太人,这更使得威尼斯人难以进入远洋贸易业去分一杯羹。所以,一心称霸商海的威尼斯人是既少不得犹太人,又容不得犹太人。而犹太人在威尼斯一方面可以在法律的保护下大把挣钱,另一方面又总是要看基督徒的冷眼。

夏洛克作为一个 16 世纪威尼斯的犹太人还是有相当的典型性的,他有很多钱,以至于大商人安东尼奥也只好来向他求借,他把安东尼奥视为威尼斯商界的重要竞争对手:"只要威尼斯没有他,生意买卖全凭我一句话了。"(第三幕,第一场)③ 但是他就是得不到基督徒的尊重。他们之间的冲突固然是宗教、文化的冲突,但宗教信仰和经济活动的方式密切相关,莎士比亚编剧时紧紧抓住了借债还钱这

---

① 《威尼斯商人》,《莎士比亚全集》(3)(朱生豪译),第 63 页。
② Howard Fast, *The Jews: Story of a People*, New York: Dell Publishing, 1968, p.237.
③ 《威尼斯商人》,《莎士比亚全集》(3)(朱生豪译),第 51 页。

样一种最为普通的经济活动,以此为核心来展开全剧的纠葛,在经济利益的基础上来表现文化冲突。基督徒安东尼奥认为借钱要利息是"恶人"和"奸徒",而夏洛克反过来说:"我恨他因为他是个基督徒,可是尤其因为他是个傻子,借钱给人不取利钱,把咱们在威尼斯城里干放债这一行的利息都压低了。"(第一幕,第三场)① 夏洛克要在安东尼奥身上割下对他毫无用处的一磅肉,当然是超乎经济利益的纯粹的报复行为,但究其根源,却还是因为,"他曾经羞辱过我,夺去我几十万块钱的生意,讥笑着我的亏蚀,挖苦着我的盈余,侮辱我的民族,破坏我的买卖……"(第三幕,第一场)② 就在剧中所经过的三个月里,他对基督徒的恨又进一步加深了,因为安东尼奥和巴散尼奥的朋友罗兰佐拐走了他的女儿杰西卡。夏洛克得知以后气得咒她死:"我希望我的女儿死在我的脚下,那些珠宝都挂在她的耳朵上;我希望她就在我的脚下入土安葬,那些银钱都放在她的棺材里!"(第三幕,第一场)③ 人们常常拿这段话来证明夏洛克之没有人性,但反过来说,杰西卡不但跟仇恨她父亲的基督徒私奔,还偷走了许多金银财宝,这实在不能算是体面的作为。

夏洛克是一个时时处处只讲经济利益的小人,剧中的其他角色是不是就高尚很多呢?杰西卡的私奔是大胆追求爱情的行为,体现了文艺复兴时期个性解放的精神,当然应该赞扬;但她在背叛父亲的时候卷走他的很多财产,而且在动手前就告诉了罗兰佐(罗兰佐在第二幕第四场里告诉朋友说:"她已经教我怎样带着她逃出她父亲的

---

① 《威尼斯商人》,《莎士比亚全集》(3)(朱生豪译),第17页。
② 同上,第49页。
③ 同上,第50页。

家,告诉我她随身带了多少金银珠宝……"①),说明他们也并不是一对不讲功利的那么"纯洁"的情人。巴散尼奥倒好像是个心里只有爱情,别的什么都不管的情种,但那并不是因为他只要精神不要物质享受,而是因为他有一个随时可以向他打开钱包的好朋友。要是没有安东尼奥给他弄来的三千块钱垫底,他根本就没法去追鲍西娅——这是个爱花钱又挣不到钱,只能吃软饭为生的纨绔子弟。鲍西娅是剧中最有光彩的正面角色,因为是个年轻的女性,似乎更有理由被赞为代表了文艺复兴精神的新人形象。但她是靠父亲留给她的大笔遗产为生的,面对着父亲留给她的毫不符合文艺复兴精神的择婿遗嘱,她一点都不敢违背,而是听天由命,完全被动地让别人的选择来决定自己的命运。当她接受了根本就配不上她的智力和财富的巴散尼奥以后,得知安东尼奥因为还不出三千块钱而生命堪忧,马上就交给他一大笔钱,而且是"这笔小小借款的二十倍那么多的钱"。(第三幕,第二场)② 她为什么会这么慷慨?因为她的钱来得太容易了,为了她的小白脸怎么花都不心疼。

全剧中只有安东尼奥是个既能自立又绝对"不言利"的君子,岂止是君子,简直是个圣人。在巴散尼奥眼里,他是"一个心肠最仁慈的人,热心为善,多情尚义,在他身上存留着比任何意大利人更多的古代罗马的侠义精神。"(第三幕,第二场)③ 他不但无私地帮助巴散尼奥,对其他人也总是助人为乐。他把自己和夏洛克作对比:"有好多次,人家落在他手里,还不出钱来,弄得走投无路,跑来向我呼吁,

---

① 《威尼斯商人》,《莎士比亚全集》(3)(朱生豪译),第33页。
② 同上,第62页。
③ 同上,第61页。

是我帮助他们解除他的压迫……"(第三幕,第三场)① 但相比之下,他这一次对巴散尼奥的帮助最能体现毫不利己、专门利人的精神。为了让巴散尼奥能去追求他所爱的女孩,他在自己拿不出现金的情况下,毫不犹豫地去求他平素最恨的夏洛克;当夏洛克提出要他以一磅肉为抵押时,巴散尼奥自己已经退缩,他却立刻就说:"我愿意签约。"而且最为难得的是,他一直要巴散尼奥别把这事放在心上,最后他知道因为海上的货物回不来,自己难逃一死的时候,还唯恐受他之惠的朋友因他之死而感到愧疚,写信给巴散尼奥说:"你我之间的债务一笔勾销。"(第三幕,第二场)②

对于今天的中国观众来说,夏洛克虽然爱财爱得过分,倒并不太难理解;而安东尼奥则是 too good to be true——完美到不真实的程度。此君似乎完全没有自己的七情六欲,此生只为他人而生而死,莫非16世纪的欧洲就有雷锋?信基督教的读者喜欢把安东尼奥看成是耶稣基督的化身,但这样概念的化身在舞台上很难吸引观众,也极难让演员演好。因此,深谙舞台奥秘的莎士比亚一定明白,这个戏中两个主人公的关系设置,表面上是在褒安东尼奥,实际上是帮了夏洛克的忙。演出史上有无数大演员抢着来演那个既有争议又有可能遭到抵制的夏洛克,却极少听到有大演员要争演安东尼奥这个按理说人人都应该崇拜的角色。因此这个戏名为《威尼斯商人》,主角却不是那个商人。就是在多数人都把夏洛克看成反面人物的情况下,该

---

① 《威尼斯商人》,《莎士比亚全集》(3)(朱生豪译),第63页。
② 译自 *The Illustrated Stratford Shakespeare*, New York: Exeter Books, 1984, p. 204. 原文为:all debts are cleared between you and I. 人文版《莎士比亚全集》(3)第62页上的朱生豪译文是"足下前此欠弟债项,一切勾销",突出了对方之"欠",与安东尼奥的性格不符,而且比起原文的平直风格,文字也过于雕琢。

剧的正面一号人物还是轮不到安东尼奥,而是那个在全剧的主要冲突中卷入得并不很深的鲍西娅。

但是莎士比亚很清楚,这个戏的主要冲突中的两个角色就是夏洛克和安东尼奥,从舞台行动到性格,他们两人的分量对比显得太不平衡,安东尼奥这个人物太空洞。要让演员和观众理解、接受并且喜欢他的行为,他的内心必须有可以触摸的真情实感。事实上,莎士比亚是给他放进了真情实感的,那就是安东尼奥对巴散尼奥的爱——同性之爱。安东尼奥确实是个高尚的人,而且正是由于这个爱而显得更加高尚,因为他的全部行动都是为他所挚爱的人而做出的最直接的牺牲——帮他离开自己而去追求一个姑娘。很多读者可能会觉得这个解释难以接受,因为安东尼奥没有一句台词直接地说出过他对巴散尼奥的爱。那是因为同性恋的感情在当时不能公开在舞台上展现,莎士比亚不得不把台词写得十分含蓄。其实这样的隐讳应该不难理解,历史上同性恋者和犹太人一样都是受歧视的对象,20世纪中当犹太人成为纳粹政策的最大受害者时,同性恋者是被纳粹跟犹太人一起归到"劣等人"里的。在文艺复兴时期的英国,因为犹太人基本上不存在,同性恋受到的极度鄙视是比犹太人远更严重的问题,同性恋者只能进行"地下活动"。[①] 而在意大利的某些城市,地下男同性恋者的数量事实上相当惊人。有学者对佛罗伦萨警察局当时的记录进行了专门研究,发现那里有个专门打击男同性恋的"夜间办公室"(office of the night),而其记录显示,该城半数以上的男子被他们查过。[②]

[①] 参见 Alan Bray, *Homosexuality in Renaissance England*, Columbia University Press, 1996。
[②] 见 Michael Rocke, *Forbidden Friendships: Homosexuality and Male Culture in Renaissance Florence* (Studies in the History of Sexuality), Oxford University Press, 1998。

这就是莎士比亚在刻画安东尼奥这个夏洛克的对立面形象时所面临的社会的悖论:一方面,同性恋大量存在;另一方面,没有人敢于公开承认。作为剧作家,他遇到的两难则是:从意识形态考虑,要把他塑造成圣人般的基督徒的榜样,但要牺牲舞台上的戏剧效果;从艺术效果考虑,让他成为一个有血有肉的真实人物,就要担冒犯许多教徒观众甚至遭禁的风险——如若安东尼奥被看清是个同性恋者,反同性恋者会认为他并不比夏洛克好,甚至更坏,因为长期以来,反对同性恋的教会一直认为,同性恋是个人后天的选择,还不像犹太人是先天生成的。最后剧中出现的是一个折衷,对于不关心乃至歧视同性恋的人来说,安东尼奥从来没有说过自己爱男人,剧本中好像根本不存在这个问题;而对于相信同性恋合理性的人来说,剧本中到处都是足以证明安东尼奥对巴散尼奥的同性之爱的暗示。

全剧一开场,观众就看到一个郁郁寡欢的安东尼奥:"真的,我不知道我为什么这样闷闷不乐。……我怎样会让忧愁沾上身,这种忧愁究竟是怎么一种东西,它是从什么地方产生的,我却全不知道;忧愁已经使我变成了一个傻子,我简直有点自己不了解自己了。"(第一幕,第一场)[①] 当他的朋友猜测他是在担心船上的货物时,他断然否认说,货物并不能使他发愁,因为他的财产到处都是。朋友马上说:"啊,那么你是在恋爱了。"他的回答:"呸!哪儿的话!"虽然干脆,但未始不是为了掩盖隐私而搪塞用的,因为其实他很清楚自己为什么而忧愁——巴散尼奥要离开他去追一个女子了。巴散尼奥来到以后,正在跟安东尼奥说话的两个朋友立刻知趣地抽身而去,理由是:

[①] 《威尼斯商人》,《莎士比亚全集》(3)(朱生豪译),第5页。

"现在您有了更好的同伴,我们可以少陪啦。"(第一幕,第一场)① 安东尼奥也并不真心留他们继续再聊,因为他迫不及待要跟巴散尼奥说的第一句话就是:"现在告诉我,你立誓要去秘密拜访的那姑娘叫什么名字? 你今天答应了告诉我的。"② 巴散尼奥说出要去追鲍西娅的计划以及没钱的苦恼,他立刻就舍命借来了钱,亲自送巴散尼奥上路去求婚。这个送别的场面实在微妙,莎士比亚不便在舞台上正面展现,只能让一个目击的朋友说出来:

> 我看见巴散尼奥和安东尼奥分别,巴散尼奥对他说他一定尽早回来,他就回答说,"不必,巴散尼奥,不要为了我的缘故而误了你的正事,你等到一切事情圆满完成以后再回来吧;至于我在犹太人那里签下的约,你不必放在心上,你只管高高兴兴,一心一意地进行你的好事,施展你的全副精神,去博得美人的欢心吧。"说到这里,他的眼睛里已经噙着一包眼泪,他就别转脸去,把他的手伸到背后,亲亲热热地握着巴散尼奥的手;他们就这样分别了。

另一位朋友马上感叹道:"我看他(安东尼奥)只是为了他(巴散尼奥)的缘故才爱这世界的。"(第二幕,第八场)③ 其实这些朋友对安东尼奥的同性恋倾向早已心知肚明,只是不能说得太露骨罢了。全剧中安东尼奥对巴散尼奥最直接的表示是在他得知自己难逃一死以后。他给巴散尼奥写信,一方面要巴忘了欠他的债,另一方面又想在临死前见他一面。但他并不抱太大的希望,"不然的话,还是享受你的快

---

① 《威尼斯商人》,《莎士比亚全集》(3)(朱生豪译),第 7 页。
② 译自 *The Illustrated Stratford Shakespeare*, p.191. 原文比《莎士比亚全集》(3)第 9 页上的朱生豪译文显得更为急切。
③ 《威尼斯商人》,《莎士比亚全集》(3)(朱生豪译),第 43 页。

乐吧。如果你的爱不能说服你来看我,我的信也不会有用的。"(第三幕,第二场)① 临死之前,他终于忍不住说出了这个"爱"字,尽管围绕着这个字的语境还是有点模棱两可。

对安东尼奥的传统解释是,他的爱只是朋友之爱,兄弟之爱,正是文艺复兴那些"大写的人"的人道精神的表现。② 其实文艺复兴根据地意大利的学者已经研究过这个很容易迷惑外人的现象。在那个同性恋不能公开的社会中,同性恋常常是以精神上的爱的形式出现的。Giovanni Dall'Orto 一篇论文的题目就是《意大利文艺复兴中用来掩饰同性之爱的苏格拉底式爱》③。表面上安东尼奥也是个只要精神之爱的高尚男子,但他并不是一个真正的文艺复兴人物的典范。他这样描述自己:"我是羊群里一头不中用的病羊,死是我的应分;最软弱的果子最先落到地上,让我就这样结束了我的一生吧。巴散尼奥,我只要你活下去,将来替我写一篇墓志铭,那你就是做了再好不过的事。"(第三幕,第一场)④ 活脱脱一个害了相思病的娘娘腔的男子,哪有一点文艺复兴的气概? 一点也看不出是个指挥着远洋船队的威尼斯大商人。与其说这是个胸怀宽广、博爱众生的"大写的人",

---

① 译自 *The Illustrated Stratford Shakespeare*, p. 204: "Notwithstanding, use your pleasure; if your love do not persuade you to come, let not my letter."《莎士比亚全集》(3)第 62 页上的朱生豪译文是:"或足下燕婉情浓,不忍遽别,则亦不复相强,此信笔之可也。"文笔比原文文气得多,但略去了极为关键的"你的爱"(your love)两词。有学者将之解释为"你的爱人",意思变成:如果鲍西娅不让你来。但 your love 后面的动词是 do not persuade you to come。安东尼奥怎么会指望鲍西娅劝说巴散尼奥来看他呢? 此译理由不足。因此我认为,莎士比亚在这里是用了 love 一词表面上可能具有的两种解释,玩了一个蒙混检查官的障眼法。

② 见阿尼克斯特:《莎士比亚的创作》,第 252、263 页。

③ Giovanni Dall'Orto, "Socratic Love as a Disguise for Same-Sex Love in the Italian Renaissance," in Kent Gerard et al. ed., *Pursuit of Sodomy: Male Homosexuality in Renaissance and Enlightenment Europe*, Haworth, 1989.

④ 《威尼斯商人》,《莎士比亚全集》(3)(朱生豪译),第 74 页。

不如说是个被无望又无助的单相思害苦了的可怜的人。

但有一点是可以肯定的,莎士比亚绝没有因为安东尼奥对巴散尼奥的爱而瞧不起他。虽然他的形象远不如鲍西娅光彩可爱,也比不过夏洛克的厚实和鲜明,这毕竟是个令人同情的有深度的角色,而其深度主要就来自他对巴散尼奥的极其微妙的爱。诚然,莎士比亚并没有像许多当代西方剧作家一样在剧中公开宣扬同性恋,但也绝没有嘲笑同性恋。《威尼斯商人》对安东尼奥欲言又止的相思病态的描写可以说是相当客观的,这也是一种正常的人生。

莎士比亚为夏洛克写了一段脍炙人口的"基本人权呼吁书",仔细一看,这个呼吁书又何尝不是为安东尼奥这样的同性恋者以及各种各样的"另类人群"所写的?请看这些话:

> 难道犹太人没有眼睛吗?难道犹太人没有五官四肢、没有知觉、没有感情、没有血气吗?他不是吃着同样的食物,同样的武器可以伤害他,同样的医药可以疗治他,冬天同样会冷,夏天同样会热,就像一个基督徒一样吗?你们要是用刀剑刺我们,我们不是也会出血的吗?你们要是搔我们的痒,我们不是也会笑起来的吗?你们要是用毒药谋害我们,我们不是也会死的吗?那么要是你们欺侮了我们,我们难道不会复仇吗?要是在别的地方我们都跟你们一样,那么在这一点上也是彼此相同的。(第三幕,第一场)①

这段话是夏洛克为犹太人向基督徒争权利而说的,但他强调的却不是几百年以后的现代人肯定要力争的那种权利——每个人保持自己

---

① 《威尼斯商人》,《莎士比亚全集》(3)(朱生豪译),第49页。

宗教文化独特性的权利,他这里反反复复强调的全是作为人的生理上的共性,因此,如果把其中的"犹太人"三个字改成"同性恋者"或任何其他特殊人群的名字,把其中的"基督徒"和"你们"看成是歧视这一人群的多数派势力,这段话也完全适用。

这样看来,《威尼斯商人》一剧不仅平面上情节线有三四条之多,从深度上看还蕴涵着一个双重结构:表层是基督徒与犹太人的冲突,这里多数人战胜了胆敢向他们发出挑战的少数人;而在这显而易见的故事下面还隐藏着另一个冲突,那就是同性恋者和不承认其地位的社会大众之间的冲突,这里的少数人根本就不敢向多数人提出挑战,甚至连自己的身份都不能暴露,而多数人丝毫也不理会少数人的需要。安东尼奥在表层的结构中是个胜利者,但在隐性的结构中他的结局甚至比夏洛克还要惨。夏洛克虽然失败了,他毕竟搏了一下,而安东尼奥连试一试的机会都没有,根本就没人关心他的苦恼,没人要听他心里憋着的话。这样一对比就可以看到,这两个角色虽然在表面上斗得你死我活,其实作者对他们都倾注了很大的同情,说到底,他们都是遭到蔑视弱势人群的多数派歧视的失败者。2002年英国皇家莎士比亚剧团来上海演出《威尼斯商人》,对这两个角色最终下场的处理极为精到,也颇有相似之处。安东尼奥下场时本应是全剧大团圆的时候,他已经保全了生命,也玉成了他所深爱的巴散尼奥与鲍西娅的婚事,但他却惆怅地离去,发出一声轻轻的叹息。为什么要叹息?眼看着巴散尼奥和鲍西娅亲亲热热,安东尼奥只感到一片空虚,就连最后所得到的"船只已经平安到港"的好消息对他也已经毫无意义。夏洛克的下场更早,效果也更为强烈。他是在法庭抗辩失败以后走的,到了台后突然发出一声长嚎,令人心悸。不少观众听了眼睛一亮,觉得这一处理有新意,表现了导演和演员对夏洛克的同情。其实这早就是剧中应有之意。在这个不无伤感的喜剧中,莎士比亚把真正的喜剧给了剧情中并非最主要的人物,而更多地给予两个最主要的"圆形人物"的则是深层次的理解和同情,夏洛克和安东尼奥可以说同病相怜。因此,如果说无视乃至删去《威尼斯商人》中的犹太人母题是曲解了莎士比亚的话,那么认为这个剧本是美化基督徒安东尼奥而丑化犹太人夏洛克,也实在是过于表面的解读。

四、《奥赛罗》如何跨文化？

在莎士比亚的全部剧作中，最容易一眼就看出跨文化特征的是《奥赛罗》，因为主人公奥赛罗是个黑皮肤的摩尔人，而他先娶后杀的黛斯德蒙娜是威尼斯的白种女人。肤色的差异显然比《威尼斯商人》中同为白种人的基督徒和犹太人之间宗教信仰的差异更容易看出，就是习惯于把非中国人都看做"老外"的中国人也绝对不会忽略——中国人演奥赛罗一般都不会忘记要把他的脸和手都涂黑。但奇怪的是，历来对《奥赛罗》主题的经典解释却只有一个词"忌妒"，完全不提文化上的冲突。这个解释十分简单明了，奥赛罗之所以会产生忌妒，是因为坏蛋伊阿古使得他怀疑副将凯西奥和黛斯德蒙娜有染，而且还让他亲眼看到凯西奥手里拿着他送给妻子的手绢，证实了他的怀疑。

就情节而言，《奥赛罗》是莎士比亚所有剧作中线索最简单的一个，那条手绢就是全剧的核心道具。剧作家使得观众都知道奥赛罗误会了凯西奥和手绢的关系，但粗心的奥赛罗就是不肯稍稍多花一点气力去弄弄清楚。如果说这样一个大悲剧就建立在这么条小手绢的误会上面,似乎不太像是出自莎士比亚这样的大手笔。奥赛罗这个悲剧英雄头脑就这么简单?《奥赛罗》真的只是关于一条手绢引起的忌妒吗?

"忌妒"说的主要代表是近代莎学权威、英国学者布拉得雷,他的经典论著《莎士比亚的悲剧》问世于 1904 年,差不多就是中国人刚开始接触莎士比亚的时候。自那时以来中国人长期接受了西方传统的人文主义也就是普世主义的解读方法,把奥赛罗的忌妒看成是人类共有的普遍性性格问题,与肤色、种族和文化无关。那么,怎么来解释奥赛罗一角必须是个黑人呢?那只是为了增加点色彩,就像福斯塔夫是个大胖子一样。在现代西方,G.M.马修斯是较早撰文强调奥赛罗的种族特征的学者之一,他发表于 1964 年的一篇论文指出,那些无视奥赛罗的种族的传统观点认为不应该写实地来看该剧的人物关系,因为剧中的人物塑造并没有追求历史的真实,带有很大的偶然性,"把《奥赛罗》解释为一个关于种族的戏就好像把《亨利四世》看成是一个关于肥胖的戏。"[1]

近年来随着新历史主义和文化研究学派的兴起,新的莎士比亚学者们开始注意到了殖民主义"发现新世界"这一历史事件对于英国文化的影响,这种影响也不可避免地反映到莎士比亚的写作中。因此,莎士比亚笔下的人物仅仅用"普遍人性"来解释就不够了。马克思认为人是"一切社会关系的总和",毛泽东曾经针对文学艺术讲过一句更加明确的话:"世界上只有具体的人性,没有抽象的人性。"[2]新历史主义者和福柯、赛义德的理论都受惠于马克思主义和毛泽东

---

[1] G.M. Matthews, "Othello and the Dignity of Man," *Shakespeare in a Changing World*, ed. Arnold Kettle, New York: International, 1964, p.123.

[2] 毛泽东:《在延安文艺座谈会上的讲话》,《毛泽东选集》第 3 卷。

思想,强调社会的权力结构对文学和文化的重要影响。社会的权力结构有阶级、性别和种族文化等多种模式,毛泽东强调的是人的阶级性,要求看一个作品必须首先看其中人物的阶级关系;而对《奥赛罗》这样的作品来说,首当其冲的是种族文化关系,其次才是性别和阶级关系。

具有讽刺意义的是,对《奥赛罗》的跨文化解读并不是现代人的新发现,因为该剧角色的种族特点太明显了,从17世纪起就有人对此加以评论,但是那时候得出的结果却是:《奥赛罗》根本不能成为一个悲剧,因为它的主人公太不真实了。汤玛斯·莱默(1641—1713年)在《悲剧简论》中写道:

> 在我们看来一个摩尔黑人也许能爬到一定的地位当个吹号的,但莎士比亚却至少也要给他个中将当当……没有什么比不可能的故事更可憎的了,从来也没有看到任何剧本像《奥赛罗》那样离奇的。①

莱默一方面否认《奥赛罗》的悲剧价值,说这个主人公不配当悲剧英雄,剧中所谓的悲剧成分不过是个"糟透了的笑剧,还没有一点味道";② 另一方面却又认为:"这个寓言所说的道理肯定很有教育意义。首先,这可以是对那些好人家的女孩子的警告,要是没有家长的同意,擅自去跟摩尔黑人私奔,这就是下场。"③

莱默17世纪的观点放到20世纪肯定要被视为种族主义言论,现代的人文主义知识分子绝不能同意这种说法,为了与之拉开距离,

---

① *The Critical Works of Thomas Rymer*, Curt Zimansky ed., New Haven: Yale University Press, 1956, p.134.
② 同上,p.164。
③ 同上,p.133。

图 6　奥赛罗杀妻子之前

就宁可变成普世主义的色盲,尽量不去看奥赛罗的肤色。这方面最突出的正是西方国家中黑人最多的美国的学者,正如《着火的世界:

出口自由市场民主制如何引发全球动乱中的种族仇恨》一书的作者、耶鲁大学法学教授艾密·查(音译)所说的,"种族这个话题在西方是一个禁忌……美国不喜欢谈论种族冲突,因为这个国家的教义一直是种族融合,尽管这里种族问题的历史源远流长。其实在世界上大部分的发展中国家里,不同种族之间的界线非常清楚。"① 普世主义人文学者多半都是白人,当"色盲"也并不容易,"色盲"的下面常常会露出马脚。例如,布拉得雷认为奥赛罗应该是个肤色不太黑的摩尔人,因为"如果我们看到奥赛罗像煤一样漆黑,我们血里头产生的厌恶——人所不可避免的那种生理上的厌恶——会遏制我们的想像,从而把我们降低到不仅低于莎士比亚,而且低于 17、18 世纪的观众的水平上去"。② 这句话把一个人文主义者竭力想要掩盖但又掩盖不住的内心的种族歧视暴露无疑。

另一位普世主义者 T.S.艾略特的分析就中肯得多。他不赞成人们关于奥赛罗这个人物形象虚弱的批评,相反,他认为这个人物是被莎士比亚故意刻画成一个虚弱的形象的(made weak rather than weakly made)。他特别注意到奥赛罗在全剧最后的一段台词,那是他在发现自己错杀了黛斯德蒙娜,决意自杀之前对自己所下的结论:

> 请你们把这些话记下,再补充一句说:在阿勒坡地方,曾经有一个裹着头巾的敌意的土耳其人殴打一个威尼斯人,诽谤我们的国家,那时候我就一把抓住这受割礼的狗子的咽喉,就这样把他杀了。(第五幕,第二场)③

---

① 引自 Emily Eakin 对 Amy Chua 的采访:"On the Dark Side of Democracy," *The New York Times*, Jan. 31, 2004。
② A.C. Bradley: *Shakespearean Tragedy*, New York: Macmillan, 1904, p. 202.
③ 《奥赛罗》,《莎士比亚全集》(9)(朱生豪译),1978 年版,第 402 页。

这段话的奇特之处在于他用第三人称来指涉自己,而把说话的自己置之身外。艾略特认为这一特殊的修辞手段有很深的含意:不同于一般悲剧英雄在剧终常常会作的自我总结,奥赛罗在这里给予观众的是一种逃避现实的自我欺骗,目的是"给自己打气"[①]。但艾略特没有再进一步分析下去,从文化冲突的角度挖出奥赛罗这一自我欺骗的根子来。事实上,奥赛罗这段话说明,他企图在自杀时把杀人的自己和被杀的自己间离开来,把执剑的自己看成是为"我们的国家"和威尼斯人黛斯德蒙娜报仇的一个威尼斯男人,为了否认被杀的是自己,干脆把"他"推到了敌人那边——和摩尔人同为穆斯林但在剧中恰恰是他亲自指挥威尼斯士兵打败的土耳其人。以杀敌的名义伤害自己这一手段也被现代法国剧作家让·日奈巧妙地用过,一次是《女仆》中的女仆穿着女主人的服装喝下女仆本来准备害她的有毒的咖啡,另一次是《阳台》中的革命者穿上死对头警察局长的服装把"他"——其实是自己——阉割了。日奈剧中采取行动的角色及其所扮演的行动对象都是剧中观众早就认识的两个截然对立的人物,因而当这一行动把两个形象合而为一时,效果更加强烈。而在《奥赛罗》中,奥赛罗一直是悄悄地把文化他者摩尔人和尽力同化的威尼斯人这两个角色合在自己身上,从不让别人看出二者的分裂,直到发现错杀妻子以后他才明白过来,这一辈子想要归化威尼斯文化的梦永远地破灭了,但即便如此,他还是要用自杀这一极端行动来象征性地圆一下做威尼斯人的梦——他要平生第一次公开地以威尼斯人的身份出现,来杀死奥赛罗这个下贱的"土耳其狗子"!

主张"色盲"的普世主义者会认为,这样解读给莎士比亚的原作

[①] T.S.Eliot: *Selected Essays*, New York: Harcourt Brace, 1950, p.130.

加上了过多的"颜色",而强调种族因素的学者则往往走向另一个极端。一位批评者指出,《奥赛罗》一剧"反映的是如果不把种族他者从社区中排除出去就可能产生的后果,从而展现了一个特殊角色的惊人景观,这个角色像凯列班(莎士比亚《暴风雨》中的土著——引者注)一样,又是人又是个怪物"。① 为了弄清楚奥赛罗这个角色究竟是个"无色的普通人"还是个像凯列班一样"又是人又是个怪物"的特殊角色,我们应该从头开始,把剧本精读一下。

《奥赛罗》的副标题是《威尼斯的摩尔人》,和《威尼斯商人》正好是一对。如前文所述,后者的所指并不是犹太人夏洛克,相比之下,这个剧名把奥赛罗的种族背景点得极其清楚。奥赛罗在元老的女儿黛斯德蒙娜面前,意识到自己和她的身份相差悬殊,既有阶级的差异,也有种族的差异,但阶级还有可能改变,种族就永远没法变了。这个剧中只强调了种族的差异。全剧一开场伊阿古就告诉罗德利哥他恨奥赛罗:

> 要是我不恨他,你从此别理我。这城里的三个当道要人亲自向他打招呼,举荐我做他的副将;凭良心说,我知道我自己的价值,难道我就做不得一个副将? 可是他眼睛里只有自己没有别人,对于他们的请求,都用一套充满了军事上口头禅的空话回绝了;因为,他说,"我已经选定我的将佐了。"(第一幕,第一场)②

他恨是因为奥赛罗没让他当上他所垂涎的副将,典型的下属在上司背后发牢骚的话,再恨也还是把奥赛罗当上司来恨。这个伊阿古可

---

① D. Callaghan, "Othello Was a White Man," *Alternative Shakespeares*, vol. 2, London: Routledge, 1996, p. 215.

② 《奥赛罗》,《莎士比亚全集》(9)(朱生豪译),第 279 页。

算是阴险歹毒之极的人物了,但在阶级身份上他还是很清楚自己远低于奥赛罗的位置,并没有表现出一点点非分之想。而当他来到黛斯德蒙娜的父亲,元老勃拉班修面前挑拨离间时,他说的坏话就全是在攻击奥赛罗的种族背景,尤其是肤色:

> 您的心碎了,您的灵魂已经丢掉半个;就在这时候,就在这一刻工夫,一头老黑羊在跟您的白母羊交尾哩。
>
> ……您把我们当作了坏人,所以把我们的好心看成了恶意,宁愿让你的女儿给一头巴巴里来的马骑了,替您生下一些马子马孙,攀一些马亲马眷。

罗德利哥则对勃拉班修说,黛斯德蒙娜不该"把她的责任、美貌、智慧和财产,全部委弃在一个装腔作势、到处漂泊的异邦人的身上"。(第一幕,第一场)① 可见,在奥赛罗出场之前,所有这些关于他的交代都是在勾画一个地位已经很高,但在种族上永远是"非我族类"的文化他者。

奥赛罗出身的阶级在摩尔人中并不低,"我是高贵的祖先的后裔,我有充分的资格,享受我目前所得到的值得骄傲的幸运。"(第一幕,第二场)② 但这种出身一旦跨出他自己的种族就失去了意义,对他赢得黛斯德蒙娜的芳心毫无作用。勃拉班修就因为他的异族出身而硬说他是"一个她瞧着都感到害怕的人",还"断定他一定曾经用烈性的药饵或是邪术炼成的毒剂麻醉了她的血液"。这好像正可以印

---

① 《奥赛罗》,《莎士比亚全集》(9)(朱生豪译),第282、283页。"Barbary horse"朱译为"黑马",其实巴巴里是指北非摩尔人的地方,伊阿古把一个实指的地名和"马"连在一起,比前面"黑羊"和"白母羊"的比喻更为恶毒,因为这里不再是比喻,而是真的把摩尔人当成动物来看了,所以才有"马子马孙、马亲马眷"的说法。"Extravagant"朱译为"到处为家",显然是误译。

② 同上,第286页。

四、《奥赛罗》如何跨文化? 93

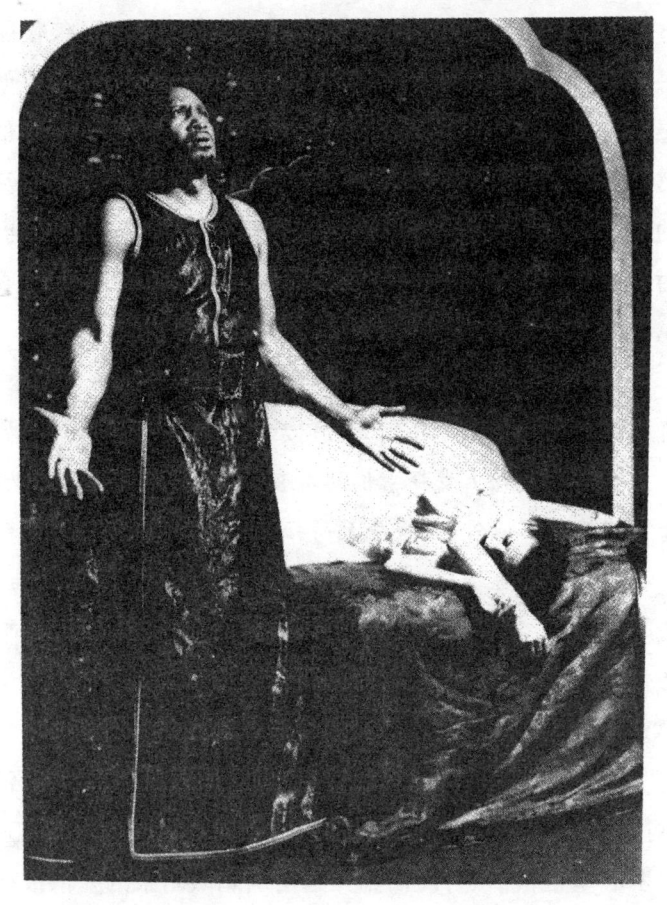

图7 黑人明星保罗·罗伯逊演的奥赛罗在杀妻子之后

证赛义德的东方主义第二母题:"东方意味着危险。"但是,莎士比亚为勃拉班修写下这些话,正是为了揭露这种偏见的荒唐。他让奥赛罗谦恭地回答道:"她为了我所经历的种种患难而爱我,我为了她对我所抱的同情而爱她:这就是我的唯一的妖术。"和希腊人表现"危险的东方人"的神话悲剧相比,《奥赛罗》关于西方人对东方人态度的描写可算是相当真实和全面的。勃拉班修心里极不情愿,仅仅因为木已成舟,奥赛罗又被公爵委以重任,实在没法再强行阻拦,但他还是绝不愿让已被"玷污"的女儿再住在家里。而黛斯德蒙娜喜欢的偏偏就是奥赛罗和自己完全不同的坎坷经历——她代表着正是赛义德所忽略的东方主义第三母题:遥远的东方是浪漫的。① 奥赛罗也知道自己对她的吸引力在哪里,因此一点都不避讳自己的缺点和曾经做过的卑贱的事情:

> 我的言语是粗鲁的,一点不懂得那些温文尔雅的辞令;因为自从我这双手长了七年的膂力以后,直到最近这九个月以前,它们一直都在战场上发挥它们的本领;对于这一个广大的世界,我除了冲锋陷阵以外,几乎一无所知……
>
> 我说起最可怕的灾祸……在傲慢的敌人手中被俘为奴,和遇赎脱身的经过……又讲到彼此相食的野蛮部落,和肩下生头的化外异民……

很明显,黛斯德蒙娜对奥赛罗的爱恋就是来自她对这种异国情调的兴趣。"她发誓说,那是非常奇异而悲惨的;她希望她没有听到这段故事,可是又希望上天为她造下这样一个男子。"(第一幕,第三场)②但奥赛罗心里也很清楚,仅仅靠异国情调刺激出来的爱情很难持久地维系一个家庭,所以他一直非常小心。不同于以前的西方文学中那些脸谱化的黑人,他并不是一个只要有机可乘就迫不及待的粗野的色狼;相反,他是等到黛斯德蒙娜多次主动做出极为明显的表白以后才向她示爱的。一旦结合以后,他处处照顾妻子,打仗也要带她

---

① 详见本书论伏尔泰的章节。
② 《奥赛罗》,《莎士比亚全集》(9)(朱生豪译),第 292、294 页。

去,因为"青春的热情在我已成过去了,我的唯一的动机,只是不忍她失望"(第一幕,第三场)①。与此同时,他努力把自己改造成一个"去摩尔化"的威尼斯人,虽然谦称自己"言语粗鲁,不懂温文尔雅的辞令",但事实上言辞十分温文尔雅,诗情洋溢。更重要的是,他时时要求自己像基督徒那样说话行事,遇事就说"阿门"而绝不提到"安拉",在看到部下酗酒闹事以后,他就是发火也仍然极有节制:

    为什么闹起来的?难道我们都要变成野蛮人了吗?上天不许土耳其人来打我们,我们倒自相残杀起来了吗?为了基督徒的面子,停止这场粗暴的争吵!(第二幕,第三场)②

这是典型的被殖民化的有色人种精英的语言,几百年以后的世界上还经常能听到这样的话。尽管《奥赛罗》的人物描写正如莱默所说并不符合历史真实,但莎士比亚的天才想像极其准确地抓住了这类人物的内心世界——一心想成为白人世界的成员,但又总是担心被人看做异族,所以常常会下意识地用刚刚取得的准白人身份来贬低自己"过去的"同类。

    但是,奥赛罗所有的文化同化的努力都敌不过伊阿古的阴谋。伊阿古极其善于观察人,特别是留心观察人身上的文化差异,就连喝酒他都注意到"英国人的酒量才厉害呢……他会不动声色地把丹麦人灌得烂醉如泥,面不流汗地把德国人灌得不省人事,还没倒满下一杯,那荷兰人已经呕吐狼藉了"。(第二幕,第三场)③ 对于他一心要报复的奥赛罗这个身处白人兵将包围之中的摩尔主帅,他更是下了大功夫,看清了这个黑皮白心的文化他者内心深处的不安全感和自

---

① 《奥赛罗》,《莎士比亚全集》(9)(朱生豪译),第297页。
② 同上,第320页。
③ 同上,第316页。

卑心理，他就是要利用和扩大奥赛罗和黛斯德蒙娜之间从未摊开来讨论过的文化裂痕。他竟公然对奥赛罗说：

> 说句大胆的话，当初多少跟他同国族、同肤色、同阶级的人向她求婚，照我们看来，要是成功了，那真是天作之合，可是她都置之不理，这明明是违反常情的举动；嘿！从这儿就可以看到一个荒唐的意志，乖僻的习性和不近人情的思想。可是原谅我，我不一定指着她说；虽然我恐怕她因为一时的孟浪跟随了您，也许后来会觉得您在各方面不能符合她自己国中的标准而懊悔她的选择的错误。（第三幕，第三场）①

这是一个典型的种族歧视者对跨种族婚姻的看法，事实上很多并不承认自己有种族歧视的人心里也会这么想。这段话可以看做是理解奥赛罗夫妇失和的深层原因的关键。从表面上看，奥赛罗对黛斯德蒙娜的怀疑来自伊阿古叫妻子从她身边偷去又给了凯西奥的手绢，但事实上手绢的误会是很容易澄清的，这只是一个并不十分高明的编剧套路——莎士比亚的悲剧中最为俗套的一个主要情节。相比之下，文化上的误会才是难以澄清的。奥赛罗和黛斯德蒙娜之所以一直没有就手绢问题坦白说清楚，关键就在他们两人内心深处对属于文化他者的对方固有的怀疑，这偏偏又是一个谁也不愿意提出来讨论的问题。奥赛罗心里相信了伊阿古所说的黛斯德蒙娜对自己的"荒唐"和"乖僻"的"懊悔"，但如果直接问她是不是这样想的，就会降低自己的身份，所以他宁可不提此事，只拿"通奸"的罪名来指责她。黛斯德蒙娜心里则一定想起了父亲以前骂他的话，"瞧着都感到害怕的""丑恶的黑鬼"，但她现在已经处于守势，绝不能拿这样的话来激

---

① 《奥赛罗》，《莎士比亚全集》(9)（朱生豪译），第339页。

怒他,只好一口一个"我的主",一心想洗雪自己的清白。本来她的清白并不是洗不干净的,问题在手绢的误会只是一根导火线,最终引爆的是两人之间一开始就埋下的文化摩擦的地雷,那才是极难排除的。

这种文化摩擦的地雷就是在进入21世纪以后也还到处都有,但因为是埋在地下,若非引爆还不容易看清楚。今天的西方世界里已经有了无数成功的非白人或非基督徒的少数民族人士,地位最高者甚至官拜美国国务卿。那位曾任参谋长联席会议主席的黑将军柯林·鲍威尔在当上国务卿之前曾被很多人看好,似乎有可能成为历史上的第一位黑人美国总统,就连基本上代表白人利益的共和党内也曾有很多人想拉他出马来竞选。但他的夫人(也是黑人)却坚决不许他出来竞选总统,怕他会因此而性命难保。他们十分清楚一个成功的黑人在白人掌权的社会中的真正位置,现实社会中还有着各种各样的伊阿古们在虎视眈眈地看着他的一举一动。但鲍威尔夫妇绝不会公开说出这种不安。因为关于种族、文化的顾虑就是在大讲多元文化的今天还是极为敏感的话题,一说出来就把自己的身份降到了一个普通黑人的水平,还要得罪白人中的很多盟友。莎士比亚的奥赛罗至死也没有说出,他之所以怀疑妻子的根本原因是他对于基督徒能否真正接受自己这个摩尔人的怀疑;鲍威尔大概也永远不会承认,他之所以不竞选总统的根本原因是在骨子里对于那一直在"慷慨"地照顾他、提携他的白人世界的怀疑。

前面提到17世纪的莱默从种族、文化的角度来看《奥赛罗》,得出了基本否定的结论。但历史上多数时期人们并不十分乐意从这个角度来看《奥赛罗》,因为现实生活中像奥赛罗和黛斯德蒙娜这样的有地位人士的跨种族婚姻少而又少,要说这方面的现实意义,在那时反而远远不如文化多元的现在来得明显。因此更多的人也就懒得去深究该剧深层次的文化意义,从表面的情节出发,把它看成了一个简单的关于忌妒的家庭悲剧,在形式上多做文章。19世纪的英国演出多把它放在当时的中产阶级的家庭里①,完全无视当时还不存在黑人中产阶级人士的事实。威尔第于1887年把它谱成了歌剧,学者们认为这是取材于莎士比亚剧作的歌剧中唯一成功的一部。② 这也说明,莎剧中只有《奥赛罗》一剧的情节简单、集中到了适合歌剧这种样式的程度。因为它公认的浪漫因素,小仲马还把《奥赛罗》改写成了小说,却很失败。因为一变成小说,充实进许多细节,故事框架中的逻辑问题就出来了,人们发现它原来是如此牵强、自相矛盾。例如奥赛罗对黛斯德蒙娜从怀疑到认定只花了一点点时间——时间一长就会真相大白,而剧中同时发生的不少公事如威尼斯和塞浦路斯之间的航行却需要以周记的时间,因此这里似乎有两个不同的时间维度,公私必须分开才行。这些在舞台上观众可以忽略不计的问题,小说读者就接受不了了。

这样看来,这是个很不写实的剧作,然而在相信"美是生活"的俄罗斯导演斯坦尼斯拉夫斯基手下,却变成了一个写实演出的经典。和歌剧一样,剧情和场景相对简单集中的《奥赛罗》也是唯一的能用完全的写实风格来导的莎剧,斯坦尼斯拉夫斯基显然很满意他在莫斯科艺术剧院导演《奥赛罗》的经验,还把导演笔记整理出版了。他这个写实的演出创造性地突破第四堵墙,充分利用镜框舞台前的乐池,把它变成了威尼斯到处可见的河道和塞浦路斯岛的码头,让很多

---

① Jan Kott, *Shakespeare Our Contemporary*, New York: Norton, 1966, p.104.
② 同上,p.102。

四、《奥赛罗》如何跨文化？ 99

人物都坐着船从那里上场。

与斯坦尼斯拉夫斯基的演出相比,北京实验京剧团演于1983年的京剧《奥赛罗》显然在跨文化的形式上迈出了更大的步子。1980年代的北京基本上没有种族问题,因此《奥赛罗》的种族文化因素就无关紧要了,这个戏吸引京剧艺术家的地方更多的是形式方面的。这是中国戏曲艺术家在和莎士比亚久违了半个多世纪以后的又一次亲密接触,但这次移植和以前有很大的不同。当中国人在20世纪初第一次在剧场里看到莎士比亚塑造的人物时,演员们都还没有读过他的剧本。最早的莎剧演出多为文明戏,一种介乎戏曲和话剧之间的过渡型戏剧样式,脚本是即兴表演的幕表,由演员改编自不懂英文的林纾在外国传教士魏易的帮助下所翻译的莎士比亚戏剧故事（书名为《英国诗人吟边燕语》,商务印书馆1904年版）。后来秦腔、川剧、粤剧等地方戏演员也纷纷把莎士比亚的戏剧故事搬上舞台,这些故事拓宽了戏曲的剧目,给传统的戏曲注入了人文精神。莎剧吸引中国人的是在中国人看来相当现代的内容,特别是那些能引起时人共鸣的故事。最早的莎剧中国版用的大部分是新起的名字,有过两个影射袁世凯的《窃国贼》,剧情分别来自《哈姆雷特》和《麦克白》。文明戏演员顾无为在演出《窃国贼》时大骂皇帝,被影射的袁世凯得知后下令逮捕了顾无为。郑正秋在演《窃国贼》时"每唱观众必大受感染,至有一句得一采"。[①]《威尼斯商人》的中国版成了《女律师》,向国人介绍了一种新的社会职业;《奥赛罗》也曾以《黑将军》和《倭赛罗》的不同名字上演过。1921年以后情况开始有了变化,田汉译的

[①] 转引自曹树钧、孙福良:《莎士比亚在中国舞台上》,哈尔滨出版社1989年版,第81页。

《哈孟雷特》于《少年中国》2卷12期发表（1926年由中华书局出单行本），莎士比亚的剧本开始有了比较正规的翻译和研究，中国的话剧创作也渐渐走上了正规的道路，从此莎剧被认为只能是话剧演出的剧本，再也不能让不是正规话剧的演员仅仅根据莎剧故事来随便编戏。因此，半个世纪以后北京实验京剧团又一次提出要用京剧来演莎剧，是相当大胆的。

现在回过头来看，1980年代中国戏曲演莎剧蔚为大观，似乎显示出一种必然；但在80年代初期，北京实验京剧团选中《奥赛罗》，却有很大的偶然性。当时文革结束还不久，文革禁演的古装戏纷纷出笼，几乎所有的戏曲剧团都还在翻箱底找老戏演。虽然这一现象并没有维持太长的时间，老戏不久就会演完，观众也会显出审美疲劳，但在当时这个问题还不突出，戏曲界只有很少数人预想到了这个可能，其中就包括了北京实验京剧团的演员，特别是主要演员马永安。马永安是著名的花脸演员，曾经在文革后期的"革命样板戏"《杜鹃山》里演过主角雷刚，对戏曲的中西结合有不少深切的体会。京剧样板戏虽然在政治上成了"四人帮"的工具，但在艺术的探索上，特别是在戏曲的表演程式、话剧化的编剧法和西洋管弦乐队三结合这一点上，为后人提供了有益的经验。样板戏在戏曲表演程式上也有不少创新，因为演的是现代人，必须打破原来的行当，但又利用了原有行当的许多动作和唱腔的模式，创造出更为符合现代人习惯的风格化表演方式，例如雷刚就是以花脸为主，但并不画花脸，而且结合了武生、老生等其他行当的程式。《杜鹃山》是创作得较晚的样板戏，在各方面做得更好些，马永安与"四人帮"并没有政治上的瓜葛，他塑造的农民英雄雷刚的形象受到各地观众的普遍欢迎。这一成功经验使得马永安决心把京剧改革继续进行下去，既要利用传统程式，又要打破

图 8　美国和印尼演员在演京剧风格的《奥赛罗》

其局限,拓宽表现力,表现新人物。但那时候《杜鹃山》这样的样板戏的政治污点还没洗去,而新的反映现代生活的现代戏又不是那么容易创作出来,因此几乎所有的戏曲名角都在演老戏。马永安决定另辟蹊径,把目光投向了国外,特别是莎士比亚的剧作。

　　他的合作伙伴是曾在中央戏剧学院受过话剧训练的导演郑碧贤,当时在中国戏曲学院的导演系任教。经过一番讨论,马永安发现奥赛罗最适合他擅长表演的行当——原来都没想到,外国戏里竟然还有一个本来就需要画黑脸的角色!而其他莎剧中还都没有花脸型的男主角。加之《奥赛罗》人物情节特别集中,可以看成是个哪里都能理解的家庭题材(不强调种族因素也能成立),不需要任何西方国家的历史背景,所以特别容易跨越文化障碍,尤其是用来做形式上的实验。于是他们找到刚到戏曲学院戏剧文学系任教的邵宏超,请他执笔改编,写一个京剧剧本。邵宏超也毕业于中央戏剧学院,受的是话剧编剧的训练,他知道奥赛罗还算不上是莎剧中最深刻丰满的人物形象,但也认为这是最适合改编成京剧的选择。他更多的是从文学的角度来考虑的:因为用京剧来表现外国人会引起老戏迷的反感,为了尽量减少阻力,在第一次这样的实验中必须找一个和原来的行当最接近,也就是行动线相对来说最集中最明确的主要角色,这样来看奥赛罗也是最合适的。虽然当时的中国人对剧中的种族问题并没有特别的兴趣,但该剧中来自全然不同社会背景的两个人的婚恋关系却也是当时的中国人很关心的——文革中和文革后的社会流动造成了很多这样的婚姻,中国人会忽略奥赛罗的种族背景,但仍能理解他置身于一个陌生环境时所产生的不安全感和神经过敏带来的忌妒。

剧本的选择和主题确定以后,邵宏超在和主角马永安、导演郑碧贤和陆兴材讨论时发现,写这个剧本的最大问题还是在如何对待行当上。怎么让莎士比亚笔下的多层次的人物来适应京剧的粗线条类型化的行当呢?有一个办法是把全剧中国化,把所有角色都变成中国人。这个办法是 20 世纪初戏曲演员演莎剧故事时普遍采用的,在 1980 年代中后期也有不少戏曲剧团用过,但邵宏超反对这样做。他坚持要让行当适应性格,而不是让性格来适应行当[①]。于是他保留了所有的外国名字,但同时又给他们内定了每个人物的基本行当:奥赛罗无疑是花脸,黛斯德蒙娜是青衣,她父亲勃拉班修是老生,凯西

---

① 作者对邵宏超的电话访谈,2003 年 9 月 12 日。

奥是武生,凯西奥和伊阿古的妻子都是花旦。最难决定的是伊阿古的行当,可以简单地把他和罗德利哥一起归入丑角一类,但那样的话,这个主要反角的分量就轻了,因此他们最后决定让一个擅长演传统的曹操式奸猾人物的老生来演伊阿古,同时也要他采用一些丑角的程式。但在视觉形象上,他们都没有沿用原来的脸谱,而走了一条相对写实的路子。奥赛罗的脸虽然是黑的,但并没有画成传统的图样,而是按写实的要求和手一起画黑。黛斯德蒙娜没有贴脸,穿的也是介乎京剧服装和西式连衣裙之间的裙子。罗德利哥的脸上没有传统丑角的白鼻子,却像西方戏剧的丑角一样贴了两块厚厚的脸蛋,但他的动作还是典型的京剧丑角动作。

　　为了留出时间展现角色的内心世界和显示演员的精彩演技,邵宏超在剧本中删去不少细枝末节,把全剧浓缩成八场,放进了20几个唱段。原剧中有些较短的戏被放大,角色得以将其内心动作用唱和舞充分地展现出来。例如,当奥赛罗一个人站在舞台上,又怀疑黛斯德蒙娜,又不忍杀害她的时候,他有一段很长的唱,唱时整个身体连同水袖都有节奏地颤抖起来。在他最后杀死黛斯德蒙娜之前,邵宏超打破京剧的惯例,为这两个角色安排了一段对唱。也有些娱乐性的场面是与主题或角色的情绪没有多大关系的。如当凯西奥在伊阿古教唆下喝醉酒以后与罗德利哥打起来的时候,他们借用了著名京剧《三岔口》中摸黑对打的动作,使这段武戏充分喜剧化,十分好看。

　　出乎他们的意料,京剧和《奥赛罗》的嫁接实验受到观众的热烈欢迎。国内西方戏剧和莎士比亚研究的权威如曹禺、孙家绣、卞之琳、罗念生等全都前往观看并给予极高的评价。而更重要的是,各地的戏曲剧团很快就开始步北京实验京剧团的后尘,也纷纷改编演出起莎士比亚来。在 1986 年四月北京、上海同时举行的中国第一届莎士比亚戏剧节上,出现了五台不同的戏曲莎士比亚的演出。除了北京的京剧《奥赛罗》以外,还有上海的昆剧《麦克白》(改名为《血手记》)、黄梅戏《无事生非》、越剧《第十二夜》和《冬天的故事》。剧评家易凯评论道:

> 经过十年动乱洗礼的中国人民将"对外开放,对内搞活"确立为不可动摇的基本国策。社会的经济结构从封闭走向开放,民族的精神状态由凝滞趋向流动,人们的审美意识、价值观念、心理定式、欣赏习惯由群体单元化走向个体多元化,这些正在发生着的巨大深刻的变化,不能不给予古老的戏曲艺术以极大的冲击。观众的锐减,剧场的萧条,剧目的老化,演出水平的下降,一系列带全局性的"并发症",固然使戏曲艺术出现颓局;但又反过来促使它痛定思痛,深刻反省。一场深刻的、全面的变革正在戏曲内部酝酿;一个新的转折、新的突破已可望兴起。就在这个时刻,五台戏曲莎剧应运而生了。①

易凯在一个个评论了五台戏曲莎剧演出中的人物形象后总结道:"显然,莎剧中这些脍炙人口的艺术形象,比之传统戏曲中那些性格单调、特征稳定、缺乏层次深度的类型化人物形象,要来得典型、来得生动、来得真实得多。封建社会的低下的生产力、单纯的社会生活、狭窄的人际关系、简陋的物质文明,是戏曲中类型化人物形象得以产生的物质基础;而压制个性发展的大一统儒家哲学、唯心史观,又是戏曲中类型化人物形象产生的精神根源。"② 也就是说,中国艺术家需

---

① 易凯:"崭新的天地,巨大的变革——首届莎士比亚戏剧节五台戏曲演出观感",《戏曲艺术》(北京)1986 年第 4 期,第 6 页。

② 同上,第 7 页。

要利用莎剧的长处来帮助克服戏曲固有的短处。在把莎剧用到戏曲中去的时候，改编者必须做很多删节，留出空间让演员发挥表演上的特长。易凯指出，有几个演出中对原剧的有些删节损害了莎士比亚的精神，特别是莎剧中多层次、多色调的人物形象常常被简单化地归类和压缩，以迁就京剧程式相对单一的特色。说到底，莎士比亚是中国戏曲艺术家拿来"为我所用"的一种艺术手段，以《奥赛罗》为首的莎剧的文化内涵对当代戏曲变革起了很大的作用，但其作用是严格地限制在戏曲所需要的范围之内的。

无独有偶，十多年以后，在大洋彼岸的美国大学城波士顿，又一次莎士比亚和京剧的嫁接实验又选中了《奥赛罗》。这次实验的性质和1983年的北京实验完全不同，那次是专业京剧演员用莎剧来丰富京剧的内涵，拓宽传统程式的表现力；而这次是当时在塔夫兹大学博士班教授戏剧的我为从未接触过京剧的美国学生而设计的，我从上海戏剧学院请来京剧科班出身的话剧导演范益松，试图用京剧的风格化表演手法来拓宽美国演员的视野，突破他们以前所学的斯坦尼斯拉夫斯基的传统，以丰富他们的舞台表现力。如果说上一次是以莎剧为媒介来帮助戏曲改革开放，那么这一次是以京剧为媒介来帮助西方戏剧进一步开放。这次实验的全称是塔夫兹大学戏剧系1994年暑期工作坊"用京剧演莎剧"（Shakespeare Through Beijing Opera），之所以选中《奥赛罗》，又是因为它形式上的单纯集中，有可能在为期仅一个月的工作坊里完成。至于剧中所反映的基督徒和摩尔人之间的种族文化差异，完全没有加以考虑。其实那时候的美国演艺界因为赛义德"东方主义"理论的影响以及少数民族演员的政治要求，已经完全看不到白人演员涂了黑脸来演奥赛罗这样的少数民族角色了,而我们的工作坊里大多数是白人,黑人一个也没有。因此,决定演《奥赛罗》也算是个反潮流的举动。

工作坊的成员主要是塔夫兹大学的博士生,他们都有相当的表演经验,有些还是多年的职业演员公会会员,还有一位在附近大学担任访问学者的印度尼西亚最著名的丑角演员卡特拉闻讯而来,申请免费旁听。因为这个工作坊讲得并不太多,以做为主,而他又能说点英语,我们干脆请他参加进来,使这个跨文化交流实验更多了一个层次。

工作坊的教材除了关于中国戏曲的书以外,理论上主要是尤金尼奥·巴尔巴的《戏剧人类学辞典:表演者的秘密》一书,特别是其中对东方戏剧所作的理论总结。巴尔巴是出身于意大利的戏剧大师,1960年代曾在波兰给格洛托夫斯基当过几年助手,后来自己成立了剧团,还有个每年夏天活动的"国际戏剧人类学学院",长期和来自世界各国的演员共同探索一种超越文化隔阂的"欧亚戏剧",曾和许多东方演员包括中国的梅葆玖和裴艳玲等合作过。我曾经去意大利参加过一次该校的跨文化演出工作坊,以"戏剧编审"(一个很难确切翻译的词 dramaturge)的身份,看他和一位印度舞蹈大师共同指导欧洲演员演出印度名剧《莎恭达罗》。巴尔巴在《戏剧人类学辞典:表演者的秘密》中指出,在所有文化的表演中,有一点是相通的,那就是他创造的一个词"前表意性"(pre-expressivity)——演员在还没有表现剧情人物的情况下就已经在舞台上闪光的东西,或者说超越于剧情和角色内容的纯粹属于表演的特性,在不同文化不同语言中用"气"、"能量"、"花"、"味"等不同的词语来表述[1]。他认为"前表意性"在东方

---

[1] 见 Eugenio Barba, *A Dictionary of Theatre Anthropology: The Secret Art of the Performer*, London: Routledge, 1991。

的传统戏剧中表现得特别清楚,例如梅兰芳的表演即便没有翻译,也可以让不懂汉语的外国人入迷。我曾在为这本书写的书评中肯定了他这一理论上的重大突破,也就是他所发现的"表演者的秘密",但同时也指出了这个理论的缺陷——以偏概全,把戏剧欣赏的一种特例视为通例,把在传统东方戏剧中确实占去很长时间的"前表意"的演员训练混同于舞台上"表意"的表演。①巴尔巴很有大师风范,在读了我发表的书评以后还给了我他写下的反馈:"你说得完全正确,"他说他的理论是有点矫枉过正的味道。我在塔夫兹工作坊中指导学生阅读时,特别要求他们注意这个问题,并把它带到训练实践中去考虑。

第一个星期的实践部分由范益松教他们最基本的京剧动作程式,按不同的行当分门别类模仿,如生、旦、净、丑各不相同的走路步法,做各种事情的不同的手法等等。这确实完全是"前表意"的表演训练,但到了第五天,我们要求演员两两配对,用他们刚学到的动作来即兴表演一个求婚的场面,"前表意"立刻就变成了"强表意"(super-expressive)。一个个求婚场面五花八门,语言很少,但形体上他们都自动地用上了各种行当的程式,尽管全都变了形,还是比一般的话剧语言效果强烈得多。第二周起,我们从《奥赛罗》中选出几场戏,用精练的语言概括成题目,要演员用京剧式的动作来做即兴表演,同时告诉他们,也可以自由地加进他们所熟悉的其他风格化的表演手段。这样两周下来,演员们对巴尔巴"前表意"的创新理论和我在他的启发下形成的"从前表意到强表意"的综合理论就有了全面的认识。

我们观察一周以后,第三周一开始交给演员一个精简的《奥赛

---

① William H. Sun, "The Art of the Performer: A Review on *A Dictionary of Theatre Anthropology* by Eugenio Barba et al.," *Theatre Survey: The Journal of American Society for Theatre Research* (Seattle), Nov. 1994.

罗》剧本，这时候角色的分配和行当的安排已经大致成型。和1983年的北京《奥赛罗》不同的是，行当并不是我们导演事先分配的，多数演员在一周多的命题即兴表演中都自觉或不自觉地用上了最适合发挥自己特长的主要行当，只有少数几场特别难的戏，演员要问我们该用什么行当来表现，这时候我们才会给他们指示。最后的角色安排完全是根据他们自身的特点和所学京剧行当的熟悉程度来决定的，丝毫也没有考虑剧情和种族的因素，结果好像是故意和原剧唱反调：奥赛罗是个表演最出色的大高个白人，黛斯德蒙娜却是有色人种——来自台湾的华人雷碧玮，伊阿古给了天生的丑角卡特拉——他也是亚洲人，而其他角色都是白种人。

这个奇特的角色安排加上演员对京剧动作的不熟悉，使得最初的每场排练都笑声不断。有些喜剧形象是特意安排的，例如伊阿古和罗德利哥一胖一瘦两个丑角总是令人捧腹，就是残酷的打斗场面也是让人忍俊不禁的黑色喜剧。这里也用上了黑夜里《三岔口》打的技巧，但是放到了罗德利哥奉伊阿古之命去暗杀凯西奥的时候，罗德利哥总是打不准目标。有一个处理和京剧《三岔口》截然相反，原剧最后上场的第三个人是带来灯光让两人和解的，而这里来的第三个人却是伊阿古，他利用黑暗一剑就把罗德利哥置于死地，糊里糊涂的罗德利哥临死还在大叫伊阿古救他，只引来观众的耻笑。另外，在中国艺术中通常用来表现浪漫情感的手绢舞到了伊阿古和他妻子手里，也变成了包含着阴谋的滑稽舞蹈。

我们这个版本比莎剧原版轻得多，也比1983年的京剧《奥赛罗》轻得多，但这毕竟是莎士比亚的悲剧《奥赛罗》，主要的场面必须是严肃庄重的，如果连奥赛罗和黛斯德蒙娜最后那些戏也招来笑声，那就只能说实验失败了。注意到这个问题后，我们告诉演员，京剧的风格化程式并不仅仅是舞台形式的游戏,而是用来强化地表现角色的情绪的,因此需要和斯坦尼方法所强调的贯穿动作结合起来使用,把风格化的发挥建立在对角色动机的过细的分析之上。演员们认识到这一点以后,重新对角色进行认真的梳理,找到了角色的准确感觉,由此出发再对动作做一定的调整。经过刻苦的努力,工作坊最后一个小时的公开演出取得了极好的效果。在奥赛罗杀黛斯德蒙娜那场十多分钟的高潮戏中,莎士比亚汪洋恣肆的诗句,特别是黛斯德蒙娜吟唱的那段"杨柳歌",在以锣鼓点式的打击乐为主的音乐伴奏下,和演员节律化的形体动作配合得极其自然,使人几乎忘记了动作的夸张,全场鸦雀无声。在谢幕后的讨论中有观众说,他们从来没有看过这么让人揪心的《奥赛罗》,这种风格化的表演好像有一种神奇的魔力,喜的时候能让人笑痛肚皮,悲的时候又能让人肝肠寸断。著作等身的著名戏剧学者劳伦斯·塞纳力克说,他知道这些演员的"京剧技巧"还很不够格,但比起在美国常能看到的用斯坦尼方法演的《奥赛罗》来,这个演出在精神上要远更接近莎士比亚当时的演出,美国演员可以从中看到更多莎士比亚表演的精髓。演员们纷纷表示,京剧表演让他们打开了眼界。演奥赛罗的卢克·焦根森是波士顿学院的表演教师,他说他是个牢牢掌握了斯坦尼方法的职业演员,但也一直在寻求更多的舞台表现手段,现在终于找到了一种不但在理论上"高于生活"而且非常实用的表演方法。在奥赛罗杀黛斯德蒙娜那场戏中,他先用颤抖的手撩起她的长裙子亲吻,马上又用它来勒她的脖子,最后则一把甩开,直接去掐她的脖子。这整个过程比用斯坦尼方法来演要长得多、美得多,也在心理上过瘾得多。虽然这一个月的工作坊还不可能使他变成京剧专家,但他一定会在将来的表演和导演中更多地运用风格化的手法,这就是他们从这个工作坊中得到的最大收获。

那天晚上很多观众和演员都谈了感想和意见，却没有一个人提到我们让白人演奥赛罗、让华人演黛斯德蒙娜这两个在1990年代的美国要算是非常出格的选择。看来《奥赛罗》的文化内涵完全是因演出的环境而异的。

和《威尼斯商人》很相似，《奥赛罗》也有着两层基本结构。其深层的冲突是由主要角色之间种族文化的差异引发的，作者莎士比亚虽然不大可能有这方面的亲身感受，由于时代的限制也不可能写出这方面的历史真实，但他凭着对人性的深刻洞察力和天才的想像，刻画了奥赛罗这样一个文化他者的典型：一个投身并力图同化于统治者文化的成功者，最终却还是因为内心的疑惧和嫉恨者的暗算而惨遭失败。但是，如果不去挖这一层的含义，就看表面，把《奥赛罗》当成一个忌妒而又粗心的丈夫和他的痴心妻子的悲剧，这个剧也还是有它的价值。这里有三种情况：第一，在那些种族问题不明显的社会里，人们没有必要也没有兴趣去挖它的深层意义，就是导演演员想去挖，观众也未必领会，1983年北京的《奥赛罗》演出就是这样一个最为典型的例子。第二，在种族问题并非不严重的西方近代社会，因为种族这个话题很容易刺痛讲博爱的白人普世主义知识分子，他们往往宁可当文化"色盲"，忽视这一层的含义，坚持说这是一个讲普遍人性的悲剧，与肤色无关，这种解释在理论上为如劳伦斯·奥列维尔等白人演员涂黑脸扮演奥赛罗提供了依据。有些高明的演员甚至会前一场演奥赛罗，下一场演伊阿古，使该剧成为炫耀演技的最好媒介。第三，当演员的表演成为戏剧的重点的时候，在一定的语境中，表演也可以被赋予特殊的文化含义。在形式上的跨文化戏剧演出中，形式有时候能传递出超越剧本文本所指的更为广阔的意义，起到不亚于内容所起的作用。1994 年波士顿美国人演的京剧风格《奥赛罗》就是这样的一个例子。

五、《暴风雨》与殖民叙事

在赛义德"东方主义"批评的影响下,许多学者在莎士比亚的剧作中寻找批评的靶子,他们多半盯住了《威尼斯商人》和《奥赛罗》,因为那里面文化他者的形象十分明显。我在前面两章中写道,这两个以威尼斯为背景的跨文化剧本应该说还是充满了人道精神,对剧中任主角的文化他者给予了不少理解和同情;但这个结论并不意味着莎士比亚就没有赛义德们所批评的白人基督徒沙文主义。他不但有,而且极其严重,有时甚至会严重到丢失人性的地步。谓予不信,请翻开他的《暴风雨》,从这个剧中可以看到一个殖民帝国的作家也许是下意识地表现出来的可怕的殖民主义心态。

必须承认,大多数莎学专家和文学评论家并不这样来看《暴风雨》,此说很可能被他们认为是危言耸听。但这个剧本里的殖民内容并不是论者主观解释出来的影射,故事人物都在文本当中,白纸黑字清清楚楚;之所以以前很少有人这样来看,是因为西方学者大多不愿讨论会让他们不舒服的种族问题[①],故意回避从种族文化的角度去

---

① 第 89 页注①。

看这个剧本罢了。这是莎士比亚的最后一部剧作,学者们经常从该剧和作者以前作品的关系上来分析它,注意到这个集大成者在人物和情节上综合了很多以前的剧情。例如,剧中的公爵泼斯普柔被其弟安东尼奥夺权赶走,明显是哈姆雷特的父亲和叔父之争的翻版;妙龄少女米兰达在荒岛上邂逅白马王子腓迪南,又是《皆大欢喜》中树林里那爱情故事的变形,等等。也有人说这是作者在写最后一个剧本时对他自己所做的总结——剧中的魔法师泼斯普柔就是他一辈子写作生涯的写照。然而从跨文化的角度来看,这个戏和莎士比亚以前所有剧本的最大的不同在于,它直接讲述了一个完全虚构的殖民故事——泼斯普柔和他所侵占的海岛上的原住民凯列班和爱丽尔的故事,而追根究底,这个故事的源头来自莎士比亚从未登上过的北美大陆。

在这里,赛义德于1993出版的那本分析具体跨文化文学作品的《文化与帝国主义》提供了可以借用的精彩理论。他写道:

> 我所谓的文化,有两重意思。首先,它指的是描述、交流和表达的艺术等等活动。这些活动相对独立于经济、社会和政治领域。同时,它们通常以美学的形式而存在,主要目的之一是娱乐。当然,其中既有关于遥远的世界的传说,也有人种学、历史编纂学、哲学、社会学和文学史等等深奥学科的知识。因为我在这里关注的只是19和20世纪的现代帝国主义问题,我特别讨论的只是作为文化形态的小说。我认为,小说对于形成帝国主义态度、参照系和生活经验极其重要。我并不是说小说是唯一重要的。但我认为,小说与英国和法国的扩张社会之间的联系是一个有趣的美学课题。当代现实主义小说的原型是《鲁滨逊漂流记》,这部小说并非偶然地讲述了一个欧洲人在一块遥远

的、非欧洲的岛屿上建立了一个自己的封地。①

赛义德看得很准,笛福关于鲁滨逊的小说确实很典型。他不仅写了那个欧洲人在一个岛屿上"建立了一个自己的封地"的著名故事,还写过《鲁滨逊漂流记》的不是很著名的续篇,进一步让鲁滨逊周游世界,甚至还来到中国登上了长城,然而他不但没有一丝景仰之心,反而口出狂言道:"这道城墙只能抵御鞑靼人,除此之外就一无是处。"他设想两连英国工兵有十天时间就可能弄垮这道城墙,"让我们的大部队开过去。"② 须知这是在英国使者马戛尔尼第一次踏上中国土地70多年之前,更是在英国和中国第一次交战120年之前,这个由作家虚构出来的英国游客就已经充满了帝国主义的狼子野心。如果说《鲁滨逊漂流记》是在英国业已开始推行殖民事业以后做出的艺术的反映,那么在远东,文化人的侵略想像却是走到了政治家和军事家的侵略行动的前面。

赛义德同样说得很对的是,小说这个文学样式并不是唯一重要的,也远不是最早的,因为早在《鲁滨逊漂流记》出版(1719年)一百多年前的1611年,莎士比亚就已经在他的封箱之作《暴风雨》中"讲述了一个欧洲人在一块遥远的、非欧洲的岛屿上建立了一个自己的封地"的故事,而且《暴风雨》作者的知名度绝不逊于《鲁滨逊漂流记》的作者。二者的不同之处在于,《暴风雨》中的欧洲人泼斯普柔是带着他的女儿一起来的,其实《暴风雨》比《鲁滨逊漂流记》更为典型地反映了欧洲人的殖民历史,因为他们所来到的并不是一个绝对的荒岛,而是一个原来住着人的岛屿。与《鲁滨逊漂流记》相比,《暴风雨》

---

① 赛义德:《文化与帝国主义》(李琨译),三联书店2003年版,前言第2—3页。
② 刘洪波:"不认识的鲁滨逊",《文汇报》(上海)2000年9月4日,第9版。

五、《暴风雨》与殖民叙事

对北美殖民经验的反映要更为即时得多,几乎可以说是同步进行的。剧中的原住民凯列班这样对泼斯普柔说:

> 这岛是我老娘西考拉克斯传给我而被你夺了去的。你刚来的时候,抚拍我,待我好,给我有浆果的水喝,教给我白天亮着的大的光叫什么名字,晚上亮着的小的光叫什么名字。因此我以为你是个好人,把这岛上一切的富源都指点给你知道,什么地方是清泉盐井,什么地方是荒地和肥田。我真该死让你知道这一切!但愿西考拉克斯一切的符咒,癞蛤蟆、甲虫、蝙蝠,都咒在你身上!本来我可以自称为王,现在却要做你的唯一的奴仆;你把我禁锢在这堆岩石的中间,而把整个岛给你自己受用。(第一幕,第二场)

然而在泼斯普柔的眼里,凯列班这样的原住民根本不能算是人,只是半人半兽的怪物。他喜欢的是另一个原住民爱丽尔,但就是爱丽尔也只是一个"能干的精灵"和"出色的精灵",而凯列班更是"恶毒的奴才,魔鬼和你那万恶的老娘合生下来的",他断然否认凯列班所叙述的该岛历史:

> 满嘴扯谎的贱奴!好心肠不能使你感恩,只有鞭打才能教训你!虽然你这样下流,我还是曾用人的关爱来对待你,让你住在我自己的洞里,谁想你竟敢图谋破坏我孩子的贞操!

接下去他进一步描述他刚来岛上时凯列班是个什么样的东西:

> 那时你这野鬼,连自己说的是什么也不懂,只会像最野的东西一样咕噜咕噜;我教你怎样用说话来表达你的意思,但是你们这下流之种,即使受了教化,天性中的顽劣还是改不过来,因此你活该被禁锢在这堆岩石的中间;光把你关在监牢里是远远不

够的。①

这两个角色在同一剧中讲出来的"历史故事"(his-story – history)截然相反,因为泼斯普柔是剧中的正面英雄,而凯列班只是一个陪衬的反角,作者显然是站在泼斯普柔的一边。这些话反映的就是莎士比亚本人对他当时所听说的遥远的美洲原住民的看法。这种现在看来明显属于不讲人性的看法在当时并不稀奇,连亲自到达美洲大陆见到"印第安人"(这个名字也是后来者给原住民起的)的哥伦布也拒绝承认他们是人。② 当哥伦布 1492 年凯旋回到西班牙宫廷时,他献上了从美洲带回来的一批东西,包括金块、鹦鹉和六个印第安人,后者后来被带到欧洲各地像动物一样巡回展览。③ 这批欧洲殖民者入侵他人住地的历史长期以来被说成是"哥伦布发现新大陆",似乎他们天然地享有这块"新"土地的主权。

赛义德下面这段关于现代小说的议论仿佛就是为《暴风雨》而写的:

> 故事是殖民探险者和小说家讲述遥远国度的核心内容;它也成为殖民地人民用来确认自己的身份和自己历史存在的方式。帝国主义的主要战场当然是在土地的争夺上,但是在关于谁曾经拥有土地,谁有权力在土地上定居和工作,谁管理过它,

---

① 《暴风雨》,《莎士比亚全集》(1)(朱生豪译),第 19—20 页。个别译文根据原文有所调整,例如,泼斯普柔所说的"人的关爱"原文是 human care,朱译中那句话是"我也曾用心好好对待你",未反映出原文中所强调的自己是人而对方是非人之不同;"下流之种"原文是 thy vile race,朱译为"下流胚",未突出"种族"一词。

② 见李玉成:"文艺复兴时期的人",《文汇报》"每周演讲",2004 年 1 月 15 日,第 12 版。

③ 见 Ronald Takaki, *A Different Mirror: A History of Multicultural America*, Boston: Little, Brown, & Co., 1993, p.30。

谁把它夺回,以及现在谁在规划它的未来,这些问题都在叙事中有所反映、争论甚至有时被故事所决定。正如一位批评者所说,国家本身就是叙事。叙事,或者阻止他人叙事的形成,对文化和帝国主义的概念是非常重要的。①

赛义德说的这位批评者霍米·巴巴主编了一本名为《国家与叙事》(英文书名中 Nation 和 Narration 两个词确实相像,还有谐音之趣)的书,他在导言中写道:"国家作为一种系统的文化意义的形成,更多的是社会生活的代表而不是社会政体的规则,这一观点突显出所谓知识的不稳定。"②大至一个国家,小至一个岛屿的归属之争,总是伴随着争夺者各自为此而建构的互相矛盾的叙事,这就是与武力争夺相平行的文化方面的叙事之战。关于国家主权的"知识"很难说是客观的,因为它是由叙事者的身份决定的。泼斯普柔在《暴风雨》中所做的,就是一方面建构自己的叙事并将其正统化,一方面竭力阻止凯列班的叙事的形成。他不仅在上引的对话中直接否定凯列班说的话的真实性,还间接地透露出他刚来岛上时就采用的策略——令原住民凯列班放弃自己的语言,教他学说新的语言。他说凯列班"连自己说的是什么也不懂",这不可能是事实。如果凯列班真的不是人而只是一种类似人的动物,那么泼斯普柔再怎么教他,他也不可能学会泼斯普柔的语言中哪怕只是骂人的部分。再说,泼斯普柔肯定不懂得凯列班的语言——不管这语言的形式和成熟程度如何,所以他根本无从了解凯列班知不知道他自己的话的意思。最大的可能是他不知道凯列班在说什么,却盲目地断言人家没有语言,只会"咕噜咕噜"。

---

① 赛义德:《文化与帝国主义》(李琨译),前言第 3 页。
② Homi Bhabha, ed., *Nation and Narration*, London: Routledge, 1990, pp. 1—2.

事实上，对于不懂的耳朵来说，任何一门外国语都可能只是"咕噜咕噜"。泼斯普柔为什么不学学人家的"咕噜咕噜"呢？因为他比原住民更强有力，可以迫使人家反过来学他这个后来者的语言。凯列班对于必须学泼斯普柔的语言心理上是矛盾的，有时候觉得不错，又有时候极为愤慨："你教我讲话，我从这上面得到的益处只是知道怎样骂人；但愿血瘟病瘟死了你，因为你要教我说你的那种话！"[①] 事实上美洲印第安人的悲剧也正是这样，在外来的白人文化的强势压力下，他们逐渐学会了英语的"咕噜咕噜"，而自己原来说的好几百种部落语言大多已经消亡，现在相互间多数只能靠英语来交流了。

对于传统的《暴风雨》欣赏者来说，他们的问题是，凭什么说《暴风雨》里的那个小岛是指的美洲大陆，凭什么说凯列班的原型是真实存在的印第安人，而不是像中国《西游记》里的牛魔王一样纯属想像的产物？

诚然，《暴风雨》不是一部现实主义的剧作，莎士比亚并不需要为凯列班和爱丽尔写出可以考据的家族史。评论家所能探究的，只是他写这个剧本时的社会背景，从而推测他的灵感的可能的来源。该剧在伦敦首演的 1611 年，正是欧洲人殖民历史上的一个关键时刻。那是在西班牙皇室赞助的哥伦布登上新大陆一百多年以后，这时候英国人约翰·史密斯已经带人来到了北美洲那个被"发现者"改称为"弗吉尼亚"的地方，但英国和新大陆之间大规模的烟草贸易尚未开始；那个被英国人命名为"新英格兰"的地区还没有变成殖民地，但英国人已经入侵了他们的近邻爱尔兰岛，并开始了全面的殖民行动，镇

[①] 《暴风雨》，《莎士比亚全集》(1)(朱生豪译)，第 19 页。

压被认为是"野蛮"的"像野兽一样"的爱尔兰原住民。因此,确有可能的情况是,莎士比亚在写《暴风雨》时想到的是英国人已经相当熟悉的附近那个岛上所发生的事情。英国人在那里所做的和泼斯普柔在凯列班的岛上所做的十分相似:"只有用恐惧和武力才能教这个叛逆的民族学会责任和顺从。"①泼斯普柔就是这样教训凯列班的:

> 记住吧,为着你的出言不逊,今夜要叫你抽筋,叫你的腰像有针在刺,使你喘得透不过气来;所有的刺猬们将在漫漫长夜里折磨你,你将要被刺得遍身像蜜蜂巢一般,每刺一下都要比蜂刺难受得多。②

这些极不人道的话,也许可以说是殖民者对待他们眼里的"野蛮人"的普遍态度——跟野蛮人比野蛮,但这些话的风格并不像日常生活中说的话。莎士比亚在写他最后一个剧本时,显然已经决定要让它尽可能与写实的风格拉开距离:主人公是个魔法师可以呼风唤雨,岛上的两个原住民也都不能具有一般的人形。和这个风格一比,爱尔兰好像太近太熟悉了点,似乎不容易把那里的人变形成半人半兽的怪物。

好在英国人的殖民大业远不止这一地,他们最早的殖民地是爱尔兰(理查二世早在 1395 年就决定要征服她),最大的则是北美洲。而且有很多去过爱尔兰的殖民者回来后又远征去了美洲,莎士比亚本人就认识好些个这样的双料殖民者,其中包括汉弗莱·吉尔伯特爵士和德拉瓦爵士——后者的名字后来就成了美国东部的一个州名。莎士比亚的一个私人朋友理查·海克留特是个地理学家,还专门写过

---

① Nicholas P. Canny, "The Ideology of English Colonization: From Ireland to America," *William And Mary Quarterly*, 3rd series, vol.30, no.4 (Oct.1973).

② 《暴风雨》,《莎士比亚全集》(1)(朱生豪译),第 19 页。

一本关于新大陆的畅销书,在书中他怂恿英国人到美洲去开辟未来,"去征服一个国家,去繁衍,去种植,去控制,去继续生产英国所需要的酒和油。"①

最关键的线索是剧中明确提到了一个地名——百慕大。爱丽尔在第一幕第二场中告诉泼斯普柔,那只出事的船现在"安全地停泊在一个幽静的所在,你曾经在半夜里把我从那里叫醒前去采集永远为波涛冲打的百慕大群岛上的露珠;船便藏在那个地方"。② 虽然这个地名的拼法 Bermoothes 和现在的通用拼法有点不同,但学者们不但肯定这就是指的现在的百慕大,而且进一步推论道,剧中故事发生的地点应该是在离百慕大不远的美洲大陆的弗吉尼亚,因为在 1609 年出版的一本书中对弗吉尼亚自然环境的描写与《暴风雨》第二幕第一场的描写③ 十分相像。在我看来,这种相像也许能够说明莎士比亚是看了关于弗吉尼亚的书得到启发,但却未必能据此推断出剧情发生地点就是在弗吉尼亚。对于这样一部以魔法来贯串的剧作,去考证具体的地点并没有多少意义。不过,学者们对与该剧剧名有关的一个发现倒很有价值:在该剧首演两年前的 1609 年,一个前往弗吉尼亚的船队途中遇到暴风雨,其中一艘名为"海上探险"号的船沉没在百慕大地区,看来是这则新闻故事给了莎士比亚取名《暴风雨》的灵感。

剧中凯列班的名字也跟北美洲有关。Caliban 很像一个印第安部落的名字 Carib,而当 Carib 这个词进入了英语词汇以后,就成了美洲的野蛮人的代表,现代英语中的"吃人族"一词 cannibal 就是从这

---

① 转引自 Ronald Takaki, *A Different Mirror: A History of Multicultural America*, 1993, p.29。
② 《暴风雨》,《莎士比亚全集》(1)(朱生豪译),第 16 页。
③ 同上,第 19 页。

里来的。然而在一个和 Carib 相关的故事中,表现得特别野蛮的恰恰是白人。哥伦布第二次远征北美洲时又抓了更多的印第安人准备带回去送礼,其中有一个受了重伤,肠子也流了出来,就被扔进海里去死,不料他用手托着流出来的肠子游回到岸上,又被抓住,绑了起来,他又企图游走,最后被乱箭射死。这个传奇式的印第安人被一个英国人写的故事载入了史册,他当然没有名字,就是"一个受伤的 Carib"。① 莎士比亚很可能从这个名字得到启发,因而给他的角色起了个相似的名字。在剧中的第二幕第二场里,那个酗酒的厨师斯丹法诺一见到凯列班就说:"这儿有鬼吗?叫野人和印第安人来和我们捣乱吗?"他很快就想到要把凯列班抓起来带回去:

> 这是这儿岛上生四条腿的什么怪物,照我看起来像是在发疟疾。见鬼,他跟谁学会了我们的话?为了这,我也得给他医治一下子;要是我医好了他,把他驯服了,带回到那不勒斯去,可不是一桩可以送给随便哪一个穿皮鞋的皇帝的绝妙礼物!

那时被白人带回欧洲的印第安人就是被用来展览给人看的。剧中的同一场里还有一处更直接地提到这一现象,特林鸠罗看到躺在地上的凯列班像条鱼一样,就说:"我以前曾经到过英国……随便什么稀奇古怪的畜生在那边都可以让你发一笔财。他们不愿意丢一个铜子给跛脚的叫化,却愿意拿出一角钱来看一个死了的印第安人。"② 一位莎士比亚传记的作者写道,就在《暴风雨》首演的 1611 年,"一个名叫艾泼纽的新英格兰原住民被带到了英国……被当成一个怪物在伦

---

① Samuel Eliot Morison, ed., *Journals and Other Documents on the Life and Voyages of Christopher Columbus*, New York, 1963, p. 238. 转引自 Ronald Takaki, *A Different Mirror: A History of Multicultural America*, p. 30。

② 《暴风雨》,《莎士比亚全集》(1)(朱生豪译),第 41—43 页。

敦上下各地作商业性展览。"① 可见剧中关于凯列班之北美洲渊源的蛛丝马迹确有来由。

只要确定了凯列班是美洲大陆引发的灵感的产物,《暴风雨》这个剧本对殖民地原住民的非人道偏见就很清楚了。凯列班被描写为能像人一样说话,可看上去却不像人,这个角色在舞台上应该怎么来呈现呢？在这一点上,《暴风雨》和《威尼斯商人》、《奥赛罗》都很不一样。那两个也描写了文化他者的戏尽管常被人批评为歪曲了犹太人和黑人的形象,但犹太演员和黑人演员还特别爱演那两个主角,因为人物性格刻画得非常丰满而且令人同情。由于后殖民主义理论在欧美的影响,加上对历史上的种族歧视的忏悔,现在这两个角色在正式演出中已经不能让基督徒白人来演了,必须让犹太人和黑人到舞台上来"代表"他们自己的种族和文化。那么凯列班是不是也应该让印第安演员来演呢？不行。这个角色被莎士比亚描写得实在太丑恶了,印第安人怎么能跟一个如此妖魔化的形象对号入座？这也是该剧很少有人公开批评的重要原因之一——没有任何政治势力愿意站出来与凯列班扯上任何关系,为他鸣冤叫屈。印第安人因为本来就有点"嫌疑关系",更是避之唯恐不及。因此从来没听说过任何印第安演员出现在知名的《暴风雨》的演出中。

著名的先锋派导演朱丽·泰摩曾经推出过一个极有特色的《暴风雨》,于 1986 年在美国康涅狄格州一个也叫斯特拉福镇的"美国莎士比亚戏剧节"演出。泰摩近年来以热演百老汇的《狮子王》而享誉世

---

① Robert Cawley, "Shakespeare's Use of the Voyagers in *The Tempest*," *Publications of MLA*, vol. 41, no. 3, pp. 720—721. 转引自 Ronald Takaki, *A Different Mirror: A History of Multicultural America*, p. 31.

界,她算是个很左倾的艺术家,特别喜欢非西方文化,曾在印度尼西亚住过几年,专门学习那里的面具艺术,《狮子王》的一大特色就是用了很多亚洲和非洲的艺术风格。泰摩可以说是一个相当彻底的普世主义者,对世界各地的故事和艺术风格都采取拿来主义,对有色人种绝不会有偏见。但在这个《暴风雨》中,演泼斯普柔的是个最绅士的白人,演爱丽尔的是个娇小的白种女演员,凯列班一角偏偏给了全剧组唯一的黑人演员,泰摩让这个黑人光着上身,头上套个盖住整个头部的石头面具,从石头里钻出来。很明显,这个演员的选择不会是偶然的——那黑人确是一个看上去最像"野蛮人"的演员,但泰摩自己肯定不会接受这个说法,她会用"色盲"来解释,说她分派角色时并不管演员的肤色如何——十年后《狮子王》大红大紫的时候,曾有人问她为什么挑了肤色浅的演员演《狮子王》的主角,她就是这样说的:因为那是演这两个角色的最好的演员,与肤色无关。但这一解释并不能自圆其说,因为就在同时她又十分自豪地告诉大家:"白人(她自己就是白人——引者注)认为《狮子王》与种族无关,认为它超越了种族;但对黑人来说,恰恰相反,这出戏完全是讲种族的。……黑人观众的反应让我非常满足和感动,因为在美国的主流剧院里是不可能看到黑人演国王的。"[①]她似乎忘了这个国王是头狮子!她觉得让黑人演了个狮子的国王就是对黑人做了很大的好事,这说明她并不真是一个色盲的导演,她知道在跨文化戏剧中角色与演员的肤色是脱不了干系的。但在《暴风雨》里她还是让黑人演了凯列班,这时候她就不能多讲黑人的肤色与角色的关系了。凯列班这个"少数民族角

---

① Richard Schechner,"Interview with Julie Taymor," *The Drama Review* (New York) T163 (fall 1999),p.54.

色"的形象实在太糟,实在不便公开讨论他的种族和文化的血缘。这就是《暴风雨》给导演和演员出的大难题。

《暴风雨》使得印第安人避之唯恐不及,但黑人倒常常断不了和它发生瓜葛——这瓜葛多半是因为凯列班,而不是因为泼斯普柔要请黑人来演。像泰摩这样找黑人扮演凯列班的白人导演并不罕见,尽管他们嘴上都会说"艺术超越种族,肤色纯属偶然"。这些虚伪的"跨"文化解释回避了最关键的问题,而最有意义的一个和黑人有关的《暴风雨》出在非洲,那是一个法属殖民地马提尼克岛的剧作家艾梅·赛萨尔创作的对莎士比亚剧本的解构,剧名从原文的 The Tempest 改成了 A Tempest,译成中文还是《暴风雨》。[①]这个剧本是 1960 年代非洲独立运动的产物,那时候的非洲人不像北美大陆上几乎已被白人彻底摧毁的印第安人,在政治上敢于向殖民宗主国叫板,要求讨回主权,在戏剧舞台上也敢于挺身而出,和被妖魔化的凯列班站到一起,为他打抱不平。在赛萨尔的新剧本中,凯列班对泼斯普柔的抗争不再是被嘲笑的胡闹,而成了合情合理的行为,他也不再是一个野蛮的怪物,而成了一个领导原住民反抗外来压迫者的民族英雄。

英国人菲利普·奥斯门对《暴风雨》的解构更加大胆,他把剧名直截了当地改成了凯列班喊出的口号:《这个岛是我的》。有趣的是在这个戏中他把英国和北美的关系颠倒了过来:当年的殖民地美国变成了大举入侵的文化帝国,而当年的宗主国英国则变成了屈从于美国文化的殖民地小岛。该剧的主要故事发生在 1980 年代的伦敦,当

[①] Aime Cesaire, *A Tempest*, trans. Emile Snyder & Sanford Upson, New York: Third World Press, 1975.

图9　朱丽·泰摩导演的《暴风雨》:半人半兽的原住民凯列班

时撒切尔夫人的保守党政府学美国总统里根的保守政策,对英国社会中原有的社会主义成分大加挞伐,知识分子和弱势人群普遍感到了压迫。这个布莱希特式的剧采用戏中戏的手法,把英国的当代生活和一个莎士比亚版《暴风雨》的演出对照起来,突显出原剧中视为天经地义的帝国心态之蛮横无理。戏中戏的导演突然打断演出对演员说:

凯列班是个野蛮人,
他想要强奸米兰达,
不要把他演成高尚的野蛮人,
那不行的,
那太简单化了,

> 那会破坏全剧的平衡。
> 剧中的英雄是波斯普柔,
> 不是凯列班。……
> 凯列班就是生糙的身体和性……
> 上帝啊,为什么给我天下唯一的一个
> 不会使用身体的黑人演员?①

可见社会上普遍存在的偏见是,黑人的特长就是使用身体,所以这个"导演"也用黑人来演凯列班,而且规定必须演出一个没有思想只有身体欲望的野蛮人。这个漫画式的夸张就是在嘲笑莎士比亚和不少传统《暴风雨》导演的偏见。

这个戏中戏的结尾是在全剧快要结束时,最后的一大段台词就是前面引过的《暴风雨》中凯列班刚上场就说出的那段"岛史":

> 这岛是我老娘西考拉克斯传给我而被你夺了去的。……本来我可以自称为王,现在却要做你的唯一的奴仆;你把我禁锢在这堆岩石的中间,而把整个岛给你自己受用。(第一幕,第二场)

显然剧作家把凯列班的叙事看成是更真实的故事,让他用这段话来向殖民者据理力争应该属于自己的主权。而莎士比亚原剧的结尾恰恰相反,凯列班对这个岛的主权一点也没有原则性,有酒便是主,喝了斯丹法诺的酒就立刻要做他的"忠心的仆人",要他来做岛上的主人,但是他们合谋"夺权"失败,波斯普柔抓住他们训斥凯列班说:"他的行为跟他的形状同样都是天生地下劣。——去,狗才,到我的洞里去;把你的同伴们也带了进去。要是你希望我饶恕的话,把里面打扫

---

① Philip Osment, *This Island's Mine*, Daniel Fischlin, et al. eds., *Adaptations of Shakespeare*, London: Routledge, 2000, p.263.

得干净点。"而凯列班竟然立刻就答应道:"是,是,我就去。从此以后我要聪明一些,学学讨好的法子。我真是一头比六头蠢驴合起来还蠢的蠢货!"①

　　凯列班和《威尼斯商人》中的夏洛克都是图谋颠覆统治者的秩序的文化他者,下场也差不多,但凯列班更惨的是,莎士比亚连夏洛克那样嚎叫一声发泄一下怨气的机会也不给他,反而逼着他恬不知耻地当众打自己的耳光,不让他有一点点做人的尊严。这就是《暴风雨》和《威尼斯商人》的根本不同之处。至于另一个失败的文化他者奥赛罗,他是全剧的主人公,自杀而死的结局虽然比夏洛克和凯列班的尚能苟活下去更加严重,但作为悲剧英雄却是很有尊严的,与凯列班的丑恶形象绝不能同日而语。

　　从上述的分析可以看到,《暴风雨》中设置的泼斯普柔和凯列班这一对殖民地的人物关系既十分典型,又充满了文化偏见和沙文主义,完全无视原住民的人权,一味站在欧洲人的立场上鼓吹殖民扩张,是莎士比亚剧作中罕见的缺乏人性之作。然而,这两个人的关系并不是该剧的全部,除此之外,善于勾画众多故事线索和角色的莎士比亚在《暴风雨》中还放进了一大批丰富的人物形象。在具体人物的具体描写上,莎士比亚的天才的想像力又帮助了他。就像恩格斯说黑格尔的"天才的猜测"能使他在本末倒置的唯心体系中正确地阐发辩证法一样,莎士比亚也用他天才的想像在一个本末倒置的宏观布局中塑造出了一些有价值的微观形象。

　　《暴风雨》中有着几层平行的结构:在"欧洲人对原住民"这个基本冲突的两边,两种文化的内部都还有各自的政治斗争。在原住民

---

① 《暴风雨》,《莎士比亚全集》(1)(朱生豪译),第84页。

这边是凯列班的母亲西考拉克斯对爱丽尔的压迫,欧洲人这边也还有两组:一组是前米兰统治者泼斯普柔与其弟安东尼奥的权力之争,另一组是那不勒斯王的弟弟也阴谋向哥哥夺权。在这几组关系的描写上,莎士比亚甚是驾轻就熟。在欧洲人中,泼斯普柔和安东尼奥的关系和《哈姆雷特》的宫廷政变如出一辙,并没有太多独特之处;那不勒斯国王兄弟那一对也和《李尔王》中埃德蒙那根副线差不多,其作用在映衬出主线的冲突。但《暴风雨》的不同之处在于,泼斯普柔和他弟弟的矛盾再你死我活,与他和凯列班这个主要矛盾一比,就显得轻得多了。在第五幕中,爱丽尔告诉泼斯普柔,安东尼奥他们现在很痛苦:"你在他们身上所施的魔术的力量是这么大,要是你现在看见了他们,你的心也一定会软下来。"泼斯普柔回答说:

> 我的心也将会觉得不忍。你不过是一阵空气罢了,居然也会感觉到他们的痛苦;我是他们的同类,跟他们一样敏锐地感到一切,和他们有着同样的感情,难道我的心反而会比你硬吗?虽然他们给我这样大的迫害,使我痛心切齿,但是我宁愿压伏我的愤恨而听从我的更高尚的理性;道德的行动较之仇恨的行动是可贵得多的。①

最后他饶恕了安东尼奥的"最卑劣的罪恶","一切全不计较了",把他们一伙全部释放;但他对待一样是被他抓住的凯列班,就一点也不讲什么"理性"和"道德",坚决报复到底,因为凯列班跟他不但不是"同类",而且比之爱丽尔这样的"异类"还要更异类得多。

莎士比亚对原住民中两个角色的不同的刻画更显出他天才的洞察力。他看出了原住民中也存在着阶级压迫,爱丽尔就是被压迫的,

---

① 《暴风雨》,《莎士比亚全集》(1)(朱生豪译),第74页。

但在剧中这一点是由泼斯普柔说出来的:

> 据你自己说那时是她(指凯列班母亲西考拉克斯——引者注)的仆人,因为你是个太柔善的精灵,不能奉行她的粗暴的、邪恶的命令,因此违拗了她的意志,她在一阵暴怒中借着她的强有力的妖役的帮助,把你幽禁在一株开裂的松树中。在那松树的裂缝里你挨过了十二年痛苦的岁月;后来她死了,你便一直留在那儿,像水车轮拍水那样急速地、不断地发出你的呻吟来。(第一幕,第二场)①

爱丽尔是被泼斯普柔解放出来的,他对这个解放者有感激也有怨言,因为他并没有得到真正的自由,这十二年里一直在泼斯普柔的控制下做驯服工具。在他和泼斯普柔的第一场戏中,他就忍不住提醒这个主人:"你既然这样麻烦我,我不得不向你提醒你所允诺我而还没有履行的话。"泼斯普柔却已经忘了他允诺过什么,还要问他:"你要求些什么?"爱丽尔说:"我的自由。"②

这一点和不久前被美国人从萨达姆·侯赛因总统的压迫下"解放"出来的伊拉克人十分相像,他们并没有真的得到布什所允诺的"解放"和"自由"。在《暴风雨》的最后,泼斯普柔为了奖赏爱丽尔为他报私仇而做的一切完满的工作,终于答应放他自由。看来,伊拉克人在让"解放者"美国人完全满意之前,也很难得到真正的自由。连爱丽尔这样聪明伶俐又俯首帖耳的仆从都要等上那么久,别的原住民就更不用说了。莎士比亚用他的剧情和人物告诉观众这是天经地义的,作为一个观点,现代人当然不能接受——就是小布什总统嘴上

---

① 《暴风雨》,《莎士比亚全集》(1)(朱生豪译),第17页。
② 同上,第16页。

也绝不会同意;但作为一种观察,倒可以说还真有远见。近四百年过去了,世界早已经天翻地覆,但这个情况事实上还是没有太大的改变。

当然,从殖民者——美国人的角度来说,那些原住民自己也有太大的问题,关键在爱丽尔这样的人太少而凯列班这样的人太多。他们的素质太差,必须经过长期的教化才有可能让他们自由。爱丽尔是泼斯普柔教化成功的一个例子,而凯列班就还没有成功,所以还不能放他。那么凯列班有没有可能教化成功呢?其实泼斯普柔对此并不报任何希望,他需要有个凯列班可以召之即来,为他做所有的粗活。从莎士比亚对凯列班的描写来看,他显然认为凯列班天性就有问题:学语言只会学骂人的粗话,见到他母亲以外的第一个女性就想强暴,从未喝过酒的他一沾酒就奉为"仙水",忙不迭起誓认执酒瓶者为主人。粗鲁、好色、酗酒,这几点后来差不多都成了19世纪美国通俗剧中被丑化的印第安人的脸谱化特点,这样的人物当然不会有任何前途。其实凯列班认斯丹法诺做新主人还是可以找到动机的:他实在太恨泼斯普柔,又知道自己一个人没本事战胜他,只好寄希望于这个从外面带来"仙水"的白人来帮他打败泼斯普柔。凯列班的悲剧就在于不能独立自主,自力更生。从这里也可以看出莎士比亚的远见。20世纪后半叶的几十年里,世界上曾有不少反对西方大国的第三世界国家,想要投靠当时的苏联来得到自主,后来情况都不妙。阿富汗就是一个典型的例子,俄国人折腾一阵无奈走了,最后是被美国飞机炸得一塌糊涂。伊拉克的萨达姆则相反,可是更糟糕,他曾经为了打败身边的对手而认了美国这个新主子,不料时过境迁,只要他一不听话,并非同类的新主子照样把他当野蛮人对待,把他赶进了地洞里,现在他真的成了永远不会有希望的凯列班了。

泼斯普柔是个威力无比的魔法师,他到岛上后轻而易举就"解放"了爱丽尔,制服了凯列班,等到安东尼奥等人的船经过附近海域时,既制造出暴风雨把他们吓得半死,又救下他们并宣布宽恕让大家感激涕零。生活中谁会有这么大的本领把现实的秩序和历史的叙事都玩弄于股掌之间?个人当然不可能,如果要说国家,从莎士比亚到现在的四百多年里,最接近具有这样的霸权的就是如今世界上唯一的超级大国美国。当然美国绝不敢承认他们把谁当成了非人的凯列班来对待,因为他们知道,现在的世界已经不是泼斯普柔可以为所欲为的时代。对现实的秩序来说,美国曾想把对伊拉克的改造作为建立世界新秩序的榜样,这个希望已经很难实现;就历史的叙事而言,美国更是不可能像泼斯普柔那样垄断世界的话语权,让大家都相信其一家之言。就是莎士比亚这个世界历史上最具普世性的作家,也不应该盲目地被崇拜和接受。《暴风雨》最大的价值,就是让人看清楚了,即便是莎士比亚这么伟大的人文主义者,也还是有着他的严重的文化偏见——事实上文化偏见是谁也逃脱不了的;同时,莎士比亚的这种偏见又体现了历史的洞察力和相当的深刻性,并不应该简单地一禁了之。简言之,《暴风雨》是个令人愤慨的殖民主义、霸权主义作品,但正因为这一点,更值得喜欢莎士比亚的非西方人认真地加以研究,或者作为一种布莱希特式的教材来演出和讨论。如果这个剧能引起参与者和观众头脑中的暴风雨(brainstorm),那就是它最大的价值所在。

六、西方文化批判者伏尔泰的
　　东方梦

赛义德的《东方主义》向西方历史上几乎所有关于东方的著作的真实性提出挑战,归纳出两个负面的贯串性母题;事实上,只要看看西方的跨文化戏剧史,就可以发现还有着一个恰恰相反的贯串性母题:批评西方人,浪漫化东方人。伏尔泰就是探索这一母题的突出代表,他60年的写作生涯显示,他对当时统治法国社会的封建文化极度不满,而对法国以外的各种文化充满了兴趣。恩格斯在谈到法国启蒙运动思想家时指出:"法国人同一切官方科学,同教会,常常也同国家进行公开的斗争;他们的著作要拿到国外,拿到荷兰或英国去印刷,而他们本人则随时准备着进巴士底狱。"[1] 伏尔泰就是这些法国人中的最著名的一位。

当然,身处殖民主义的鼎盛时期,伏尔泰的笔下有时也免不了出现过东方人的负面形象;但如果细读他的作品,常常可以发现其截然

---

[1]《马克思恩格斯全集》第四卷,人民出版社1972年版,第210页。

相反的立意。以《先知穆罕默德》一剧为例(又名《狂热》,在他所写的55个剧本中,伏尔泰本人最欣赏这一个),从表面上看,该剧是在丑化穆斯林的先知,但事实并非如此。剧情发生在公元630年,历史上穆罕默德就在那年带兵回到麦加,征服了这个曾经把他赶出去的城市。剧中的穆罕默德是个残暴无耻的暴君,竟然得意地说:"我的胜利完全是来自欺骗。"①为了用他的伊斯兰教来取代麦加原来的多神教,他诱骗奴隶赛义德去杀掉现已成为麦加首领的他的生父,然后再毒死赛义德。当这一行径被揭露出来以后,他马上赖得一干二净。他还垂涎赛义德的姐姐,但当她得知其阴谋时,他立马就逼她自杀。奇怪的是,这个极其负面的穆罕默德形象,演出后得罪的却是许多天主教徒。其实剧情发生在哪里并没有关系,因为伏尔泰写这个戏是为了影射法国主流社会中的天主教会狂热分子,所以他故意不在副标题《狂热》前面写下"伊斯兰教"的限制词,就是要让人去联想。他在给保护人、普鲁士国王腓特烈二世写信解释该剧的主旨时,也只字不提故事的穆斯林背景:"该剧是讲一个生来性善的年轻人,在宗教狂热的引诱下杀死了一个爱他的老人。这个弑父的骗子竟然认为他是在为上帝服务,他下令杀人,还许诺用乱伦的性爱来奖励那个杀手。"②

伏尔泰很清楚他这个影射剧的危险性,在1739年写成以后的三年里,他刻意避免让该剧在首都巴黎演出,在悄悄地取得腓特烈二世和两位大主教的首肯之后,于1741年先在远离法国政治文化中心的边境小城里尔投石问路。到了1742年8月29日,该剧终于在法兰

---

① Voltaire, *Mohomet the Prophet, or Fanaticism*, Robett L. Myers, trans., New York: Fredirick Ungar Publishing Co., 1964, IV, 1.

② Theodore Besterman, *Voltaire*, New York: Harcourt, Brace & World, 1969, p.253.

西喜剧院公演,观众的争议非常激烈。那些受到教会等级制度和检查制度无理压迫的人对剧中穆罕默德的一个声明感同身受:"我绝不会理会那些自称要独立思考,或者要用自己的眼睛看世界的人。胆敢思考的人是不可能相信我的。静静地顺从是能给你们带来荣耀的唯一希望。"①而宗教狂热分子则指责这个戏是反教会的。甚至有人指出,穆罕默德这个名字所含的音节数正好与耶稣基督的音节数一样,这也成了该剧影射基督教的证据之一。②巴黎警察局的戏剧检察官拒绝通过《穆罕默德》,连原来看过剧本并对伏尔泰表示了支持的大主教弗勒里在成为首相以后,也改变了主意,要求伏尔泰撤回剧本。为了挽救这个剧,伏尔泰想出一个极其聪明的办法,把该剧公开题献给教皇本尼迪克十四世。面对伏尔泰笔下这样一个负面的"穆罕默德",教皇自然不能对号入座,只好接受了作者充满讽刺意味的"献辞"。但即便如此,该剧在巴黎的演出还是停止了。

伏尔泰在事后反思这个戏的创作演出时,曾经后悔地说,他的小心谨慎给创作的激情之火降了温,这肯定不利于写诗。③但他也"对在穆罕默德身上涂了本来不属于他的脏颜色表示歉意",并解释说那是因为"悲剧里必须要有极强的激情和极大的罪行"。④从爱德华·赛义德的角度来看,这么点歉意显然是不够的,因为他为了影射自身文化中的政治对手,蓄意亵渎了他者文化中的圣人形象。如果说他并没有意识到该剧的特定文化背景带来的敏感性,那也是不可能的,

---

① Voltaire, *Mohomet the Prophet, or Fanaticism*, Robert L. Myers, trans., III, 6.

② Jack R. Vrooman, *Voltaire's Theatre*, Studies on Voltaire and the Eighteenth Century, Theodore Besterman, ed., Vol. LXXV, Geneve: Institut et Musee Voltaire, 1970, p. 131.

③ Theodore Besterman, *Voltaire*, New York: Harcourt, Brace & World, 1969, p. 254.

④ Voltaire, "Autobiography," in Theodore Besterman, *Voltaire*, New York: Harcourt, Brace & World, 1969, p. 556.

1742年的巴黎首演就因为考虑到不要得罪来访的土耳其大使而推迟了几天。

然而《穆罕默德》毕竟是个寓言剧,不容易从中看出伏尔泰对伊斯兰文化的真正态度。他对穆斯林究竟是怎么看的呢？在此之前,法国著名的博须埃主教曾为其学生、国王路易十四的儿子写了一本绝对以欧洲为中心的《世界通史》。伏尔泰则写过第一部真正的世界通史,名为《风俗论》(又译《论民族风俗与民族精神》),其中有不少篇幅写亚洲文化,在书中伏尔泰批评博须埃说:"那个善辩的作者很简单地提到阿拉伯人,把他们说成是洪水一样散漫的野蛮人,事实上阿拉伯人创建了那么强大的帝国、流传那么广的宗教。……此君还完全忘记了古代东方的印度人和中国人,这两个民族在别的民族尚未诞生之前就已经极其重要。"[1]当然,赞扬遥远的不熟悉的他者比评价与本文化直接相关的他者要容易得多,为了更准确地了解伏尔泰对后者的看法,还应该看他的另一剧作《札伊尔》(*Zaire*,又名《札拉》*Zara*,1732年),在这个被公认为伏尔泰最好的剧作中,作者让穆斯林角色和天主教徒展开了面对面的冲突。

正如很多学者指出的,《札伊尔》明显地受到莎士比亚的《奥赛罗》的影响,该剧主角耶路撒冷的苏丹奥斯曼也是一个穆斯林,也是因为误会而杀死了他所爱的白人女主角札伊尔。然而两剧的立意很不相同。尽管忌妒也是奥斯曼杀札伊尔的一个原因,剧中文化和宗教冲突的分量远远超过爱情和忌妒。奥赛罗是生活在众多基督徒中

---

[1] Voltaire, *Candide and Other Writings*, Haskell M. Block, ed., New York: Modern Library, 1956, p.314.

的唯一的穆斯林,从文化上说他已经接受了周围的基督教环境;而奥斯曼统治下的耶路撒冷是从基督徒十字军手下解放出来的,在这里,两种文化、两种宗教的界限和冲突非常明显。

不同于被赛义德视作东方主义基本原型的被打败的波斯人,《札伊尔》中的穆斯林是得胜的主人,而多数基督徒倒是战俘和奴隶。这里伏尔泰不仅把两种力量的正负对比颠倒了过来,更重要的是,他用一个悲剧性的冲突来挑战两种文化之间的传统界限。其实就主题而言,《札伊尔》更接近于《罗密欧与朱丽叶》。奥斯曼的忌妒仅仅是误会和巧合造成的(从小失散的札伊尔阴差阳错地被不知情的亲哥哥爱上了),那是常用的编剧套路;而他之所以杀死札伊尔的更深刻的原因则是,她那战败的生父在找到奥斯曼以后,强令被穆斯林养大的女儿重新皈依基督教。这就将使她绝不可能嫁给奥斯曼。相比之下,穆斯林对于宗教差异的看法要远比基督徒弹性和宽容得多。奥斯曼称他的"情敌"札伊尔的哥哥为"一个慷慨的基督徒","一个基督教的英雄,以荣誉和善行而闻名的骄傲的儿子,让忌妒的奥斯曼又仰慕又眼红。"[①]他愿意放弃穆斯林的多妻制而接受基督徒的风俗娶札伊尔为唯一的妻子。

当札伊尔得知她必须做一个基督徒时,她叹道:
我们的思想,举止,我们的宗教,
都是因风俗和早年的习惯
而形成的。在成吉思汗的领地
札伊尔拜了异教之神,

[①] Voltaire, *Zaire*, in *The Works of Voltaire*, Vol. XIX, William F. Fleming, trans., Paris: E. R. Dumont, 1901, IV, 5.

六、西方文化批判者伏尔泰的东方梦

要是在巴黎我就会是个基督徒,
但在这里我是个快乐的穆斯林。
我们熟悉的是我们所学习的。
父母在我们柔嫩的心里刻上了
不断复习的性格,无数的例子更使我们牢牢记住
除了真主,没有任何人能够抹去。①

这段话指出了把人分成不同阵营的宗教的非理性的一面,和朱丽叶那段著名的抱怨家族姓氏妨碍了她的爱情的独白相比,哲理性强得多而感情色彩少得多。对札伊尔这样一个在单一宗教背景中长大的年轻女子来说,这些话显然不像是她能说出来的,尤其在她那个时代。因此这段独白常常被人脱离剧本的上下文单独引用,作为伏尔泰本人反对原教旨主义、主张宗教宽容的宣言。但是,无论在这个剧中还是在当时的法国,多数基督徒并不是像伏尔泰这样看待宗教问题的。札伊尔的哥哥训斥她说:"上帝不会忍受你半意半心,在他和野蛮人之间摇摆不定。要么当一个真信仰的基督徒,要么就做个烈士放弃生命。"② 这才是札伊尔之死的根本原因。

在《罗密欧与朱丽叶》里,被两个家族的世仇害死的恋人最后以死使他们的家人和解了;《札伊尔》的悲剧也带来了民族和宗教和解,但该剧并不像《罗密欧与朱丽叶》那样展现冲突双方同样有错,而是把穆斯林表现得更为高尚。奥斯曼最后是在札伊尔身边自杀的,但在此之前他下令释放所有被俘的基督徒:"让可怜的基督徒实现他们的愿望吧,给他们很多礼物,让他们安全离去。"他的最后一句台词讲

---

① Voltaire, *Zaire*, in *The Works of Voltaire*, Vol. XIX, William F. Fleming, trans., Paris: E. R. Dumont, 1901, I, 1.
② 同上, III, 4.

的是他的仇敌,札伊尔的哥哥:"尊重这位英雄,带他安全地出去。"这个基督徒回答说:"上天指引我!尽管我这么惨,尽管你犯了罪,我还是要敬佩你,奥斯曼。"①

《札伊尔》首演一年以后,伏尔泰又开始写另一个剧本《阿尔齐尔》(*Alzire*,又名《美洲人》),在这个剧中他更加直白地鼓吹不同宗教和文化之间要宽容、和解的主张。此剧中又有一个类似《罗密欧与朱丽叶》的爱情悲剧,但是剧中的人物关系出奇地颠倒了过来。这里的两位老人,秘鲁土著的首领蒙特祖马和西班牙入侵者阿尔瓦雷斯在全剧开始的时候已经成了朋友,而两边的年轻人却还是敌人。阿尔瓦雷斯的儿子和继承人古兹曼爱上了蒙特祖马的女儿阿尔齐尔,但阿尔齐尔还爱着据说已被古兹曼手下残暴地杀死的当地酋长查莫尔。阿尔齐尔听了她父亲的话,皈依基督教并嫁给了古兹曼;但查莫尔并未死去,他当然要杀死古兹曼,夺回阿尔齐尔。正当阿尔齐尔后悔莫及想要自杀时,查莫尔刺中了古兹曼,自己被捕,并被判与阿尔齐尔一同处死。这个似乎已经不可避免的悲剧结局竟然被古兹曼临死前的戏剧性转变彻底化解,古兹曼不仅为自己军队的残暴而道歉,也不仅宽恕了查莫尔和阿尔齐尔,而且还要归还他们的土地。为了使这个光明的尾巴看上去合乎逻辑,伏尔泰在剧情中埋了不少伏笔:一开始查莫尔就救下侵略者阿尔瓦雷斯,并称之为和其他侵略者不一样的好人;阿尔瓦雷斯为了救查莫尔和阿尔齐尔,要查莫尔也赶快皈依基督教;古兹曼最后的大赦比他父亲更进一步,免去要查莫尔皈依基督教这个条件,还是赦免了他。

---

① Voltaire, *Zaire*, in *The Works of Voltaire*, Vol. XIX, William F. Fleming, trans., Paris: E. R. Dumont, 1901, V, 10.

这些为了宣扬一个积极的主题而编织出来的理想化情节恐怕很难使今天的观众信服,但剧中有一个地方却极其真实地反映了欧洲十分流行的文化偏见,即便是伏尔泰也未能避免。当古兹曼对他的穆斯林对手作出慷慨的表示的时候,他说的话充满了一个基督徒的优越感:"这就是你的真主和我的上帝的不同:你们一受伤就要报复,我们却主张原谅和同情。"①伏尔泰给古兹曼临死前写的这段台词是真心的,并没有讽刺的语调。本来古兹曼也可以忏悔自己的错误,但这段台词却暴露出一种居高临下的气焰。

和《札伊尔》相比,《阿尔齐尔》是一个更明显的政治剧,也许正因为如此,伏尔泰必须用一些看似主流的说法来掩盖他对殖民主义的批评。作为剧作家他必须寻求某些基督徒君王和主教的支持,他绝不能直接攻击基督教,因此剧中的基督徒和穆斯林互相都称对方为野蛮人。伏尔泰认为他的理想人物是好的基督徒,例如古兹曼的父亲那样,可以与其他基督徒所做的坏事区别开来,由此来展示他的信念:基督教能够改善自身,以成为一种"真宗教"。而这个剧中秘鲁土著的原始信仰就不能像基督教一样也成为真宗教。这说明他对两种文化的态度毕竟还是厚此薄彼。但反过来说,他的这个看法倒也很有预见性,今天的世界竟然很像他在《阿尔齐尔》结尾时所暗示的:大多数前殖民地的主权已经被归还到了原住民手里,但殖民者的宗教却在相当程度上留在了那里。对于早期的土著来说,眼看着侵略者的外来宗教取代他们原来的宗教当然是个悲剧,但对于他们的后代来说,例如广泛接受了天主教的菲律宾人和南美洲人,最初由侵略者

---

① Voltaire, *Alzire*, in *The Works of Voltaire*, Vol. XVII, William F. Fleming, trans., Paris: E. R. Dumont, 1901, V, 7.

带来的宗教观念现在已经成了他们自己民族文化中的基本成分,而且常常会成为他们用来反抗侵略者的强有力的武器,现在这些宗教的名字和来源早已经不如它们的内容和功能重要了。伏尔泰也正是这样想的,他在《阿尔齐尔》的序言中写道:

> 这个悲剧的故事完全是虚构的,几乎可以自成一种体裁。其主旨在于显示真宗教的优越性。野蛮人的宗教是把敌人的血献给神,误入歧途的基督徒也多不了多少人性,他们只会死板地履行一些并无必要的仪式,而对最基本的责任却敷衍塞责……真正的基督教应该把整个人类都视为兄弟,尽量帮助他们,原谅他们的过错。①

伏尔泰剧中的好基督徒其实代表了他心目中所有相信真宗教的人,就好像《穆罕默德》的主人公成了所有宗教极端分子的象征。事实上,他并不认为真宗教的信徒必须是基督徒,也完全可以是非西方的信仰者,可以说他的宗教观是一种极具包容性的乌托邦。这一观点在他的又一个跨文化剧作《中国孤儿》中充分地表现出来。

《中国孤儿》是伏尔泰受到中国剧作家纪君祥的剧本《赵氏孤儿》的启发以后写成的,伏尔泰对原剧的情节作了根本性的改动,把一个激愤地抨击暴君的作品变成了一个对开明仁慈的君主的颂歌。中国元代的纪君祥用杀人不眨眼的屠岸贾来影射入侵中国的蒙古统治者,而伏尔泰却直接把成吉思汗写成了一个既人道又浪漫的明君。原剧中屠岸贾把他的政敌全家抄斩,为了找到一个漏网的婴儿,下令杀死全城所有年仅半月的婴儿;而在《中国孤儿》里,成吉思汗竟是一

---

① Voltaire, *Zaire*, in *The Works of Voltaire*, Vol. XIX, William F. Fleming, trans., Paris: E. R. Dumont, 1901, p. 4.

个爱情至上的情种,他入侵中国是因为他所爱的伊黛美嫁给了中国官员展惕;战争胜利以后,他就要用伊黛美的爱情来换取那个中国皇室孤儿的生命。最不可思议的是,当伊黛美拒绝了他的求爱,这个权倾八方的君王不但低头承认自己的失败,而且向伊黛美和她那已是亡国之臣的丈夫郑重道歉:

你们给了我公正,现在我应该回敬你们,

我仰慕你们俩,你们使我心里感动,

我坐在中国的皇位上只觉得脸红,

因为下面有那么多像你们这样高尚的灵魂……

展惕,我要请你来为我解释法律,

让世界都像你的国家一样善良清纯。

教我们道德、理性和公正,

让被征服者来治理征服的大军;

让智慧来指挥权势,

让力量臣服于精明。

你们的皇帝将成为全世界的典范,

征服者在你们的法律面前要俯首称臣。①

历史上,蒙古征服者确实在相当程度上接受了被他们征服的中国的文化和体制,因此伏尔泰这方面的描写倒并不是完全没有依据。但是他并不了解这一现象的历史背景,只是从自中国回来的欧洲传教士那里得到了一些零星的信息。法国传教士普雷马还于1735年带去了一个不完整的《赵氏孤儿》的翻译。这对于正在法国的政治文

---

① Voltaire, *The Orphan of China*, in *The Works of Voltaire*, Vol. XV. William F. Fleming, trans., Paris:E.R.Dumont,1901,V,6.

化之外寻求明君范式的伏尔泰来说,自然是求之不得。十几年前他用一点点关于穆罕默德的史料虚构出了一个完全负面的领袖形象,这次他又只借用一点历史背景虚构出了一个东方人的领袖形象,但这次是完全正面的。在他为《中国孤儿》而写给黎世留公爵的献辞中有这样一段话:

> 鞑靼征服者并没有改变被他们征服的民族的习俗,相反,他们保护并鼓励中国的所有艺术继续发展,而且还采用了他们的法律——这是一个超群绝伦的例证,说明理性和智慧自然地优于盲目的武力和野性。①

这个说法其实并不准确。伏尔泰以为蒙古统治者保护了中国所有的艺术,因为他听说中国的戏剧正是在蒙古人治下才繁荣起来的。但他不知道,正是因为蒙古人对中国儒家文官体制的破坏使得文人失去了传统的进身之阶——科举,不少人要为自己的文才从夹缝中寻找另一条出路,这才有了戏剧的繁盛。这是文化浩劫中的歪打正着,绝不是蒙古人"保护"艺术的结果,事实上元代统治者对戏剧家的检查和镇压还是很严酷的。至于蒙古人采用中国法律,那也是为了用来更有效地压迫中国人。但这些事实对于伏尔泰的创作并不重要,他只是决心要用这个中国故事来为他的真宗教树立一个典范。他认为中国的宗教是最好的:"简单,智慧,崇高,不迷信,"②还说"好像所有国家和民族的人都相信迷信,唯有中国的文人除外"。③

不用说,伏尔泰对中国文化的这些赞誉肯定是过甚其辞,一个没

---

① Voltaire, *The Orphan of China*, in *The Works of Voltaire*, Vol. XV. William F. Fleming, trans., Paris: E. R. Dumont, 1901, p.176.

② Voltaire, *The Philosophy of History*, New York: Philosophical Library, 1965, p.85.

③ 同上,p.25。

六、西方文化批判者伏尔泰的东方梦　143

图 10　一身西方装扮的《中国孤儿》女主角

到过中国又不懂中文的 18 世纪法国作家,要准确地评价中国文化几乎是不可能的。伏尔泰可以在两年半的流放中很快就学会英文,但要学会中文必须投入毕生的精力,这对于他这样一个一天也不停止写作的作家是不可思议的。但他又急切地要用他理想中的中国的榜样,来为他对法国宗教狂热的批判助威,于是就虚构出成吉思汗和中国官员展惕这样极其浪漫化的东方人形象。(二百年后,伏尔泰的同胞、戏剧家安托南·阿尔托也是这样,急切地大加赞扬他并不十分理解的印尼巴厘岛的舞蹈,作为他用来批判法国主流资产阶级戏剧的武器。)

《中国孤儿》里的冲突双方都是东方人,既有被打败的中国,也有征服者蒙古人成吉思汗,但从精神上说,就是被打败的中国人也是胜利者,也是英雄。在伏尔泰乃至大多数西方作家的跨文化剧作中,这个戏里的东方人形象最为正面,因此也可以说是对赛义德东方主义理论的最大挑战。为什么一个欧洲作家会写出这样的作品来呢?伏尔泰写作这个戏的背景值得研究。写《中国孤儿》之前伏尔泰在普鲁士国王腓特烈二世的宫廷里服务了几年,腓特烈二世曾是他心目中有可能成为贤明君王的封建统治者,邀请了他很多次才把他请去,但是伏尔泰最后却深深地失望了。他在《中国孤儿》的序言里强调说:"这个作品于1755年在巴黎演出,当时作者正处于流放之中。"[1]剧中成吉思汗的某些台词听起来不像是个生杀予夺的君王所能说出来的,却很好地反映了伏尔泰当时的心情,例如:"这就是我曾被许诺过的快乐吗?这就是我所有辛劳的结果吗?我希望的自由和休憩在哪里?"[2] 还有些语言则像是他对他曾经希望能够改造的君王的警告:"我只感到权力在肩的沉甸甸,而没有权力在手的乐巅巅。"[3]

可能许多观众只把这个戏看成是一种异国情调的再现,他们也分不出中国人和蒙古人有什么区别,但伏尔泰和其他启蒙哲学家们却十分重视这个戏的主题。当他70岁时,还在位于菲尔奈的家庭剧院里亲自扮演成吉思汗这个角色,招待特来此地看望他的英国历史

---

[1] Voltaire, *The Orphan of China*, In *The Works of Voltaire*, Vol. XV. William F. Fleming, trans. Paris: E. R. Dumont, 1901, p.174.

[2] 同上, IV, 1。

[3] 同上。

学家爱德华·吉本。《中国孤儿》是吉本最喜欢的剧作,尽管他对伏尔泰的演技并不怎么欣赏,说他"嗓子空而破",但对主人亲自上台演出还是很有感慨,他写道:"在历史上或者小说中,可曾有过另一位70岁的著名诗人为一百个观众演出他自己的剧作?"[1]

伏尔泰最后二十年的大部分时间是在菲尔奈度过的,菲尔奈是离瑞士边界只有几英里的一个法国小村庄,一有风吹草动就可以逃往瑞士。但自从伏尔泰住到那里以后,许多仰慕者经常从巴黎或者别的地方来此朝圣。在他住到菲尔奈之前,已经因为挑战教规和得罪权贵而多次被驱逐出巴黎。这位写了九十多本书的作家总是跟检察官有麻烦,从他还是个不知名的学生起一直到后来成为大作家,他的署名既能使公众趋之若鹜,也总会使检察官如临大敌。他的许多跨文化的和哲学性的名著在当时被禁止出版,有些书是在远离权力中心的边陲小镇找到秘密出版社印行的。[2]同时伏尔泰和出版商也学会了以必要的改动与检察官达成妥协,好让大众看到他的书。伏尔泰"懂得如何聪明地利用明显的假名字来掩饰他那些思想自由的著作中的秘密主张。有很多次当问题引起了警察局长的注意,他就说他并不知情,那是混账的出版商想利用他的文名赚钱"。[3]但是这种技术性的花招只能在印书的时候使用,在一切都要在观众面前即时演出的剧院里就无效了,因此他不得不在故事和主题上也对当局和主流文化作出妥协,譬如用伊斯兰教的先知穆罕默德来影射他对基督教原教旨主义的抨击,又如在《阿尔齐尔》一剧中褒可变成真宗

---

[1] Theodore Besterman, *Voltaire*, New York: Harcourt, Brace & World, 1969, p.432.

[2] Rebecca Gross, *Voltaire Nonconformist*, New York: Philosophical Library, 1965, p.103.

[3] Albert Bachman, *Censorship in France 1715 – 1750: Voltaire's Opposition*, New York: Publication of the Institute of French Studies, Columbia, 1934, pp.60—61.

教的基督教而贬秘鲁土著的原始宗教,等等。

但伏尔泰的目的还是要批判法国社会,所以他对非法国和非西方的文化兴趣极浓,并要把它们作为法国主流文化的替代物展现在舞台上。当他还是学生的时候,就因为和一个贵族吵架而被投入巴士底狱,后又被流放到英国。这一不公平的遭遇(流放英国一定程度上也是他自己的选择)却对他一生的思想发展有极大的意义,他很快学会了英语,发现很多英国文化优于法国之处,他在其撰写的《哲学通讯》中赞扬英国而批评法国。(此书用法语写成,多次重版,但在法国却被检察官禁止出版。)在英国期间,伏尔泰深切感受到学习他者文化的重要性,他在用英文写的《论史诗》中写道:"艺术世界比人原以为的要宽广得多……一个只懂自己一种语言的人就像从来没走出过法国宫廷的人不知道宫廷以外的世界,一个只看过凡尔赛宫的人以为那就是整个世界。"[1]他还列举许多例子来说明不同民族的审美趣味的差别:

> 在任何国家人都有一个鼻子、两个眼睛和一张嘴,但它们组合起来成为审美对象以后就不一样了,法国不同于土耳其,土耳其也不同于中国,在亚洲和欧洲人人仰慕的到了几内亚可能被看做是个怪物。既然大自然是如此的多样,怎么能给艺术强加上统一的规则呢?艺术肯定是受完全不同的风俗的影响的。因此如果我们要有关于艺术的广博的知识,就必须了解不同国度里的艺术各是怎么样的。要懂得史诗光读荷马和维吉尔是不够的,就像要懂得悲剧光读索福克勒斯和欧里丕得斯也是不够的。[2]

---

[1] Voltaire, *The Philosophy of History*, New York: Philosophical Library, 1965, p.210.
[2] 同上,p.213。

这实际上是一个多元文化主义的宣言，比 20 世纪的类似主张早了整整二百年。他在《风俗论》中更明确表示推崇东方文化："当您以哲学家的身份去了解这个世界时，您首先把目光朝向东方，东方是一切艺术的摇篮，东方给了西方一切。"① 但他这种多元文化主义在当时却是无法实现的。伏尔泰可以对英国、德国、瑞士的文化有第一手的观察和体验，而他对伊斯兰文化的了解就很有限，更不要说遥远的中国了，尽管他主观上对这两大文化都极有兴趣，还在戏剧创作中做了艺术的探索。这里有一个时代的大悖论，一方面因为旅行和传播的不便客观上还很难真正了解他者文化，另一方面又对那些遥远的文化有极强烈的好奇心。伏尔泰写道：

> 多数欧洲旅行者都喜欢说我们的邻居的坏话，对波斯人和中国人却不吝誉美之词。因为人总是自然地把可以和我们自己比较的人说得低些，但把那些因距离遥远而用不着去忌妒的人说得好些。②

他写下这些话的时候大概没想到，他自己就是这样，在跨文化戏剧创作中把最高的赞誉给了离他最远的中国人。然而对他来说，赞美东方人倒不是因为他忌妒自己的欧洲邻居，其实他最早的跨文化研究就是从法国的近邻和宿敌英国开始的。和多数瞧不起海峡对岸的法国人不同，他不但赞扬英国的文化，还举一反三，变成了一个终身的国际主义者，不断探索他者文化，来挑战当时统治了欧洲以及世界上很大一部分的法国文化霸权。他的关于东方的著作是他的英国研究的延伸，但相比较而言，其学术性和可信性就比后者差得多了，其中

---

① 伏尔泰：《风俗论》，商务印书馆 1995 年版，第 201 页。
② Voltaire, *The Philosophy of History*, New York: Philosophical Library, 1965, p.206.

更多的是理想化的猜测。在谈到跨海峡的英法文化交流时,伏尔泰有一个很高的标准:

> 翻译一个诗人可以仅仅把他的思想内容传递出来,但如果要让人全面地了解他,准确地感受他的语言,要翻译的就不仅仅是他的思想,还必须翻译附丽其上的种种细节。……他的作品就像是一幅画,必须准确地拷贝所有的设计、态度、颜色、缺陷和美,否则的话,译者就是在用自己的作品替代原作者的作品。[①]

他在这里批评的正是后来他自己所做的——当他面对的是东方的故事和思想的时候。甚至可以说,他的这个标准就是对于英国文化的研究、翻译、移植也是过于死板了,尤其当法国人重写莎士比亚的剧本的时候(那也是一种跨文化戏剧)。可是那问题还不太大,只有当他触及东方主题的时候,赛义德指出的政治问题就出现了,因为这牵涉到西方殖民主义的历史包袱。而对伏尔泰来说,写东方题材的困难更多的是技术性的,作为一个搞跨文化创作的作家而不是搞学术研究的专职东方学者,伏尔泰是不可能翻译孔子或成吉思汗或穆罕默德的。为了帮助西方人接受和了解非西方文化,在还没有既忠实又好读的东方原著译本的情况下,他只能用他的想像的创作来替代。

这些作品的效果如何呢?如果把它们当成是代表东方文化发言的正式文本的话,伏尔泰这些剧作有的有严重缺陷,有的更是荒唐无稽。和历史一对照,穆罕默德太像恶魔,成吉思汗又太像圣人。但如果把它们看做是宣扬宗教和文化宽容的寓言的话,这些剧还是相当成功的。除了《穆罕默德》这个例外,伏尔泰的跨文化戏剧作品挑战了当时占统治地位的丑化东方人的东方主义作品(例如上述博须埃

[①] Voltaire, *The Philosophy of History*, New York: Philosophical Library, 1965, pp. 216—217.

主教的《世界通史》),为一种重要的另类树立了榜样。在一个文化和宗教专制的封建社会里,能在舞台上展现出不尽真实的东方英雄或者仅仅是和基督徒平起平坐的东方人形象,就已经是很了不起的成就。无论如何,即便伏尔泰的这些剧作已经失去了重演的价值,也应该引起今天的戏剧学者的注意,因为赛义德关于东方主义的重要理论唤起了大家都来声讨西方的文化沙文主义,也使很多人忽视了西方文化中的另一个贯串的母题,那就是西方社会内部对自身文化的批判和对他者文化的向往,否认这个批判的传统,就是否认赛义德理论的根,既不能全面地认识历史上跨文化交流的真实面貌,也不能正确地认识和争取正在越来越频繁的东西方文化交流的积极的可能。

七、《图兰朵》与东西方性别之争

18世纪欧洲另一个涉及到中国的剧作是《图兰朵》,虽然该剧水准要差很多,当时的影响也远远比不上《中国孤儿》,但它后来在中国却远比伏尔泰的戏风光得多。

1998年中国的文化新闻中最受瞩目的大事要算一个跨文化剧目在北京的演出,那是一个国际上的顶级大师翘首以盼了很多年的演出,被当时诸多中国媒体誉为"本世纪末最辉煌的大制作"。意大利的《图兰朵》终于来到了中国,而且是在中国皇帝祭祖的太庙里演出,又是由最了解中国"传统"同时又最具国际知名度的张艺谋来导演,指挥也是个东方人,即世界一流的指挥大师印度人祖宾·梅塔。但演出的主体是意大利佛罗伦萨节日歌剧院,所有的歌唱演员都是外国人——唱女奴柳儿的是个黑人歌唱家,其他明星则全是白人。票价高到了令全世界的买票观众都要咋舌的1500美元,但许多老外们并不在乎,尽管在真正世界顶级的纽约大都会歌剧院听一场歌剧只要最多十分之一的票价,很多人还是特地从世界各地赶到了北京,来看这个中国的《图兰朵》。据报道,设有3500座的太庙总共九场演出的观众中有百分之七十是外国人,来自法国、德国、美国、澳大利亚、日本等国,甚至还有的人来自并非富国的柬埔寨和非洲的科特迪瓦。①

他们终于做成了,欧洲白人凭空想像出来的"中国女子"终于得到了中国人的首肯,而且是最高规格的。1980年代中期我就在美国剧作家的摇篮"奥尼尔戏剧中心"听他们说,想把《图兰朵》弄到中国的紫禁城里来,做一个"正宗"的演出。后来歌剧大师多明哥和帕瓦罗蒂来中国演出时也都说起过这个想法②,但他们都没有做成。多明哥1987年在美国最好的纽约大都会歌剧院演了《图兰朵》中的鞑靼王子卡拉夫。我曾在那个演出中跑过八晚的龙套,扮演"北京市民",因为该剧导演——多明哥的意大利老乡、世界级电影导演弗兰科·泽弗瑞里——希望舞台上出现几张亚洲人的面孔以示"正宗",就把正在纽约大学读博士的我和当时也在纽约的画家艾未未等几个人找去了。其实去之前我都没有听说过这个关于"中国公主"的歌剧,更不知道剧情是如此荒唐。我纯粹是冲着泽弗瑞里和多明哥的名声"观摩"去的,结果是上了一堂完全始料未及的跨文化戏剧课——学到的全是教训。不要说我们几个中国人只占全剧几十个龙套中的极小一部分,根本不可能让演出显得"正宗"多少;就是所有的龙套都换成中国人,甚至连主角都让中国人来演,这个戏也不可能有真正的中国味道。那个演出的布景还是泽弗瑞里亲手设计的,他把北京的紫禁城和所谓"东方威尼斯"的苏州水乡混在一起放到台上,整个一个不伦不类:近台口处是竹子做的小桥流水,舞台后方近二十米处是高

---

① 郑逸文:"太庙月儿圆,嘉宾看公主——实景歌剧《图兰朵》昨在京公演侧记",《新民晚报》1998年9月6日,第11版。

② 沈次农:"京城《图兰朵》,夜夜有人不睡",《新民晚报》1998年9月18日,第32版。

高在上的宫殿，金銮殿上的皇帝看上去只有一点点大，穿着一身黑，好似阎罗王一个。

张艺谋当然不会这么设计。他和泽弗瑞里都是搞视觉艺术起家的电影导演，泽弗瑞里是从戏剧舞台设计改行当导演再当电影导演的，对舞台极其熟悉，就是从未到过中国；张艺谋是电影摄影改行当的导演，对中国不用说是太熟悉了，但在导《图兰朵》之前从未碰过舞台剧，也没有听说过《图兰朵》这个歌剧。电影导演和歌剧导演的差别极大，前者是作品的最高统帅，对剧本有着最大的权威，可以完全任意改动；而歌剧导演只是个打工的，因为演的都是经典，一个音符一句歌词也不能改，简直比莎士比亚都要不知神圣多少倍，歌剧明星也不大听导演的，并不需要太多的调度和排练，因此导演只能在无伤大雅的视觉形象上做点文章。《视听艺术》的一则新闻这样介绍张艺谋的太庙演出：

> 视觉方面由张导演全权负责，他特别找来上海名师负责设计和制作戏服，全部模仿明代朝廷服饰，其中皇帝的龙袍和众位朝臣的外袍、男女主角的服饰等，都选用最好的丝绸手工制作，全部戏服超过七百件，由三百位工作人员日夜赶工完成，且所有戏服颜色配合得非常和谐美观，为整出歌剧的视觉效果增色不少。舞台建搭也是项重大工程，将故宫改造成户外歌剧院，同时也要考虑到音响的配合问题。特别由瑞典运来特选松木作为主台基建，其他与主台相连的整体舞台建筑也须与太庙相配合，所以请来的多位建筑师都具修筑中国宫殿与庙堂的实际经验，整个舞台搭建的庞大工程，动用了二百多位工人的力量去完成。
>
> 舞蹈则请来了北京舞蹈学院的陈维亚教授负责编舞，他与张导演统一了彼此的理念，使用传统京剧的舞蹈元素来配合歌

剧的演出,使西式的歌剧充满了东方韵味。

这出歌剧,为应付宏伟的场面,共动用了整百名舞蹈精英,日夜不停排练,务求达臻以严谨出名的张导演的要求。①

就是说,张艺谋让《图兰朵》在视觉上尽可能具体地中国化了。但这些努力能使该剧变成中国的故事吗?

歌剧是个很特别的艺术门类,西方人把它归在音乐类里,与戏剧是隔行如隔山;在中国因为歌剧和戏曲很像,欧美人就把戏曲译为Chinese opera,即"中国歌剧",因为都是唱"戏",所以更容易把它和戏剧看成一类。但多数歌剧毕竟都是西洋来的经典,我们又不得不尊重西方人的做法。因此,歌剧这个中文名字中虽然也有个"剧"字,却很少有人关心它的"剧",人们似乎从来也不去追究它究竟讲了个什么样的故事,仿佛天经地义就是那样的。《图兰朵》究竟讲了个什么故事呢? 很多人只听说普契尼这个歌剧讲的是一个"美丽的中国公主"的故事,还有那段很正宗的曲子《茉莉花》。意大利大师喜爱中国音乐,又歌颂中国公主之美,听起来多么浪漫。可是,这位女子并不是一般的中国公主,应该可以算是世界上最残酷的雌性动物! 她用三个可以任意解释的谜语来考所有的求婚者,错者格杀勿论,因之在泽弗瑞里为纽约大都会歌剧院设计的布景中,一开场台上就"人头济济"——所有的竹桩上都插着血淋淋的首级,触目惊心。

张艺谋自然是把这个景改掉了,他换上了一幅展现中国武术精华的美丽画面,将气氛由阴郁变为光亮。但人物情节他是没法改的,戏开幕之前图兰朵必须杀掉那么多求婚者,以反衬出最后一个求婚

---

① 罗宾唐:"一场视觉与听觉的飨宴",《视听艺术》http://www.avmagazine.com/07/turandot_dvd.htm。

154 谁的蝴蝶夫人

Giacomo Puccini
TURANDOT
at the
Forbidden City of Beijing

Zubin Mehta
Giovanna Casolla · Sergej Larin · Barbara Frittoli
Maggio Musicale Fiorentino

图 11 太庙演出的《图兰朵》海报上主创全是外国人，
没有导演张艺谋的名字

者卡拉夫的英勇和智慧。如果说作者让图兰朵杀的都是外国人，可以解释成是出于一种民族义愤为祖先报仇，那她为什么最后又要去委身于"老外"呢？全剧的主要情节是，鞑靼王子把三个谜语都猜中了,图兰朵却又觉得丢了面子,耍赖不干。卡拉夫竟也同意让步,只要图兰朵能猜出他的名字和身世,自己情愿去死。图兰朵真的就挖空心思去打听,一心要置卡拉夫于死地,为此还不惜百般折磨女奴柳儿,生生把她弄死。真要是天下有这样的公主,恐怕哪个民族也不会愿意拿来赞美歌颂吧,哪怕她美过天仙,更不用说历来讲女人要三从四德的中国了。可是,怎么会把这么个人物栽到中国人头上来的?

公主或者富家女出难题考男人的故事在许多文化中都有。莎士比亚《威尼斯商人》的女英雄鲍西娅也有一个测试追求者的办法,用三个盒子来看他们究竟是贪图金银还是仰慕她的人品。但这个办法并不是她自己想出来为难追求者的,而是她父亲临终前定下的死规矩,当她一眼看中了巴散尼奥以后,还生怕他选错了,恨不得悄悄告诉他该选哪个盒子。像图兰朵那样考试是假、杀人是真的女人恐怕在全世界都不可能找到,只能是天方夜谭。事实上那个故事最初来自波斯(现在的伊朗),出典还真和那本中译名为《天方夜谭》的书极其相像,叫《一千零一日》(1710—1712年)。中国人熟知的《天方夜谭》是阿拉伯文的(1704—1717年),里面有个嗜好杀女人的男子,妻子为了不让他杀掉自己,就一夜接一夜不断地给他讲故事,最后成了一本书,就叫《一千零一夜》。但是在波斯人手里,男女关系颠倒了过来,主人公成了一个不喜欢男人的女子,她因为在梦中见到一只被母鹿救起以后却见母鹿将死而不救的公鹿,就把这看成是神的警告,就此拒绝所有来提亲的男人,于是她的奶妈每天早上来给她讲故事,讲了一千零一日。本来这都是些神话传奇,不管它是男是女是马是驴,谁也不必太当真,可是,到了18世纪意大利剧作家卡洛·高奇(Carlo Gozzi)的手里,事情却变得严肃起来了。

高奇写《图兰朵》剧本之前，欧洲从驻远东的传教士那儿得到了不少关于中国的信息，有些还是来自他的同胞利玛窦，此君在中国住了几十年，不但把孔子译成欧洲文字，把贺拉斯译成中文，还从做官中得到了不少第一手经验。利玛窦的日记是17世纪被发现并传到欧洲的。到了18世纪，这类传教士写回来的介绍和翻译就更多了。启蒙运动开始以后，那些思想开放的知识分子看到来自中国的信息眼界大开，他们不仅找到了一个古老的国度，还吃惊地发现那个社会极其文明，治理得如此井井有条，这一来更要回过头来看看自己了，要重新审视一向被视为中心的欧洲文化传统。有趣的是，欧洲人对中国的兴趣有两个很不相同的原因，伏尔泰和狄德罗等启蒙主义者看到非西方文化的成就，由此认识到文化相对主义的必要性；而向他们提供中国信息的都是些传教士，他们从中国人的文明和秩序中看到的是在那里推广基督宗教的可能，在他们眼里，中国人是"好的，善良的，有可能成为基督徒的"[1]，因此对中国的介绍也倾向于以正面为主。正是在这样的介绍的影响下，伏尔泰推出了充满浪漫幻想的《中国孤儿》，还在其序言里对中国的哲学和制度推崇有加。伏尔泰和他的启蒙运动战友们在欧洲各个国家广为传播他们的文字，宣传了一个美化了的理性中国，同时也就批评了欧洲专制的教会文化。（两百多年后欧美各国盛行一时的多元文化主义也是这样，主张学习非西方文化来匡正西方的传统。）

进步的欧洲文化人一方面把目光投向东方，另一方面更把注意力移到了他们自己国内社会的下层民众身上，历来是帝王将相唱主

---

[1] 转引自 Michael A. Zempelli, "China's Arrival in Europe and the *Turandot* of Count Carlo Gozzi," term paper at Tufts University, Autumn 1994, 手稿，第10页。

角的舞台上开始出现了平民百姓。在欧洲文化中心的法国,18世纪的剧坛上,伏尔泰是向东看的代表人物,博马舍是向下看的代表人物。后者的系列剧《塞维利亚的理发师》和《费加罗的婚礼》让一个理发师占据了舞台的中心地位,让他在和爵爷的斗争中大获全胜,大长平民的志气,大灭贵族的威风,被誉为在舞台上呼唤着法国大革命的到来。在意大利,代表进步潮流的剧作家是哥尔多尼,他最著名的剧作《一仆二主》和《女店主》等大胆地把平民作为主人公,给意大利剧坛带来了一股清新之风。

但高奇的立场恰恰相反。他出身于一个没落的贵族家庭,对启蒙运动的这股风气深为不满,决心逆时代潮流而动,维护自以为优越的意大利传统文化。一方面,在戏剧形式上,他以趋向写实的平民戏剧家哥尔多尼为敌,力图用文学改良的办法来挽救当时正趋于没落的幕表式假面喜剧——这一点和中国20世纪初期"新剧"与"旧剧"之争颇为相像。假面喜剧的人物像戏曲的行当一样分成类型,都有固定的程式,擅长用风格化的手法表现老一套人物形象,是当时的新派文化人所不屑去搞的;但高奇偏要让它再次复兴,找来远离生活的传奇故事写成剧本,用以对抗表现平民的在他看来没有艺术性的新型戏剧。因此,另一方面,在跨文化关系问题上,他又以崇拜东方的启蒙主义者为敌。高奇和伏尔泰都接触到东方的戏剧艺术,但他们的用意截然不同,高奇心底里是想贬低亚洲,尤其是中国。伏尔泰的《中国孤儿》问世(1755年)才不过六年,还正在欧洲许多城市风靡的时候,高奇就把那个波斯民间故事拿来,大笔一挥,把地点安到了中国北京,那个伏尔泰顶礼膜拜的中国政府所在地。跟高奇的另两个名剧《鹿王》和《美丽的绿鸟》很不一样,这一次他放弃了自己擅长的虚幻奇诡的神怪世界,在剧本中把地点写得实实在在,清清楚楚——

其实他一点也不比伏尔泰对北京了解得更多。高奇就是要拿这个故事来警告包括伏尔泰在内的那些睁大了眼睛看东方的欧洲人：中国是个吃人的谜，是个血淋淋的陷阱，千万不要被她的"美"迷惑了。这个剧确实典型地表现了赛义德所说的东方主义第二大母题：东方是危险的。

但是这个东方主义作品的问题比赛义德指出的还要严重，因为观众从中看到的是，东方既是危险的，最后却又必将被有能耐的外国人所征服。故事中一开始，图兰朵的"美"竟是如此不可抗拒，那么多公子王孙都拼着命要去——到危险的东方去探险的西方人不也都是这样？高奇不愧是个写戏高手，他在鞑靼王子卡拉夫身上找到了自己的着眼点。他知道，要让欧洲观众去看一个远在万里之外的异国故事，最好是找定一个人物做向导，让观众跟着他的眼光去看，卡拉夫就是这样一个闯进中国去的大无畏的探险家。既然要去，就必须征服她，你道高一尺，我魔高一丈。这么一来，原来的一个东方女子的恐怖故事又变成了一个外国好汉征服神秘中国的英雄史诗。不用说，卡拉夫是全剧中西方观众最能认同的一个角色，至于他是黑头发的鞑靼人还是黄头发大鼻子，一点也没有关系，反正是个外国人，反正是要白人来演的。

高奇的《图兰朵》是早就没人再演了，对现代人来说，这么个故事当话剧演实在有点太荒唐。可是，歌剧却好像完全是在另一个世界里。《图兰朵》这个本来已被历史遗忘的故事一配上普契尼的音乐，就好像戴上了一个特别的光环。在当代西方艺术当中，只有歌剧和交响乐还可以堂而皇之倚老卖老，几乎全然不受新时代的影响。图兰朵开口唱了起来，同样的故事就有了内容的豁免权，歌剧界人士只要听听歌声看看布景，至于情节是否真实，人物由谁来演这些在戏剧界至关重要的问题,都可以不闻不问。普契尼一定想不到,他的歌剧居然会到北京的太庙去演,而且弄成了一个欢乐的庆典。他在写完该剧中最令人伤心的柳儿之死以后不久,自己也撒手西去,时年1924。这个戏要是就在这里落幕,干脆弄成一个讲民族仇恨的悲剧,倒也是个说法,偏偏他的学生阿尔发诺又给他续上了那个最最落套的大团圆,让图兰朵"改邪归正",放下屠刀,投入外国王子的怀抱。这一来,她前面杀那么多人算是怎么回事呢?

　　普契尼为什么会对这样一个荒唐的故事有兴趣?他开始考虑写这个歌剧的时候,已经是中国被西方列强的大炮轰开了许多年之后的1919年,那个曾经狂妄地命令西方使者下跪称臣的中央之国早已被列强打败多次,刚刚在第一次世界大战战胜国聚集的巴黎和会上被列强欺负到连战败国都不如。中国人一方面义愤填膺地上街游行反对"巴黎和约",一方面又决定必须放下架子,认真学学西方的好东西——"德先生"和"赛先生"。这个在18世纪时曾被伏尔泰视为榜样,又被高奇视为威胁的东方帝国到了1919年已经是一个被洋鬼子任意宰割的受害者。而这时普契尼已经写了远东题材的《蝴蝶夫人》,虽然该剧1904年的米兰首演遭到失败,他对这个作品极为热爱,连续改写三遍以后,终于在1907年的巴黎演出中得到成功,此后一直是歌剧界最重要的保留剧目之一。普契尼从此迷上了东方的女主人公,但他也从《蝴蝶夫人》的首演失败中看到了观众趣味的变化,接下来他需要找一个能有大团圆结局的东方题材,但那时候亚洲题材的脚本实在太难找了,他就想到了图兰朵的故事。他在给剧作者希莫尼的信中写道:

　　　　依我看来,我们应该继续考虑此题材;减少幕数,予以改编,
　　让它短一些,更有效果些,最重要的是要突显图兰朵热情的爱,

她一直隐藏在她高度骄傲之后的爱。①

普契尼想要突出的是图兰朵的爱,而不是她的残酷。其实这并不是他从高奇的剧本里得来的印象,他读的是德国的席勒在高奇剧本的基础之上又重写的同名剧本《图兰朵》,大文豪席勒对图兰朵的认识就比没落贵族高奇要高明些。尽管由于身处那个时代,席勒也免不了纯粹追求异国情调的东方主义的毛病,他毕竟对人物的逻辑合理性要求更高,他笔下的图兰朵理性多于残酷:

> 我并不残忍,就是想过自由的生活,不想要别的:这个权利,这个就是最低阶层的人也应该有的从娘胎里带来的权利,我当然要坚持,我是一个皇帝的女儿。我看到在整个亚洲,女性总是被轻视,被套上奴隶的枷锁诅咒着,我要为我被虐待的同性们向那些骄傲的男性族群报复,他们在温柔的女性前展现的长处只是原始的力量……②

这个图兰朵反复强调人的权利,和伏尔泰《中国孤儿》中的伊黛美保护儿子时所说的话如出一辙。但可惜的是,和因母爱而争人权的伊黛美相比,图兰朵为了保护女性而滥杀求婚的男人,实在矫枉过正得太过分,再理性的辩解也不能从根本上改变她的形象。因此在席勒的全部作品中,这个《图兰朵》并没有在历史上留下什么地位。普契尼在席勒已经有了一定改善的图兰朵的基础上,又进一步用他的音乐把图兰朵的形象软化了不少。说实话,他写的曲调太动听了,让人简直就没法去恨那个从剧情来说讨厌之极的女人。在这里他拿来作为图兰朵主题音乐的中国曲子《茉莉花》起了很大的作用。普契尼自

---

① 转引自罗基敏等:《浦契尼的图兰朵》,广西师范大学出版社2003年版,第98页。
② 同上,第35页。引者对译文作了润色。

己从来没来过中国,但是他特地找了曾经当过驻中国记者的希莫尼来为他写歌剧脚本,还花了不少工夫到处寻找中国文化的素材,例如京剧脸谱和中药药方等等,但这些东西并没怎么在歌剧中起到作用,他的最大收获还是《茉莉花》。《茉莉花》的旋律19世纪初就传到了欧洲,曾长期被欧洲人误认为是中国的国歌。普契尼1920年8月在一位曾经出使中国的朋友法西尼公爵家里,听到了一个公爵从中国带回来的音乐盒,第一段就是《茉莉花》的旋律,他立刻敏感到这个甜美的曲子对于他的图兰朵的重要意义,从此,普契尼的这部歌剧就可以骗过很多闭着眼只听音乐不管故事内容的听众了。

然而,真正不管故事内容的人只是那些热衷媒体炒作的看热闹者,真的关心这个戏的人还是要看故事的,这样一个由欧洲人完全凭空捏造出来的变态的"中国故事"难道真的在中国也能像媒体说的那样大受欢迎?

其实并没有几个中国老百姓真的看到了普契尼的《图兰朵》。但是,就在张艺谋起劲地炒作那个"本世纪末最辉煌的大制作"时,中国还有一位大艺术家也对图兰朵的故事产生了兴趣,但他的兴趣是把图兰朵这个冒牌的假"中国公主"改造成中国人能够接受的真的人。只可惜那时候媒体都在为那个"大制作"起哄,很少有人去注意魏明伦的川剧《中国公主杜兰朵》。

魏明伦编排的剧情和人物和高奇的原剧本差别非常之大,就是比席勒的版本也远更合理得多。川剧中的杜兰朵从来没有过杀人的前史,她为什么会想出用三个难题来吓退求婚者的办法呢?剧中的太监在全剧开始时这样解释道:

你们这些王孙公子、衙内少爷三天两头,成群结队到这紫禁城外闹着求婚,把我家公主搅烦了。干脆公布画像,张贴皇榜,设下三道难题……

……太公钓鱼,愿者上钩。谁有胆量,就请揭下皇榜,来呀,谁来呀?哈哈,我看你们谁也不敢拿脑袋冒险![1]

也就是说,人们并不真的认为会有人被杀,因此皇帝在听到真有人来揭榜时立刻说:"此乃笔墨游戏,千万不可当真!"[2]

杜兰朵上场后的第一个唱段把她这一"笔墨游戏"背后的心理活动揭示得更加清楚:

闭深宫不涉足男人世界,
宫娥多太监少阴盛阳衰。
厌须眉恨浊物俗不可耐,
骄公主挥长袖傲然拂开。
拒婚姻驱媒妁独身自爱,
雪无情霜无欲冰凝胸怀。
冷眼看登徒子渔猎粉黛,
争驸马求乘龙挤满御街。
设难题备屠刀我出于无奈;
杀一人,儆百人,迎刃而解,引以为戒,谁敢再来?[3]

很清楚,至此为止那些求婚者所真正追求的都只是"驸马"的位置及其随之而来的财富,而不是杜兰朵的人品和爱情,所以杜兰朵根本不想考虑,要用杀一儆百的办法来吓退他们。两个冒死一试的求婚者

---

[1] 魏明伦:《中国公主杜兰朵》,《魏明伦文集》A,四川文艺出版社 1996 年版,第 284 页。
[2] 同上,第 287 页。
[3] 同上,第 287—288 页。

失败后就被送去杀头,但是到了最后观众就会发现,这真的只是一个游戏:"午门斩首是吓唬,刀下留人赦囚徒。"

和历史上绝大多数只能被动接受父权安排的中国古代女性相比,这个杜兰朵颇显出几分现代女性追求独立的精神,但她又是具有亚里士多德所说的或然性的艺术形象——而从高奇到普契尼的图兰朵都并不具有这种或然性。如果说历史上曾经有过的农家女花木兰是在忠于父权的前提下偷偷地跨越了社会严格限定的男女界限,那么魏明伦的杜兰朵公主在公开挑战男权的同时也挑战了父权。但杜兰朵又绝不是现代西方同性恋女性主义者推崇的那种厌男癖者,她对父权和男权的挑战都并不彻底,因为那只是被动的防御性措施。在她父亲用种种比喻再三劝导她"男大当婚,女大当嫁"以后,她的决心就动摇起来:

慈父心警钟语声声催嫁,
风乍起,一潭死水溅浪花!
独身女向谁说心里话?
对镜湖自撩开尊严面纱——
女过十八多变化,
熟透蜜桃撑破瓜。
隆隆双峰胸堆玉,
月月红潮脸飞霞。
白日维持天骄驾,
长夜失眠乱如麻……
一想到异性粗野就害怕!
再猜测巫山神秘更羞煞!
公主威仪放不下,

> 森严壁垒刀出匣,
> 有人求婚,我怒哇,怒气大!
> 无人问津,我愁哇,愁更加!
> 说不清道不明心情是啥?
> 抬头望雄鹰飞绕树三匝……①

杜兰朵知道她自己给自己出了个难题,现在也犹豫起来,这一内心矛盾使得人物的可信度大为增加。当她和无名氏比花枪败阵以后,"公主威仪倏然消逝,不禁流露童真,像个孩子捂脸踢脚,坐地耍赖!"②这就使她出"难题"考男人这件事确实像她父亲说的那样像游戏一样,这样一个杜兰朵才有可能在最后接受真正爱她的无名氏的爱。

在西方人的各种版本中,图兰朵接受鞑靼王子这一最后的突转都很牵强,图兰朵故事最大的失败之处就在这里。魏明伦为了从根本上解决这个问题,使杜兰朵和无名氏的结合更为真实可信,在该剧的情节副线上做了一个巨大的改动,让柳儿从女主人公的女奴变成了男主人公的烧火丫头。柳儿多少年来一直把曾经救过她的无名氏当成兄长一样依恋,永远忠心耿耿地为他服务,这就使她和杜兰朵对男人的态度成了一个鲜明的对比。最后柳儿为了救无名氏,也为了帮助成全他而自杀死去,这一行动深深地刺激了一向骄矜的杜兰朵,因为她知道客观上是她的固执导致了柳儿的死。而无名氏在发现柳儿死后还忿然推开了杜兰朵。这时候杜兰朵唱道:

> 汗流浃背如雨水,
> 醍醐灌顶似惊雷,

---

① 魏明伦:《中国公主杜兰朵》,《魏明伦文集》A,第299—300页。
② 同上,第309页。

一夜间无知女长大好几岁,

领悟了人与人美丑是非——

……可笑我——

天之骄,花之魁,

娇生惯养,耀武扬威,

华而不实,言而无信,

有何美? 有何美?

美在那——

不显山,不露水,

不自高,不自卑,

平平淡淡,踏踏实实,

一朵小花蕾!

拜村姑,祭小妹,

肝肠欲碎……①

这就为她和无名氏走到一起铺好了最后一段路。但现在问题反了过来,无名氏不想要她了,这更说明他来求婚完全不是为了驸马的地位和财富,而这一点又使得杜兰朵更应该爱他。最后的结局是任何欧洲人都想不到的绝对中国式的:杜兰朵换上柳儿的装束,"已不是骄傲公主,伴随君比翼飞云游江湖。"舞台指示是:"合唱声中,皇帝遥指江上——两叶扁舟,一前一后。杜兰朵追逐无名氏于烟波深处……"公主最后一定要离开宫廷,丢下她背负的最大的包袱,她去追求的也不能是一个王子,而应该是一个道家的隐士。

---

① 魏明伦:《中国公主杜兰朵》,《魏明伦文集》A,第 317 页。

魏明伦把一个本来并不属于中国的传奇改编成了一个非常中国化的故事，但又比传统的中国戏曲剧目高出一着，他在故事中加进了相当现代的意识，同时又把这种意识糅进了中国文化传统中固有的藐视朝廷和功名的道家理念，非常适合戏曲的表现形式。一个由于历史上的文化隔阂而拼凑出来的跨文化赝品终于化腐朽为肥料，催生出了一个融合东西方戏剧文化因素的跨文化戏剧精品。可惜的是，同时于1998年秋在北京演出的两个《图兰朵》版本遭到媒体极其不公平的对待，魏明伦的川剧精品被多数媒体冷落，而那个从演出到票房都竭力迎合老外的荒唐的赝品被誉为"本世纪末最辉煌的大制作"。

其实，参与这个歌剧的中国人也不见得真的麻木到不知道这个故事的荒诞。其实，要是就把它当做一个怪诞的戏来演，就听不懂歌词的音乐也就算了，最讨嫌的是欧美人偏偏要把它当成"多元文化"的材料，还要想方设法搀点"正宗"的中国浇头和调料进去，也真有那么多中国人高高兴兴地去配合他们。要是配合者就是图个不菲的经济收入倒也算了（我当年去大都会歌剧院跑龙套就属于学生打工性质），可是他们中有些人还老喜欢产生点"爱我中华"的联想。譬如张艺谋在第一次去意大利导了个"正宗中国味"的《图兰朵》以后就说："没想到一不小心还给咱们国家长了脸！"老天爷，那是长的什么脸？根据欧美人的逻辑，像这种牵涉到东方人的戏，要是能得到东方人自己的认可，就能得到一个双保险。至于太庙，那就更不用说了。还有什么能比让中国人请了去，在紫禁城里享受掌声更好的感觉？甚至还不需要把主角让出来给主人演，只要叫上几百个中国人来给白人明星跑跑龙套就够了！

近年来西方人对《图兰朵》的兴趣大增，一方面和他们很喜欢宣扬的多元文化主义有关,像《图兰朵》这样从他们自己的手里炮制出来的"多元文化",又有顶级东方艺术家的全力配合,当然最对他们的胃口;另一方面,这个戏还和女性主义的上升有关——这跟迪斯尼看中了《花木兰》的道理也差不多,只不过《花木兰》是正宗的国货,还要在他们手里做些改造。花木兰让当代人看到,女性主义在古老和遥远的中国就古已有之,于是西方的女性主义者和爱国的中华男女全都皆大欢喜;而图兰朵式的女性主义更加激进,更加痛快,更对上了某些极端女性主义者的胃口。1990年代美国出过这么个新闻人物,一个名叫勒瑞娜·鲍比特的女子据说是因为不满于老公过分的性要求,一天夜里趁他熟睡时操起剪刀,干脆利落地让他从此断了那念头(后来他又到医院接了上去,又有了"念头",当然再也不敢走到这个女人身边了——这是后话)。勒瑞娜一夜之间名扬全国,居然有不少女性主义者站出来为她的暴力行为辩护。最后在法庭上,人民审判团宣布,虽然她伤害丈夫身体的事情证据确凿,但仍应予以无罪释放,理由是她有"间发性神经失常"——这显然是个律师式的合法借口。法官一宣判,此女子立刻十分"正常"地走出法庭,各地电视台脱口秀的主持人很快就排起队来,都要请她上电视去现身说"法"。设想,若是图兰朵的故事放到今天会怎么样?按理说就是公主也不能随便杀人,但要是请个这样的审判团来评判图兰朵的话,图兰朵肯定更是英雄了,她都不用偷偷摸摸等到深夜再下手,还可以让男人跪在她的面前来求死!只可惜她晚节不贞,既然那么多男人都杀了,为什么最后还要扑进男人的怀抱里去呢?就不怕男人夜里报复你?

按照这个逻辑,我们不妨给《图兰朵》改个结局。应该让她坚持到底,绝不让外国男人碰一根汗毛!要是哪个新潮导演这样来解构一下《图兰朵》,应该会很有意思。不过,这个戏的地点还是改到纽约、洛杉矶或者高奇的家乡去为好。不管怎么样,白人捏造出来的这个杀人不眨眼的女人和中国北京老祖宗的太庙实在是太不搭界了,不管她最后有没有放下屠刀。

八、谁的《蝴蝶夫人》？

在美国的时候，我常常反对一些激进的左派批评家把白人"东方主义者"的作品简单地一棍子打死。就拿普契尼来说，虽然他写了严重歪曲东方人的《图兰朵》，我并不认为他是仇视东方人的沙文主义者，这一点从他早先那部歌剧《蝴蝶夫人》（1904年）里就可以看出。《蝴蝶夫人》的故事比《图兰朵》远更有名，这两个主人公都是异国姻缘中的东方女子，却恰恰构成了一个强烈的对比：图兰朵磨刀霍霍，发誓要杀尽所有看上她的男人；蝴蝶夫人却忠心耿耿，默默地为一个负心的郎君而自杀身亡。当然，这两个女人都不是东方女子的榜样，图兰朵这个天方夜谭就不必说了，但蝴蝶夫人却是生活中确实存在的。在审美的意义上，《蝴蝶夫人》在20世纪世界各地舞台上取得了罕见的持久成功；但在现实或者说社会学的层面上，蝴蝶夫人意味着什么呢？这个问题对于图兰朵是没有意义的，由于这两个女性角色在真实性和普遍性上的巨大差别，激进的西方知识分子从来懒得去批评《图兰朵》，但经常要对《蝴蝶夫人》大张挞伐——尤其是一些极端的女性主义者，还有那些生活在白人世界里的亚洲人后裔。蝴蝶夫人的形象常被说成是逆来顺受的"模范少数民族"亚洲人形象的始作俑者——一个负面的原型。在当代美国,对于西方人塑造的东方人形象的一个公认的判断是:"一百年来在美国代表亚洲人的流行形象从来没有超越过这样一个层次——给它最好的评价也就是脸谱化。"[1]而这方面最著名的代表就是蝴蝶夫人。但有趣的是,《蝴蝶夫人》的演出并没有因为这些批评而减少,反而还催生出一系列以之为原型的衍生作品。于是批评家更要批评说,蝴蝶夫人流毒深广,模仿者众多,已经成了脸谱化的亚洲女子的代名词。这样的批评实在不大公平,应该说,有人模仿是因为这个故事有典型意义,怎么能怪原作者呢?

中国的情况又不一样,《图兰朵》的轰动效应主要是由本来与歌剧毫无关系的张艺谋带来的,有点像戏剧界俗称的"人保戏"一类;而《蝴蝶夫人》的声名完全来自于戏里的人物故事再加上音乐,是个"戏保人"的剧目。二者的差别在很大程度上就是因为,不同于《图兰朵》中凭空捏造的东方人形象,《蝴蝶夫人》中的那个日本女性是欧美作者从许多真实的生活素材中提炼出来的。

和《图兰朵》一样的是,以歌剧闻名于世的《蝴蝶夫人》原来也是一个话剧,而在话剧之前,最早的故事原型也来自书中;但《蝴蝶夫人》的书—话剧—歌剧的三级跳比《图兰朵》紧凑得多,前后总共才17年(《图兰朵》从书到歌剧花了200多年)。更重要的是,这个跨文化戏剧的创作过程整个比《图兰朵》晚很多,是在东西方之间开始了较大规模的交流,西方艺术家对东方有了较为切实的了解之后。

---

[1] James Moy, "David Henry Hwang's *M. Butterfly* and Philip Kan Gotanda's *Yankee Dawg You Die*: Repositioning Chinese-American Marginality on the American Stage," *Critical Theory and Performance*, eds. Janelle G. Reinelt et al. Ann Arbor: University of Michigan Press, 1992, p.79.

日本于 1854 年在美国舰队司令佩里的大炮面前签下第一个打开国门的条约，1868 年宣布明治维新，对西方世界全面开放，1887 年一本描写日本人的法文小说《菊子夫人》问世，1889 年英译本出版。小说的作者皮埃尔·洛蒂是个法国海军军官，从小爱海，其海上生涯长达 42 年，遍及大西洋、太平洋和印度洋周边的许多国家，他的小说故事性不强，游记的味道很浓，虽然只是浮光掠影，书中作为第一手资料记录下来的异国情调已经很可以吸引没有机会亲自去猎奇的欧美读者。

《菊子夫人》大致上也是这样，它几乎是洛蒂自己和一个日本女人同居两三个月的日记节选。这个日本女人菊子并不是后来的《蝴蝶夫人》中那样的妻子，也不是女朋友，也不能算妓女，而是介乎三者之间的短期合约夫人，时间以军舰在港口驻扎的时间为限。虽然主人公"我"说到他们的关系时用的词是"结婚"，他们的关系事实上是租赁，这在当时的日本是合法的。菊子夫人和后来人们所熟悉的蝴蝶夫人这一悲剧形象在性格上有很大的差别，基本上是个轻喜剧的形象，根本不可能为那个白人男人而要死要活，他们一开始就说好了时间和价钱，知道他到时候要走的。小说中最令人难忘的一笔也是发生在"我"离开以后。那时"我"倒"感受到一种短暂的悲哀"，当他再次回房间去取一件小行李时，还没进门就意外地听到了菊子的歌声。

歌声是快乐的！我狼狈不堪，十分扫兴，几乎后悔又回来这么一趟。

……

地上，摊着所有我昨晚按协议给她的那些美丽的皮阿斯特，她正以一个老兑换商的灵巧和技能，捻摸、翻弄它们，将它们往

地上掷,拿一柄行家的小锤,使它们在她身边发出丁丁声,一面唱着不知什么鸟儿的浪漫曲,大概是她兴之所至随便哼出来的……①

这个菊子无情无义只要钱,上一任"丈夫"还没走远,已经在做准备接待下一任,这恰好证实了头天晚上"我"已经理性地做过的判断:"我努力使这次开拔给自己留下深刻印象,使自己动动感情,可惜收效甚微。这日本,如同当地那些小个子好男人和好女人,肯定缺乏不知什么素质,人们可以暂时拿他们寻开心,却毫不依恋他们。"②

和以后广为留传的蝴蝶夫人的形象相比,菊子夫人并不是一个十分"正面"的形象,对她的描写明显地反映出白种男人居高临下的沙文主义偏见。这种偏见直到现在还很常见,就在我写下这些文字的前一天晚上,看了一个刚刚获得2004年美国电影"金球奖"的美国片《迷失东京》,片中用两个美国人的眼光来看今天的日本,个个都显得滑稽可笑,个个都让我想起当年洛蒂眼里的菊子夫人。虽然人们并不能否认洛蒂的故事的真实性,因为洛蒂于1885年在长崎驻扎期间确实有过这样的经历,而且像菊子这样从乡下来到开放港口挣外国男人钱的歌伎当时也确实不少;然而在那时候,就是许多西方人也觉得这个日本小女人不够"典型",对于他们自明治维新以后接触了日本文化所刚刚产生的浪漫热情有点泼冷水的味道。

西方人对日本文化的兴趣和它给人的神秘感很有关系。日本是远东最远的国度,开放得比中国还要晚(中国在1840年就和英国打了一场鸦片战争),但其开放却是用的和平的方式,而且一旦开放就

---

① 皮埃尔·洛蒂:《冰岛渔夫·菊子夫人》(艾珉译),上海译文出版社1995年版,第230—231页。
② 同上,第226页。

很彻底。日本的小巧玲珑的建筑、诗歌(俳句)、戏剧(能剧)、工艺品,甚至包括他们人的体型,都使得西方人眼界大开。对于亲身在日本住过的洛蒂来说,他们的用具都像是"过家家"的东西,他们的人"还算小巧,由于长得古怪,手很细柔,脚也纤巧,可是从总体说来,很丑陋,而且矮小得可笑;神态像古董架上的小摆设,像南美洲的狨猴,像……我也说不上像什么……"① 然而在欧美的文艺圈里,"日本主义"(Japonisme)却成了一时的时尚,法国人马奈的印象派画、爱尔兰人叶芝的仿能诗剧和美国出身的庞德的意象派诗歌等等都成了当时西方主流文化中的热门话题。而这些和精明的菊子夫人的形象放到一起来看,显然很不协调。

尽管如此,《菊子夫人》还是于 1893 年被安德列·麦色杰搬上舞台变成了歌剧,那是因为西方对日本题材的兴趣实在太强烈了,而当时在西方能找到的日本故事又实在太少。这个歌剧和后来《蝴蝶夫人》的成功完全不可相提并论,现在已经很少有人知道它了。在该剧演出的同时,其他西方艺术家也在积极寻找更适合他们需要的日本形象。这时候又一个了解日本的跨文化作家出现了,他叫拉夫卡蒂欧·赫恩,生长在爱尔兰,19 岁移居美国,后来当了记者,40 岁后去了日本,以后一直住在那里教书写作,还娶了日本妻子生了孩子,变成了日本公民,写了好些关于日本的英文书和小说,向西方人介绍他所欣赏的日本文化的方方面面。

赫恩的短篇小说《哈茹》(1896 年)的主人公是一个在日本的旧式传统下教养出来的女子哈茹,不管遇到什么事也不会表现出丝毫的忌妒、悲伤和愤怒,但最后终于因为发现丈夫不忠而悲愤死去。这

---

① 皮埃尔·洛蒂:《冰岛渔夫·菊子夫人》(艾珉译),第 141 页。

位日本女性比菊子夫人更像是后来的蝴蝶夫人的原型。在赫恩的另一篇小说《红色婚礼》(1894年)中,他描写了东方的殉情自杀的仪式。"东方的自杀不是源自盲目的狂躁的痛苦,也不仅仅是一种冷静和技术性的自杀,这是一种祭仪。"[①]同样的仪式后来成了《蝴蝶夫人》中高潮时的关键情节。

在赫恩早期关于日本的作品中出现的多是比菊子夫人更为可爱的形象,这也和他的个人情况有关。他自己的形象一点也不吸引人,个子很矮,一只眼瞎了,而且明显地凹下去,另一只又凸出来。他从来没有接近过和自己同种的白种女人,在美国娶的第一个妻子是个黑人,在日本娶了日本人。他在日本感觉比在美国好得多,因此更愿意向他的同胞介绍日本好的一面,特别是日本文化中传统的一面,诸如礼貌、温和、忠义、敬老等等,写日本女性时也强调她们的优雅、迷人、感性等方面,这些特征恰恰和菊子夫人呈现给人们的相反,而这些特征正是当时迷恋于日本文化的异国情调的欧美人士更喜欢的。

1898年,第一篇名为《蝴蝶夫人》的文艺作品发表在美国《世纪杂志》上,这是一篇短篇小说,讲的也是发生在长崎的一个白种军人和一个日本歌伎之间的婚姻。小说的作者是美国人约翰·路德·朗,他从来没有去过日本,但他的姐姐欧文·考瑞尔太太嫁给了一个派驻日本的传教士,对日本十分了解,经常给朗讲日本的故事。虽然小说《蝴蝶夫人》也从《菊子夫人》那里得到了很多素材,但它的主人公的性格和故事的结局完全不一样,朗在这里糅进了一个他听说的当时在长崎发生过的真实故事:一个日本歌伎给一个英国商人生了个儿

---

① Lafcadio Hearn, *The Selected Writings of Lafcadio Hearn*, ed. Henry Goodman, New York: Citadel Press, 1949, p.371.

子,英国人把儿子带走放到长崎,请朗的姐姐的儿子代为教育。歌伎试图自杀但被救起,后来在东京住到1899年正常去世——这是真正的现实生活中的蝴蝶夫人。

小说《蝴蝶夫人》把男主角的形象也颠倒了过来,现在他不再是一个风趣迷人博学能干的法国海军舰长,而是一个头脑简单却又极端自私的美国中尉;他不再是履行合约的临时丈夫,而是个典型的忘恩负义的负心郎。不但他根本没把痴情的蝴蝶夫人放在眼里,他那美国妻子也如出一辙,当她在领事馆见到蝴蝶夫人乔乔桑时,她居高临下地说道:"多迷人,多可爱呀!……能亲我一下吗,你这个漂亮的玩物?"[1]

朗的小说对美国人淡淡的讽刺并没有激怒美国读者,向来自高自大不怕人骂的美国读者有足够的肚量来接受这么点批评,或者干脆就没把它看成是批评,相反他们被蝴蝶夫人这个难以想像的、温柔恭顺的"理想妻子"迷住了。小说引起了轰动,演艺业的明星、导演、制作人都纷纷来找朗商谈购买舞台剧版权之事。最后朗决定把版权卖给当时美国戏剧界的头号大腕大卫·贝拉斯科。贝拉斯科一身而三任:制作人、编剧、导演,而且都做得极其出色——这样的戏剧全才以后几乎再也没有过。贝拉斯科和朗合作担任编剧,然后就亲自制作和导演了同名的话剧,于1900年在百老汇推出。按照当时的美学标准和技术条件,这是个极其写实的演出,舞台上所制造的幻觉几可乱真。最为人称道的是一个创纪录的14分钟没有台词的场面,真能让观众以为蝴蝶夫人和她的孩子和佣人在台上挨过了焦心等待的

---

[1] 转引自 Edward Behr, et al., *The Story of Miss Saigon*, New York: Arcade Publishing, 1991, p.19.

图 12 早期的蝴蝶夫人大多由白人扮演

12 个小时:

  角色们等着,看着,夜幕降临了,星星出来了,点了用来欢迎平克顿归来的灯笼一个又一个地熄灭了,台上一片漆黑。然后,

八、谁的《蝴蝶夫人》? 177

渐渐地,东方破晓,鸟儿开始唱起来。14分钟的静场展示了12个小时的生活时间,让贝拉斯科在百老汇和伦敦西头的观众都像被魔法镇住了一样。是这个场面确认了这位戏剧家作为"舞台魔法师"的顶级地位,也是这个场面使在伦敦的约克公爵剧院看戏的普契尼最受感动。[1]

普契尼最喜欢这个场面还有一个原因是,他听不懂几句英语的台词,但他看懂了这个戏,戏一结束他就走进后台,找贝拉斯科要求买下改编歌剧的版权。

歌剧《蝴蝶夫人》是1904年2月17日在意大利米兰首演的,首演没有成功,但问题并不全在剧本和音乐,甚至主要不在剧本和音乐。歌剧没有贝拉斯科这样的导演来驾驭舞台细节,演出在技术上出了很多毛病,例如音效不对,观众在台下怪声学起来;一阵风把乔乔桑的和服吹得鼓了出来,就有人在观众席里怪叫:"蝴蝶怀孕喽!怀的是托斯卡尼尼的孩子!"那是故意出女主角以及与她有染的指挥托斯卡尼尼的丑。也有普契尼的仇人存心要出他的洋相,趁机捣乱。但普契尼锲而不舍,改了三稿以后,终于在1907年的巴黎演出中得到成功,从此该剧演遍了世界各地,至今没有停过。《蝴蝶夫人》虽然是个悲剧,乔乔桑穿着和服自杀死去,西方人却并不认为和服有什么晦气,反而觉得这种独特的东方服饰极有魅力,掀起了一股和服热,以至于普契尼还要不断地谢绝那些请他去为各种牌号的和服做宣传的邀请。

赛义德在他的《东方主义》一书的扉页上印上了马克思的一句名

---

[1] Edward Behr, et al., *The Story of Miss Saigon*, New York: Arcade Publishing, 1991, p.21.

言:"他们不能代表他们自己,他们只能由别人来代为表达(represent,即代表)。"马克思这话本来是用来讲阶级差别的,这个"他们"说的是被压迫的无产阶级被剥夺了话语权;赛义德则把这句话套用来形容东方人在西方文化中的处境。从表面上看,这个说法对《图兰朵》和《蝴蝶夫人》都很适用,因为二者——其实也包括本书前面所讨论的所有作品——中的东方人都完全是西方的白人创作的,其间并没有东方人的实质性参与。具体地来看,应该说这个说法对《图兰朵》非常贴切,高奇之流对中国的"代为"表达本来就是荒唐的,而现在中国人拉来一面"欧洲经典作品"的大旗来包装所谓的中国故事,借用他人胡乱的"代表"来表达自己,更是荒唐之至。可是,热衷于赛义德理论的人一般都忘了《图兰朵》,却喜欢抓住《蝴蝶夫人》不放。从赛义德理论推演出来的后殖民戏剧理论认为:

> 戏剧再现的过程本身就很可能有意无意地把一个族群的文化价值强加到另一个族群的成员头上:一边说要表现他们的不同特色,一边却在把他们漫画化;一边说要庆祝他们存在的价值,一边却在抹杀他们的存在。[①]

这个理论确实可以适用于很多西方人创作的跨文化作品,但是过于笼统,用它来批评《暴风雨》还显得太客气,用来批评《蝴蝶夫人》又有点太过分。但美国就有很多人根据这一理论而批评《蝴蝶夫人》说,这个"病态"的亚洲女性形象根本就不真实,是白人为了让少数民族永远逆来顺受,特意建构出来麻醉他们的"政治叙事"。

"蝴蝶夫人"是像莎士比亚的《暴风雨》那样为权力者张目的政治

[①] Joseph R. Roach, "Introduction to Cultural Studies," *Critical Theory and Performance*, eds. Janelle G. Reinelt et al. Ann Arbor: University of Michigan Press, 1992, p.14.

叙事吗？奇怪的是，多数西方人和住在亚洲的亚洲人对《蝴蝶夫人》的看法却是很接近的，这两个截然不同的群体都很欣赏《蝴蝶夫人》，都认为这是个凄美的爱情悲剧，带着相当浓重的还算得上纯正的日本味道。在西方歌剧院里唱乔乔桑是几乎所有亚洲女歌剧演员的梦。近年来西洋歌剧唱得好的亚洲演员越来越多，中选得以主演该剧的亚洲女性也多了起来，前几年中国女歌唱家黄英就成了其中之一，国内的报纸一致为她大声叫好。虽然从历史上看演乔乔桑的大多数演员还都是白人，好像也并没有从根本上改变多数人关于这个戏的亚洲味道的定性。如果要说这个戏针砭了什么，那就是造成乔乔桑悲剧的平克顿这个重婚的美国军官。真正的亚洲人很少会把蝴蝶夫人看成是不值得同情的人物。可是，住在西方世界的亚裔和许多女性主义者就不这么看。原因是蝴蝶夫人遭到白人丈夫遗弃的悲剧故事在现实中经常出现，少数民族女士最不愿意白人把她们看成是蝴蝶夫人那样的软骨头。她们要想在生活中挺起腰杆，因此就特别讨厌在舞台上看到这种凄惨的"美"。

在美国社会中，和白人结婚的亚洲女性相当多，大大超过娶了白人的亚洲男性，按比例来说也超过了嫁给白人的黑种女性。按照上述"价值强加"和"政治叙事"的理论，蝴蝶夫人=理想妻子的情结已经在西方成了一种"神话"，而这完全是白人为东方人编织的圈套。但事实上，能够成为神话的故事都有一定的现实基础，像蝴蝶夫人一样最后自杀的亚洲妻子固然不会很多，但跟白种女人相比较为温柔恭顺的则绝不会在少数。可是，这些嫁给白人的亚洲女子对"蝴蝶夫人"这个名字往往十分敏感。在现在流行的女性主义者眼里，蝴蝶夫人绝对是太落伍了，哪怕是事实上当了蝴蝶夫人，也绝不能在口头上承认这个称号。

那些嫁给白人男子的东方女性会不会像白人娜拉那样勇敢地在丈夫面前争自己的权利？在生活中有成千上万的人已经这么做了，但那样的亚洲女性在舞台和银幕上却极少看到。其实近年来西方文坛出现了越来越多的亚裔女性作家，这方面她们的话语影响已经大大超过了亚裔的男性；然而，在她们的作品中，人们看到的更多的却是亚洲女性对同文同种的男性的贬低和嘲弄。

例如，根据美籍华裔谭恩美的小说《喜福会》改编的同名好莱坞电影描写了形形色色的两代美籍华人妇女（该剧还曾改编成话剧在上海演出，曾有赴美演出的计划，但未实现），影片中也出现了好些个中国男人，却一个个非蠢即恶，连台词都不给他们——这是一群没有话语权的木偶；找来找去，全片中唯一还算有点人味的男子却是个娶了华人女子的白人。比谭恩美更早出名的美籍华裔女作家汤婷婷（马克馨·洪－金斯敦）的成名作叫《女斗士》，后来也搬上了舞台，其中心意象是作者小时候听老人讲的花木兰的故事，书中的男性形象也远比女性负面，这几乎成了美籍华裔女作家写作的惯例。究其原因，一方面，她们的西方读者就是喜欢窥视东方女性的故事，而对东方男人兴趣缺缺；另一方面，这也是她们中许多人自己的生活的真实反映——这些女作家大多数就是嫁给白人后待在家里以写作为生的。时代变了，她们可以成为比丈夫更有名甚至也更有钱的新派"蝴蝶夫人"，掌握了很大的话语权，但她们一方面以卖弄她们眼中的亚洲文化来争取畅销，另一方面却总是更倾向于把抨击的矛头朝向自己同胞中的男性，而不是指向在她们的社会中真正掌握权力的白种男性。这一文化和性别的矛盾恰恰说明了"蝴蝶夫人"现象的普遍意义。

是一个男性美籍华裔作家的剧本对西方人的"蝴蝶夫人情结"及其背后的白人/男人沙文主义做出了最漂亮的批评。剧作家黄哲伦（大卫·亨利·黄）极其聪明地把"东方主义"理论和1985年从报上看来的一则奇闻糅到一起，写了个跟《蝴蝶夫人》对着干的剧本，叫《蝴蝶君》。这个剧名起得非常巧妙，"M. Butterfly"，又像英文又像法文，缩写的 M. 就是不让人看出此君是男是女。

《蝴蝶君》取材于一个奇特的故事：1960年代一个京剧演员在北京和法国外交官成了情人，20年后，两人带了孩子住在巴黎时被警察逮捕，法官在法庭上向该法国人宣布，这位华人演员不仅是个间谍，而且是男人。法国人大吃一惊，对人解释说，因为他尊重东方人的习惯，上床之前总是先关了灯，所以一直不知道。这个简单而又充满悬念的故事吸引了所有的读者，制作人找到黄哲伦约他为百老汇写个剧本。消息传开以后，大家都在等着看这个好戏，也都在猜测，黄会怎么来解开很多人心头的悬念——他们俩关了灯以后又怎么了？

黄哲伦最大的聪明就是，他完全彻底地回避了这个问题。他知道一旦去回答这个问题，剧本就难以避免情色之嫌。他别出心裁地为这两个男人的奇特关系想出了一个形而上的解释，发表了一个极其政治化的宣言。这么个难登大雅之堂的苟且故事怎么能跟政治拉上关系呢？这里普契尼的《蝴蝶夫人》给他帮了大忙：京剧演员宋利灵男扮女装演出歌剧《蝴蝶夫人》时，被观众中的法国外交官伽利马喜欢上了，伽利马把宋利灵当成了女人，两人从此相好二十多年。这怎么可能呢？原来这个法国人跟19世纪去日本的那个美国作家赫恩一样，总觉得在白人女性面前感觉不好，抬不起头来，老是梦想着要征服一个蝴蝶夫人这样的理想女人；但他到了东方人面前又有一套根深蒂固的帝国主义眼光,硬是把一切亚洲人都看成是女性化的,以为他们总是温柔恭顺,只会被动地迎候强硬的男人。后来真相终于揭穿出来,宋利灵在法庭上———也是在舞台上———一件件剥光衣服重现男儿身,把伽利马大大地奚落一通,骂所有的西方人对待东方人的态度都是一种"国际强奸者心态",还以为东方人心里就盼着西方男人带着硬家伙来"进入"。这里的一些台词几乎像是在宣读一篇政治论文:

> 原则一:男人总是相信他们喜欢听的话。……
>
> 原则二:每当一个西方男人接触到东方的时候,他就已经糊涂了。西方人对于东方人有一种国际强奸者心态。……
>
> 西方人认为自己是雄性的———大炮、大工业、大款,而东方是雌性的———柔弱、纤巧、可怜……但是艺术不错,还充满了难以言喻的智慧———女性的神秘。
>
> 她嘴上说着"不",但眼里却在说"要"。西方人相信东方人在内心深处想要被人掌控,因为女人是不能替自己拿主意的。……
>
> 你们指望东方国家在你们的枪炮面前低下头来,你们指望东方女人在你们的男人面前低眉顺眼。
>
> ……我是个东方人,作为一个东方人,我永远也不可能成为一个完全的男人。[1]

伽利马无言以对。这之前,他对东方人性别的误读已经致命地影响了他的情报工作,他竟向上级报告说,不要理会胡志明的抗议,越南人也是东方人,心里才欢迎拥有长枪大炮硬通货的美国人呢。

---

[1] David Henry Hwang, *M. Butterfly*, New York: New American Library, 1989, pp. 82—83.

这么荒唐的推理放在这样一个奇特故事的语境中,竟也合乎角色的逻辑,全剧就这样突显出了"东方主义"偏见之荒唐。戏结尾的时候,法国男人的生活和工作都被他的帝国主义的大男子主义偏见弄得一团糟,幻想彻底破灭,但他就是死不甘心,竟自己穿上蝴蝶夫人的服装,当场用毛笔在脸上画上一个日本女人的脸谱,用传统的日本方式"美丽"地自杀了。

《蝴蝶君》用生动的形象为赛义德的理论做了最好的讲解。但这个极为政治化的话剧因为掺进了性丑闻和间谍故事,在台上十分好看,一点也不觉得教条。戏里既有异国情调,又充满了悬念,而且还是取材于西方报上的新闻故事,尽管把白人骂得那么凶,白人们还都看得挺高兴。《蝴蝶君》在百老汇大获成功,得到1988年的托尼最佳剧作奖,还得了一个最佳男演员奖,值得注意的是,托尼奖评委们没把男主角奖授予在节目单上用最大字体排在第一行的大牌明星约翰·黎斯构(他的字体比剧作家名字还大,足见地位之高),倒把男配角奖给了剧中演宋利灵的名不见经传的华裔演员 B.D.王(他在节目单上故意只用名字的缩写,让观众看不出性别,看戏时观众果然都在窃窃私议台上的蝴蝶夫人究竟是男是女)。那以后全世界各地的演出不计其数。具有讽刺意义的是,作为英语文学中最大胆地挑战西方人的蝴蝶夫人情结的剧作,这个剧的中心意象却还是那个温柔恭顺的"蝴蝶夫人"。在这个故事里,甚至连中国的男人都知道,对付西方人最好的办法就是去扮成一个"理想的东方女子"———一个蝴蝶夫人,因为拥有长枪大炮硬家伙的西方人最喜欢看到女性化的亚洲人——柔情、羞赧、文静、脆弱,只等着让人家雄纠纠地"进来"。所以,詹姆斯·莫伊还是严厉地批评该剧说:

这些边缘化的,无性化的,甚至面目都不清的亚洲人形象对欧美人的感觉根本构不成任何威胁。相反,他们提供了很好的晚间娱乐,然后就飘散而去了,尽管这些异国情调的东方主义怪玩意儿现在是由美籍亚裔创造出来的,可这些新的脸谱化的再现传递的还是欧美人的欲望。①

莫伊说的并非全无道理,但这不应该是对黄哲伦的剧本的批评。戏是写给人看的,黄哲伦给百老汇写戏,观众绝大多数都是欧美人。他已经在狠狠地当面嘲讽他们了,可他们还是拼命鼓掌,你还能有什么办法?蝴蝶夫人情结可以批评,可以嘲讽,可以解构,甚至还可以动变性手术,但就是不可能完全撇开,这个悖论又一次说明,这一情结在西方人心中是多么根深蒂固。

差不多就在黄哲伦解构《蝴蝶夫人》的时候,一群白人戏剧家也动起了《蝴蝶夫人》的脑筋,但他们绝对是要顺其道而行之,弄一个当代的新版本。他们的灵感也是来自一个真实的故事,那故事简单得多,只是一张离别的照片,一个越南母亲正要把她和美国大兵生的孩子送到美国去,从此她将再也见不到自己的骨肉。法国作家阿伦·布勃利尔和作曲家克劳德－米歇尔·勋伯格看到这张照片后,说动了世界上最成功的戏剧制作人英国人凯默任·麦肯拓什,后来又邀到美国词作家小理查·莫特比加盟,把《蝴蝶夫人》的故事和这张照片的越南背景糅起来,搞出了音乐剧《西贡小姐》,在百老汇演了十多年。

《西贡小姐》没有像《蝴蝶君》那样解构,而是忠实于《蝴蝶夫人》

---

① James Moy, "David Henry Hwang's *M. Butterfly* and Philip Kan Gotanda's *Yankee Dawg You Die*: Repositioning Chinese-American Marginality on the American Stage," *Critical Theory and Performance*, eds. Janelle G. Reinelt et al. Ann Arbor: University of Michigan Press, 1992, p. 86. 此君其实是个华裔,姓氏应该是中文的,但因发音变异,原姓难以稽考。

图13 《西贡小姐》女主角"初夜"爱上了美国大兵

的主题,但因为创作期间《东方主义》一书和其他后殖民主义的理论已经风行于世,作者肯定注意到了知识分子中的这股潮流,也考虑到西方国家中少数民族的心理和政治要求,于是不但把80多年前的那个更多以异国情调取胜的《蝴蝶夫人》放到1975年刚刚结束战争的越南,而且更为直接地批评了对妇女与孩子不负责任的美国大兵。这个戏并非由美国人创作,既批评了美国人,又要在美国演出,因此在筹备和首演的前后麻烦不断。美国人莫特比一开始就不愿加盟,他担心美国观众会受不了新版《蝴蝶夫人》的批评,因为越南战争是美国人的一大心病。他说:

> 这两个法国人肯定是普契尼的崇拜者,他们建议把《蝴蝶夫人》和越南战争糅到一起,弄一个新的现代版。可是越南战争对美国的伤害太大了,一直到他们找我的1986年那时候,很多美国人还是不愿听人讲起越战的事情。……我觉得他们要搞这样

的项目简直是疯了。①

后来他看到奥利佛·斯通的电影《野战排》成功了,觉得美国人大概可以慢慢接受越战题材,又去看了阿伦·布勃利尔和克劳德－米歇尔·勋伯格的音乐剧《悲惨世界》,这才接受了写歌词的任务。《西贡小姐》在伦敦首演取得了成功,此时已经计划于1991年春天在百老汇开幕,没想到在纽约排戏的时候,美国军队开始准备第一次海湾大战。因为这个戏里的负心郎是个在越南跟妓女闹出"人命"以后仓皇出逃的美国大兵,有不少人就担心这个戏批评美国大兵,捅破了美国人心上的越南疮疤,会影响美国人特别是派往海湾的军人的士气,因此劝制作人麦肯拓什取消或者至少推迟演出,等海湾战争打完再说。否则爱国的美国人可能会抵制这个戏,导致票房失败。但麦肯拓什不肯退缩,说他筹备这个戏比布什的战争计划早得多,而且已经卖出一千多万美元的票,不能变卦。大家都为他捏着一把汗,不料海湾战争打得出乎意料地顺利,很快就胜利谢幕,美国人在战场上出掉了那口憋了一二十年的越南闷气,也就不在乎到剧场去为因他们的大兵而受难的西贡小姐抹一把眼泪了。《西贡小姐》也在百老汇一炮打响,一直演到2002年,战争和反战的戏剧竟实现了"双赢"。

但是,一些美国的亚裔活动分子却受不了西贡小姐的眼泪,首演的头两个星期里每天晚上都有以女性为主的亚裔举着牌子到剧场门口去示威,抗议该剧的白人创作者丑化亚洲人的形象,特别是丑化了亚洲的女性。他们呼吁说,亚洲妇女要站起来,而百老汇代表的美国主流文化还在继续把她们当玩物,大家应该抵制这个戏!

---

① 转引自 Edward Behr, et al., *The Story of Miss Saigon*, New York: Arcade Publishing, 1991, p.57。

图14 《西贡小姐》女主角和她的混血儿子

公平地说,《西贡小姐》是有很多可以批评的地方,这里赛义德的理论还是很有用的。剧中所刻意表现的文化他者并不是和美军作战的越共官兵,而是亲美媚美赖美国大兵为生的西贡妓女,一旦离开美国人就如丧考妣。剧中也有一些男性越共的场面,但几乎全都是脸谱化的木偶。唯一有点性格的越共角色是女主角"西贡小姐"的前男友,美国人撤退以后他成了一个有权的军官,要想从她身边夺走她和美国兵生的杂种孩子,竟被这个前女友一枪打死!这个戏对委身于美国大兵的越南妓女给予无限的同情,对跟美国人打过仗的越共就冷若冰霜。此外,《西贡小姐》比《蝴蝶夫人》更明显地媚俗和商业化,女主人公不再是只委身于一个白人的居家妻子,而是从一大群妓女当中选出来的"西贡小姐",作者还矫情地把她设计成是个处女,让她只和大兵睡了第一夜就怀上了孩子。剧中一开幕就是妓院,台上晃动的全是向美国兵搔首弄姿的脱衣舞女的大腿。除了戏里,连戏外都用了很多亚洲女性的胴体来招徕观众,百老汇剧场外面的墙上贴满了越南妓女的巨幅剧照,全是比基尼。

可是亚裔组织的抗议活动并没有成功,也不可能成功,这一点他们从一开始就知道,抗议不过是出出气罢了。从总体上说,《西贡小姐》毕竟展现了一个由美国的战争和军人造成的悲剧,对越南女子的同情要远远多于对美国兵的。再说,每天晚上就是有那么多观众要来看戏,而且还包括了很多亚裔和亚洲来的旅游者,你怎么办?

对于东方人来说,要想在可以预见的将来改变西方人心中的蝴蝶夫人情结,几乎是不可能的事;不过,要想挽回东方人特别是东方男性的心理平衡和"自尊",倒未必没有可能。其实蝴蝶夫人已经不仅仅是西方男人独有的情结,现在东方也出现了白种的"蝴蝶夫人"。1992年《洛杉矶时报·杂志》的一篇长篇通讯专门跟踪了一批在东京谋生的"金发歌伎",文中写道:"西方女子在成群结队地去日本,她们在名为'女主人酒吧'的地方娱乐男人,很轻松就能一夜挣上1000美元。不过,事情并不是简单地拿了钱就走人。"① 这些金发歌伎所做的就是现在中国称为"三陪"的工作,但因为她们说不了几句日语,陪聊也聊不出什么来,主要是陪酒和陪唱卡拉OK。她们的顾客多半都极有钱,因此除了在酒吧里的本职工作,她们也可以跟顾客谈额外的交易。一个名叫杰凯但不肯说出姓氏的女子说了这么个故事:一位平时总是带两个保镖来的日本大老板迷上了她,缠着她说爱她,要包她做情妇。杰凯说可以谈谈条件,大老板答应先给她25万美元去开公司,还要把她写进遗嘱。杰凯说可以,但要带上律师,把一切都写清楚,"要看到文件证明那笔钱已经转到了她在三菱银行给自己的公司开的账户上。"②

原来这个杰凯已经不是蝴蝶夫人,而是菊子夫人,不,比菊子夫人还要厉害得多。菊子夫人毕竟是先服务再收钱,而且还没有当着男人的面数钱;杰凯则必须先收钱再服务,一点也不含糊。毕竟过去100多年了,毕竟是美国女人在对付日本男人,这里有时代的差别,也有文化上的差别,但是,歌伎和她的男主顾的关系还是没有本质上的改变,只不过她用不着像蝴蝶夫人那么伤感、那么煽情,为一个玩玩的男人根本就不值得。

---

① Karl T. Greenfeld, "The Broken Dreams of the Blond Geishas," *Los Angeles Times Magazine*, Nov. 8, 1992, p. 22.

② 同上,pp. 50—51。

九、娜拉嫁到中国会怎样？

在全部世界戏剧史上，反映男女两性之争的经典首先要算易卜生的《玩偶之家》。无论从内容还是从形式上看，《玩偶之家》都是一部极其典型的欧洲剧目，文化元素十分单一。故事发生在圣诞节前一个挪威银行经理的家里，人物非常集中，除了海尔茂夫妇，来的三个客人都和这家人有着紧密的关系，不但都是白人基督徒，而且一律属于中产阶级，三位男士都是专业人士，两位女士也都受过良好的教育，在鼎力帮助他们的男人。这样的事情在1879年的东方还几乎没有可能。作为社会问题剧和客厅剧，《玩偶之家》都是最好的范本；这种戏剧当时只可能存在于欧洲，连美国都没有，与亚洲的传统戏剧更是风马牛不相及。在中国，就是一个普通的公寓客厅也还要过几十年才会出现。

但《玩偶之家》对中国社会的影响是惊人的。该剧最早的中文演出出现在剧本还没来得及翻译的时候，开创了中国话剧历史的春柳社自1913年从日本回国以后，仅根据由日译本编成的幕表就演出了改名为《娜拉》的《玩偶之家》。1918年6月《新青年》杂志出《易卜生专号》，除发表胡适的著名论文《易卜生主义》和其他文章外，还刊登了《娜拉》全剧的中译本和另两个剧本的节译本。1921年，北京人艺戏剧专门学校学生为了演出《娜拉》，还和警察发生了冲突。这个鼓吹妇女独立的剧作恰恰因为有女演员上台演戏而被警察以"男女同台，有伤风化"的罪名横加干涉。交涉后，警察当局同意只演该剧第一幕，但他们不知道这种从未见过的西洋话剧只有一堂景，无需闭幕换景，就让演员在他们眼皮底下演完了全剧。1928年天津的南开中学也演了《玩偶之家》，后来成为戏剧大师的曹禺主演娜拉一角。1934年问世的曹禺成名作《雷雨》就是中国第一部反映社会问题的典型的客厅剧，主人公也是一个追求独立的女性，她丈夫表面上也是一个受过良好教育的社会上的体面人，但实际上是个伪君子。《雷雨》很快就大获成功，标志着中国人完全接受了以《玩偶之家》为代表的迥异于中国戏曲的欧洲戏剧的格局。就在这一年，上海的业余戏剧协会和南京的好几个学校先后公演了《娜拉》。更重要的是，许多作家以《玩偶之家》为榜样，纷纷开始写作鼓吹个性解放的新文学作品。娜拉和更多的中国的"娜拉"们唤起了无数青年男女走出压抑人性的家门，去参加自由解放的运动。

  中国的易卜生主义者们未必完全忽略了中国人和易卜生在文化上的差别，但那时候最时新的理论是胡适的"文学进化论"，知识分子强调从纵向的维度来看文化，也就是看重时代的发展；而很少关注横向的维度，也就是平行的文化之间的差别。大家并不把易卜生看成是一个代表了不同的地域、宗教、文化的作家，而把他的戏剧看成是代表了一种更新的发展阶段的现代艺术，正是深感自己落后的中国迫切需要的那种先进的文化。那时候中国文学艺术中的一大母题是把中国描写成一个封建落后的社会，窒息着广大的青年和妇女。《新青年》发表的推崇易卜生主义的文章以及《玩偶之家》的中译本对于推动这个潮流起到了极大的作用,《玩偶之家》的演出以及在它的影响下问世的许多关于青年和女性解放的作品也就成了这个潮流的重要部分。

最为轰动的演出是在1935年的上海,那一年全国各地好几个地方都演了《娜拉》,被人称为"娜拉年",但最重要的还是在上海由章泯导演的那一台。那位后来曾在中国政坛权倾一时的蓝苹(改名后叫江青)与当时比她更优秀的演员王莹等争演娜拉告捷,成为当时话剧舞台上红极一时的明星,这也是她从艺生涯中最大的一次成功。可惜国内的学者对话剧史上这一极有意义的事件几乎没有研究①——在江青和她的"四人帮"同伙一起倒台之前,是她不准别人提及她那可能被视为污点的演员经历;在她入狱之后则是别人不愿提及她过去的"成就"。

国人的研究缺位,西方人倒对她从演员到国家领导人的转变极感兴趣,尤其注意到她曾经争演过娜拉这件事,断定那个挪威角色和这个中国演员之间一定有必然的联系。人们习惯于把娜拉看成是女性主义的先驱,因此当代西方的女性主义者对江青与娜拉的关系产生了无数浪漫的联想。1988年美国一个名为"红眼合作剧社"的剧团编演了一出以江青为主角的戏,名字用的是中国曾经流行的骂江青的称呼《白骨精》(*White Boned Demon*),但对江青的描写却带着很多同情甚至仰慕。1989年2月我去纽约外百老汇的"新城市剧场"看该剧的巡回演出,还没进门就看到贴在墙上的各种各样的女性主义标语口号,开始并没想到那是为《白骨精》一剧做的宣传,还以为那

---

① 如有读者知道这样的研究成果并不吝告知,本人不胜感谢!

个多厅的剧场里另外还在演一个专讲女性主义的戏。直到在座位上坐下,看到剧场四周都是同类的标语,这才明白该剧创作者的意思。剧中有很大一块就是蓝苹演娜拉的戏中戏,这个故事本来可以说是很有历史依据的,但台上的娜拉(由全剧唯一的中国演员扮演,据说曾是北京人民艺术剧院的演员)却莫名其妙地穿着京剧服装,和一副花脸模样的海尔茂一起演了一折京剧《玩偶之家》。这个演中国海尔茂的白人在戏中戏之外所演的角色却是毛泽东——他们把江青对毛泽东的阳奉阴违跟娜拉对海尔茂的奉献、认识和反叛联系了起来!这个戏把江青和《玩偶之家》还有京剧革命、文化大革命全都搅在了一起,该剧的编剧兼导演列斯丽·毛姆在节目单上写道:

> 娜拉这个角色对江青来说十分重要。娜拉反抗社会习俗的决定也在江青的反叛性格中反映出来。娜拉的戏是在她的客厅里演出的,江青的观众却遍布全世界。在她 1980 年的审判中,中国媒体称江青为"白骨精",意思是指一个化身为美貌女子来摧毁男人的鬼。①

这段话的后一半还算是比较客观的对剧名典故的解释,前一半就太成问题了。当然,也有可能娜拉对江青来说确实是很重要的,但这个重要性需要认真仔细地分析,绝不是这么简单的一个类比就能概括的。娜拉最后决定抛弃海尔茂离家出走,是因为她终于认清了这个她过去为之奉献了一切的男人根本就是个伪君子;而江青的"反叛"只是她为了一己的私利所精心策划的一系列计谋的一部分。娜拉最终认识到自己被一个男人利用了、欺骗了,而这种利用在男权社会中

---

① Director's Notes, Program of *White Boned Demon*, Theatre for the New City with Red Eye Collaboration, Feb. 23 – March 12, 1989.

竟然还是合法的,所以她必须反叛,义正辞严地反叛;江青则不同,她不但早就看清了男权社会的奥妙,并且学会了悄悄地迎合和利用——而不是反叛——拥有权力的男人来达到她的目的,她的整个演员生涯,特别是她为了从导演手中得到娜拉这个角色所用的手段,最清楚地显示出她与娜拉的根本区别。列斯丽·毛姆似乎不知道,研究一部戏常常不能只看台上的表演,还应该注意幕后的远更丰富的种种活动。而江青演娜拉幕后的林林总总,那些不了解中国文化的美国人并没有去关心,所以也就难以真正理解江青这个演员。江青也许真的想过要仿效娜拉,但《玩偶之家》展现的是娜拉的悲剧,而江青的一生却绝对不是,她在1980年电视转播的法庭上所做的最后一场公开表演,甚至她在厕所里的自杀,都丝毫没有悲剧的色彩,最接近的是黑色喜剧。列斯丽·毛姆和她的合作者们用西方女性主义的眼光来看中国的文化和政治,只看到男性对女性的压迫,却忽视了他们最多只有一知半解的中国文化的复杂性;《白骨精》这个戏虽然表面上跨越了两个文化之间的界限,但因为创作者对他们所表现的文化的了解过于浅薄,就其跨文化的普遍价值而言,反而远远不如《玩偶之家》这个从表面看只涉及单一文化的作品。

中国人演了那么多《玩偶之家》的版本,一般都是把剧中人当成挪威人来演的,如果说中国人分不出挪威人和瑞典人乃至英国人的差别,那么至少是把他们当成外国人来演的。唯一的一个例外,也是一个重要的例外,发生在1997年末,中央实验话剧院(现在国家话剧院的前身之一)在北京推出了吴晓江改编导演的跨文化的《玩偶之家》,让挪威女演员阿戈涅斯饰演的娜拉嫁给一个中国留学生韩尔茂,并跟着他来到了北京,剧中所有其他角色都是中国人。演出中中国演员基本上说汉语,间或夹进几个英语单词;娜拉基本上讲英语,间或夹进几个汉语词汇——这正是很多外国人在中国生活时所遭遇的真实的语言环境。

这个演出在中国显得十分另类,但就其主题而言,可以说它还是在问那个老问题:娜拉出走以后该去哪儿?自从易卜生的《玩偶之家》于1879年在欧洲问世以来,这个问题在世界各国一直问了一百多年,吴晓江的改编本给了这个老问题一个全新的意义。在当今这个女性主义觉醒的时代,已经不大有人会不识时务地去质问娜拉是不是应该离开她那个虚伪的丈夫的家;但是,吴晓江在他的演出中却提出了一个更加严重得多的问题:娜拉走出家门以后,是不是应该离开他丈夫的国家,回到自己的祖国挪威去?换句话说,在现在这个跨文化的版本里,娜拉发现自己不仅仅是掉进了一个大男子主义的家庭的陷阱,而且还陷在了一个陌生的、有着更加严酷的男权宗法制度的陌生文化当中,这样,她不是有了更多的理由要出走吗?也许她当初根本就不应该来?

20世纪初期受易卜生主义影响的中国剧作和演出中,中国的传统宗法制度的对立面总是那些追求解放的中国青年或中国女性,极少有外国人直接地搅在里面。在吴晓江导演的演出中,我们却看到一个金发的娜拉,一个货真价实的"洋玩偶"——洋娃娃,成了中国文化的对立面。这就提出了一个原剧中本来没有的文化比较的问题:韩尔茂的中国文化是不是比娜拉本国的文化更加压制妇女?

很多西方女性主义者会在心里说是,但在公开场合她们多半会回避这个问题,因为作为人文主义者也就是文化普世主义者,她们只能说,这个问题有文化优劣比较之嫌,因此没有意义,甚至令人反感。文化普世主义者坚信娜拉在世界上任何社会中都会碰到同样的问题。然而,看过吴晓江版《玩偶之家》的人不能不注意到,改编本特意地设置了一系列戏剧性的文化差异和冲突,来展现娜拉在一个陌生文化中的特殊的困窘。例如,韩尔茂告诉娜拉,自从回国以来他一直在教她中国人做事的道理,在中国一个女人必须遵守许多规矩,最重要的就是做个好老婆,对她这样一个外国女人来说,就更要做个好洋娃娃,还有就是生孩子带孩子。理所当然地,韩尔茂认为娜拉那些个性解放的论调都是从她的西方思想里来的。反过来,娜拉哀叹的是,她在中国永远只是一个外国人。

人们不禁要问,这位娜拉在中国住了这么些年,可曾学过一点中国的生活和思想方式?她自己说学了不少——京剧、中国服装、各种各样的手工艺品她都爱买,就像一般来中国访问的外国游客一样。可是直到现在她才明白过来,光是这些东西实在还是太肤浅了,她一点儿都不了解中国文化中那些远更重要的东西,那些在 20 世纪初期的中国社会里仍然根深蒂固的传统宗法和道德体系。至于中国文化当中和消极因素夹杂在一起的积极因素,诸如家庭价值观以及仁和孝等等观念,娜拉对它们更是不甚了了。

这么看来,"娜拉应该去哪儿"这个问题的回答似乎是显而易见的:回国去吧。可是娜拉好像还不想得出这么个对中国不大友好的结论,因此她说她要走出丈夫的家,到社会上"用自己的眼睛去看看中国"。这可能吗?我们大概也只好和韩尔茂一起苦笑着摇头。用她自己的眼睛能看出些什么来?一个金头发的妇人,尽管穿着一套中国服装,会几个京剧唱段,她就是多会几句汉语,又怎么可能真的了解中国,爱上中国?如果说"娜拉出走以后去哪儿"那个老问题在易卜生的原剧本中还不是很容易回答的话,在这个跨文化的版本中就一点都不难回答了。娜拉当然要回到欧洲去,尽管她自己也并不知道家里又有什么好东西在等着她。

中国的民族主义者可能也不喜欢把中国和欧洲作这样的比较，因为这样一比就把中国比下去了，面子上不大好看。此外，他们还会怀疑中国男人从欧洲娶回一个金发老婆的真实性。尽管这样的异族婚姻在那个时代确实非常稀罕，这个故事在中央实验话剧院的舞台上却表现得十分自然流畅，娜拉和其他演员的中英两种语言——中国舞台上极少见到的现象——还歪打正着地增加了故事的真实性。这对奇怪的夫妻能变得如此可信，很大程度上是因为20世纪二三十年代的中国事实上在社会发展的某些方面和19世纪后期的欧洲相当接近。一方面，当时中国的妇女和青年解放运动已经不比19世纪80年代的欧洲落后，至少《玩偶之家》和《群鬼》没有像在欧洲一开始那样遭到全面禁演。另一方面，用夫权和父权压制了妇女和青少年两千多年的儒教传统还远没有寿终正寝，它的信奉者从政界的独裁者到乡村的老百姓都大有人在，就连不少像韩尔茂那样海外留学归来的专业人才也依然会在家庭生活中遵奉孔夫子那一套。

可是民族主义者可能还是要问，为什么一定要弄个金发的娜拉来呢？20世纪初的中国和19世纪末的欧洲再怎么相似，也仅仅说明《玩偶之家》的故事可以移植到中国来，但未必意味着非要弄一个挪威的娜拉嫁到中国来不可。诚然，实验话剧院的这个改编演出一开始是因为挪威女演员Agnes的参加而促成的，但在我看来，在20世纪90年代的舞台上展现出这样一个不寻常的异国异族联姻，事实上比原剧本中那个单一民族中男女之争的故事还更能使人信服。

1996年我曾在著名的"嘎斯里剧院"（Guthrie Theatre，位于明尼苏达州的明尼亚波勒斯，属于美国地区剧院中的旗舰剧院）看了一场

《玩偶之家》的演出。这个演出规格相当高,特地邀来了著名的电视明星主演娜拉。跟我去看戏的一班学生亲眼看到他们在屏幕上看了许多年的梅根·佛娄斯,都激动得不得了。可是,大大出乎我意外的是,这个既忠实于原著又排得十分严谨的现代悲剧竟然多次让观众笑出声来,连我那些诚惶诚恐手里拿着笔记本的学生也不例外。《玩偶之家》怎么了?

事实上,易卜生这个剧本里并没有什么幽默,翻译没有在译本中加进新的噱头,导演和演员也没有作搞笑或解构的处理,更不是演出出了什么差错。引观众笑的都是原来普普通通的台词,但时代的变化给了它们完全不同的含义。例如,剧中一开始娜拉对丈夫撒娇发嗲要私房钱的话在今天的美国听来实在有点肉麻可笑,因为如今美国家庭一般都有银行户头,惯例是夫妻合用,丈夫并不能独揽,妻子根本不需要装小孩腔来讨点私房钱。而海尔茂教训娜拉时讲的那些大男子主义教条更叫人哄堂大笑。大部分观众恐怕还不知道,一百多年前欧美有许多有教养的人是同情海尔茂,为他抱不平的,因而支持禁演《玩偶之家》。同样是这位海尔茂,说的是同样的话,现在却好像是从一个活报剧里走出来的。

我身边只有两个来自第三世界国家的学生没有笑,他们事后还告诉我,他们对其他观众的笑声颇有点愤慨。这俩学生来自秘鲁和津巴布韦,都刚到美国不久。对他们来说,在台上看到的是非常现实的问题,极其真实的人物,有什么好笑的呢?但是对多数美国人来说,易卜生的时代已经隔得太远了。

1997年春从伦敦西头搬上百老汇的另一个《玩偶之家》的演出比嘎斯里的更聪明。导演显然意识到,现在再简单地重复妇女解放的主题不容易奏效,于是别出心裁地在娜拉和丈夫的情感和情欲上大做文章。演娜拉的主角简内·麦克帖强调说,这一点是易卜生剧作中本来就有的,不过老是被人忽略了。她说,这是个人文主义而不是女性主义的剧本,娜拉和海尔茂本来是一对完美的夫妇,要知道他们在一起和睦相处了整整八年。你必须能想像出他们俩在床上如鱼得水的样子,只有这样他们的最终决裂才是个悲剧。要是把他们演成早就彼此失去了"性趣",那就没有戏了。

这个诠释还真有点道理,因为易卜生本人也说过类似的话。有一次挪威的女权同盟邀请他去发表演说,他去是去了,到那儿以后却这样声明:"我不是女权同盟的成员。我写任何东西都没想到把它当成是宣传。和人们所猜想的不一样,我其实更是一个诗人,而不是什么社会哲学家。感谢你们对我的敬意,但我不能接受所谓为女权运动效力这种荣誉。说实在的,我还没弄清楚女权运动究竟是怎么一回事。"①

可是,千千万万在娜拉的启发下参加了妇女运动的人并没有理会他这个声明,有些反对妇女运动的人则认为这是剧作家"此地无银三百两"。一百多年来排演过这个戏的导演、演员无数,但很少有接受他这个解释的,大家都觉得情节在那儿,娜拉把门一碰走了,比作家自己的解释更有说服力。但那次百老汇的演出把《玩偶之家》中的女权主题尽量地淡化,演娜拉的明星麦克帖特地要求挑选一位年轻性感的演员来和她配戏,两个人在台上展开了一场充满性的张力的游戏。当冲突达到高潮的时候,海尔茂的动作看上去几乎像是要强奸娜拉一样。这个《玩偶之家》大大地软化了原来的调子,但得到了剧评家几乎是一致的好评。大家都注意到这个版本的新意,《纽约时

---

① Program of *A Doll's House* at Guthrie Theatre, 1996.

报》称它是一出"'热'起来了的新《玩偶之家》",《时代》周刊称麦克帖为"新娜拉",说她"为易卜生的经典剧作带来了新的激情"。嘎斯里和百老汇这两个不同的例子都说明,《玩偶之家》这个关于男女之争和妇女解放的经典作品如果还是原封不动地演出的话,已经不容易让人引起一百多年前那样的共鸣了。吴晓江的改编本把娜拉和丈夫的关系做了那么大的改动,反而比嘎斯里的传统式演出更说得通。

任何时候排《玩偶之家》,导演总是要回答这么一个棘手的问题:这对好了八年的恩爱夫妻怎么会突然间在不到两天的时间里就吵到了非得立刻分手不可的地步?为了不致使最后的破裂显得人为牵强,多数导演选择了淡化他们的八年爱情这一方面。那个从伦敦到百老汇的演出则别开生面地强调了他们两个人之间的爱情乃至情欲,但并没有改动结尾,这样一来,他们为什么这么快就能和那甜蜜的一切告别呢?这就成了一个更难以回答的问题。

这样一比较,吴晓江的版本反倒使得这个难题比较容易回答了。因为一个带有异国情调的恋爱故事刚开始常常会比一般的恋爱故事更有浪漫色彩,更让人神魂颠倒,但同时也更加脆弱,更容易迅速破裂。海尔茂和娜拉的爱情就是这样一个例子。海尔茂的确是非常爱娜拉,而且很以拥有一个"洋娃娃"为荣——一个中国丈夫似乎比欧洲男人更有理由为一个可以向人展览的玩偶般的妻子而得意。然而与此同时,海尔茂又是个老谋深算的男人。狂热的爱情和冷静的算计同时存在于一个人身上,这在一般的恋爱关系中还较少见到,但在碰到一个金发"洋娃娃"时就比较可能了。同样地,一个异国女性也比本国女子更有可能一下子从令人陶醉的爱情中猛醒过来,感到彻底失望。

对于长期以来习惯于同族婚姻的中国人来说,异国鸳鸯总是有点"怪怪的",而吴晓江这个版本中的这对夫妻更是特别,因为这里出现的是一个中国男人和一个白种女人,而不是相对来说在舞台和银幕上较为常见的中国女子和白人男子。为什么中国男人和白种女人的结合比较少见呢?按照中国的老传统,即使不再讲三从四德,男人还是有着指挥和教育妻子的习惯;而按照西方人近一百多年来在和东方人的交往中养成的习惯,白人——不管是男是女——又总要对东方人进行启蒙教育。这样冲突就不可避免了——戏也就在这里了。

为什么女性西方人也总是要对东方男人进行启蒙教育?因为她们的国家现在比东方国家强大了,伏尔泰眼里那强大的东方文明古国已经不复存在。这里有一个著名的跨文化剧作最能说明问题。在久演不衰的百老汇音乐剧《国王与我》中,即使是贵为国王的东方男子,也必须老老实实拜一个普普通通的西方女家教为师,处处接受她的启蒙,而且学得心悦诚服。这部音乐剧是根据据说是真实的故事创作的,而首先把那些故事写下来的正是那个英国家庭教师安娜·列欧诺文思,书名叫《泰国宫廷中的英国教师》(1870年)。安娜在她的回忆录中说,她本来只是被泰国宫廷请去教国王的几十个孩子的,不料国王自己也被她教的英国文化的种种优点吸引住了,干脆当仁不让,成了她最主要的学生。70多年以后,这本回忆录被一个美国作家写成了更像故事的书(1943年出版),然后又被编成剧本谱上曲,搬上了百老汇的舞台,拍成电影后还一举得到1956年的四项奥斯卡奖。在音乐剧和电影中这位英俊的国王不但是安娜忠实的学生,还一厢情愿地爱上了她——在他早已经娶了几十个老婆以后。

当然,这些都是白人艺术家创作出来的艺术形象,事实到底是不是这样呢？泰国的历代皇室都断然否定这个戏的真实性，认为它丑化了泰国人尊敬的老国王的形象，坚决禁止音乐剧或者同名电影进入泰国。1990年代后期好莱坞重拍由茱迪·福斯特和周润发担纲主演的新版《国王与我》，本想到泰国实地拍摄，又一次遭到拒绝和抗议。这当然有可能是因为泰国皇室为了维护前国王的形象，为尊者讳。但西方艺术家在描写东方人时所做的变形和夸张也有问题，从英国教师的回忆录开始的一次次改编就可以看出，他们想要呈现的只是西方启蒙者的光辉形象，丝毫也不提及扩张主义者贪图的利益。泰国一向相当开放，与西方的关系极好，是整个亚洲唯一从未受到殖民侵略的国家，西方也很少批评他们，他们为什么要为了一个戏那么固执，造成该国与西方之间唯一的一个"历史问题"呢？其实这个争议本身更说明了东西方在这个问题上的文化差异和冲突：一方认为占主导地位的必须是国王，听命于或爱上一个外国女人是丢脸的；而另一方则认为占主导地位的必须是白人老师，你就是国王也只有做学生的份儿。

这个矛盾实在太大了，百老汇最老练的编剧也没有办法让《国王与我》的男女主角结成恋爱关系——这在音乐剧中是极为罕见的。真要是把他们俩勉强配起来的话，不但泰国人更要抗议，西方观众也一定会反对——一个白种女人怎么可以去给黄种人当第几十个老婆？当白人和有色人种有婚恋关系时，他们的性别搭配是个十分微妙的问题。根据玛格丽特·杜拉丝的自传体小说改编的电影《情人》看起来是一个罕见的例外。因为杜拉丝自己确实有过这样的经历，影片中的15岁法国女孩和梁家辉饰演的华侨富商好像不断在做"爱"——但这个中文词并不准确，他们做的只是性行为，"爱"对那个法国女孩来说根本就不存在。从表面上看这个华人男人既有钱又比法国女孩大很多,似乎应该在他们的关系中占主导地位,但事实却恰恰相反。美国《时代》周刊的资深影评家理查·考勒斯一针见血就揭穿了他们俩关系的实质:

> 这个没有名字的男女关系是个西贡的最后一次探戈,但其中的男人不是主子而是奴隶。那女孩知道在两个人之间谁爱得更少谁就能更厉害,她一直说她上床仅仅是因为情人给她的钱能帮助她养家。梁家辉扮演的男人被自己火一样的激情烧焦了还很高兴……那女孩吞下了他的自尊、他的爱和他的向往。他是属于她的,可以被她永远随心所欲地利用。①

按照中国的传统观念,这两个人简直是互换了角色,中国血统的男人像女人一样柔弱,而那个白人女孩才15岁就像个老练的男人一样能将异性玩弄于股掌之间。白人就是那么厉害,就是一定要做主子!因此,这个"例外"说到底竟不是个例外。在美籍华人黄哲伦的《蝴蝶君》里,主人公宋利灵问一个法国人,为什么他认为一个嫁给美国大兵的亚洲女子自杀的悲剧很美,而如果有一个嫁给矮个儿日本人的金发女郎也自杀的话,她的悲剧就一定很臭?这当然是个反问句,在戏里并不需要任何人做出回答。但是在现实生活中,有谁能找到一个答案呢?

宋利灵在剧中反复提到那个嫁给美国人的亚洲女子的悲剧就是《蝴蝶夫人》,自该剧1900年问世以来,西方的跨文化戏剧和电影中——也就是赛义德所说的东方主义作品中——形成了一种流行的人物关系模式:亚洲女子或其他"有色"女子嫁给或爱上白种男人。这些作品几乎都是白人创作的,即便有些出自有色人种作家之手,他

---

① Richard Corliss, "Saigon, Mon Amour," *Time*, Nov. 2, 1992, p. 70.

们也都是生活在西方世界里，早已习惯了西方人看世界的方式。单是《蝴蝶夫人》这个模式已经有了一组著名的"系列剧"，包括音乐剧《西贡小姐》和对原剧的解构之作《蝴蝶君》，至今都在世界各地盛演不衰。

由于同样的原因，当莎士比亚的《罗密欧与朱丽叶》被改编成一个跨文化、跨种族的当代都市音乐剧《西区故事》搬上百老汇时，那个新创作的少数民族角色——波多黎各人玛利亚——肯定只能是女的而不会是男的。根据 E.M.福斯特的小说改编的电影《印度之行》似乎想要打破一下这个模式，暗示一个英国女子和印度男子产生了一点性接触；但事实上，这根本就是那个带有种族偏见和恐惧症的英国仕女凭空幻想出来的，而且一想就想到人家要来强奸她，把她吓得失魂落魄。

对比一下西方舞台银幕上的这个跨文化性别关系的传统模式，吴晓江改编的"中国媳妇娜拉"这一版本更加显得令人震惊。这是一个黄哲伦笔下的宋利灵怎么也不敢想像的故事，也是杜拉丝绝不愿意接受的故事。难道娜拉这个嫁给中国人的白人女子的故事真的像宋利灵认为的那么臭吗？用中国人的眼光来看，当然不是。只有西方人才会把中国人以及其他亚洲人通通看成是女性化的、软绵绵的，中国的男人历来都把自己看得很威武强壮，尤其是在面对着异族，又特别是异族的女性的时候。在过去许多有关异族——现在所说的少数民族——的剧作中，中国的男人们也在舞台上创造了不少他们自己的"蝴蝶夫人"，例如《百花公主》，还有娶了番邦女人的苏武和杨四郎的故事等等。铁骨铮铮的苏武从来就没有把那个委身于他的匈奴女子放在心上，一旦可以回国，就把他那"蝴蝶夫人"一丢，再也不会想到她了。因此，许多人只知道历史上有苏武这个誓死不降的民族英雄,却根本不知道他在匈奴也有过一个"外国"老婆和一对混血的孩子。

但另一方面,一个汉族的女性就绝不能真的去"下嫁"一个"蛮族"的首领了,哪怕是国家利益需要她这样做也不行,因为这有损于大汉族男人的面子。世人皆知的王昭君故事的背后,就是这么一种观念。在历史上王昭君是真的嫁到了匈奴,但在戏剧舞台上,她的形象就被改成了一个在界河里投水自尽的烈女,绝不许她的贞洁之身被"蛮子"所玷污。在中国的文学艺术作品中,女人绝不能委身于异族男子,而男人则可以轻易地要个异族女子,到时候休了她也很正常,苏武和杨四郎都是这样。像海尔茂那样一个精明能干又从外国留学归来的中国男人,娶一个漂亮的外族女子当然没什么不可以,唯一的问题就在这个女子是否能够适应中国文化。如果适应不了,那是肯定要换掉她的。因此对娜拉来说,离开海尔茂去哪里是明摆着的。

不知道吴晓江和他的合作者们有没有意识到,他们的演出中表现出来的那个旧中国的大男子主义虽然并不是什么正面形象,却歪打正着,矫正了西方人心目中那个"高攀"不上白种女人的亚洲小矮个形象,为百多年来饱受西方列强侵略和欺辱的中国人出了一口气。这样一来,本来一对一错、黑白分明的娜拉和海尔茂两人的冲突就显得平衡了些,现在这两个人都有可能得到观众的某些同情。在看原作的时候,人们并不会由于娜拉不理解男人的思想方法而责怪她,因为在两性之争中,一个现代女性当然有理由反对男性的压迫。而在看这个跨文化版本时,人们会希望娜拉也多少理解一点中国人的思维方式,因为在两种文化的冲突当中,一个外国人显然不应该对她置身其间的不同文化置若罔闻。既然她一点也不理解她丈夫的文化,那么他们两人的彻底破裂就不能像以前那样完全归咎于她丈夫的大男子主义了。

这个改动当然并不是要开脱海尔茂对娜拉的悲剧所应负的责任,但这样一改确实使剧本增加了更多的层次。易卜生这个剧本用的是在19世纪欧洲流行的佳构剧的形式,角色集中,场景紧凑,一两天时间里要讲出许多年的曲折故事,往往把很多事情都搅到一个中心道具上去。在《玩偶之家》中,娜拉的命运让柯洛科斯泰的一封信紧紧地牵着,她的行动被剧作家裁剪得精致无比,整整齐齐地塞进一堂景的两天之内,但这样也多少露出了简单化的痕迹。例如,娜拉为了自己的个性解放不仅可以无视丈夫的需要,连三个孩子也完全弃之不顾——他们甚至都不必出现在舞台上,也就不让观众对他们产生任何同情心。这在1930年代的中国固然是大逆不道,就是现在也是大多数中国人难以接受的。甚至在美国当今关于家庭价值观的全国性辩论中,如何对待孩子也成了一个大问题。① 因此,娜拉义无反顾地丢下丈夫以及三个孩子出走的行为,尽管是一种英雄行为,还是有值得讨论之处。

今天的世界毕竟已经不像19世纪的挪威那样了,这个中国版本中添上的跨文化人物关系给了原剧中关于妇女和家庭问题的主题一个崭新的角度,也就给它的观众带来了新的启示。在戏里我们看到,娜拉认识到海尔茂的家不是她的家,她将要回到她的老家欧洲去;但在生活中,越来越多的西方演员正在来到中国和中国艺术家合作,特别是一起来探讨艺术的跨文化问题。

---

① 孙惠柱:"娜拉的男人走了以后怎么办?",《戏剧艺术》1998年第1期。

十、布莱希特与跨文化挪用

布莱希特是和中国戏剧关系最密切的西方戏剧家。他是20世纪世界上成就最大的剧作家兼导演，在西方的大师中他对非西方戏剧文化的兴趣算得上数一数二，尤其和中国有缘，而且这种缘分是双向的。中国最早也是最主要的布莱希特介绍者是黄佐临，他是在看到布莱希特写的关于中国戏曲表演的论文以后开始对他产生强烈兴趣的，那还是在1936年的英国。一年前布莱希特在莫斯科看了梅兰芳的京剧表演，极为振奋，写下了《中国戏剧表演中的间离效果》一文，第一次提出了后来成为他系统理论中的核心概念的新名词"间离效果"。黄佐临1950年代初担任上海人民艺术剧院负责人和导演，开始不遗余力地向中国戏剧同行们介绍、提倡和实践布莱希特的戏剧观，都是为了把他的戏剧和中国戏剧结合起来，创造出一种具有中国民族特色但又不同于传统戏曲的现代话剧。而布莱希特在世界上也以不断从中国的戏剧和文化中汲取营养而著称，他的两个主要剧作《高加索灰阑记》和《四川好人》常常被人并称为布莱希特的一对"中国戏"，放在一起出"双行本"。事实上这两个戏和中国的关系很不一样。前者确实是从中国元杂剧中借去了一个包公办案的故事，但改头换面以后，在他的版本中看不到一个中国名字，剧名就说是发生在高加索的事；后者的剧名虽然称为"四川"，剧中人也都起了听起来有点中国味道的名字，可是事实上故事人物和中国毫无关系，只是给后来排这个戏的许多导演提供了一个往上贴点中国风格的借口。

布莱希特是个马克思主义者，而且带有左倾的1930年代的特色，特别强调人的阶级差异和斗争，在文化上则是个坚定的普世主义者，从来不在剧中表现角色的种族、文化之间的矛盾冲突，他的作品中没有一个明显的文化他者。他的戏剧也是跨文化的，但基本上不是在内容的意义上。他虽然也热衷于挪用（appropriation）来自其他文化的故事内容，但总是将之与本土文化的形式及主题融为一体。他对其他文化的兴趣完全在于它们可以被他拿去所用，不管是故事人物还是表现形式。一旦到了他的手里，原先的文化差异都会被他抹平，所有的素材都融到一个作品中去。虽然他也说要故意用不同色彩的材料的不谐和组合来造成间离效果，以便让观众可以清醒地思考，但这些材料的不同色彩与它们的文化背景没什么关系。事实上，他对他者文化的态度最清楚地体现在《高加索灰阑记》一剧的主题中：一切归善于对待的——不管是地产、财产还是子女问题，都不应该强调原初的或者说天然的所有权，所有权变更是天经地义之事，只要新主人拿去以后用得好。

这是什么逻辑？强权有理还是革命有理？为这个戏提供了原始素材的古代中国人会相信这样的理论吗？有必要仔细地来看一看我们古代的戏曲是怎么变成布莱希特的现代名剧的。

与《高加索灰阑记》相关的中国的原始素材来自元朝李行道写的

杂剧《包待制智赚灰阑记》,后来收在明人臧懋循所编的《元人百种曲》中,法国人斯坦尼斯勒·于连第一个把它译成了欧洲文字。这个 1832 年的法文版是个大致上忠实的译本,但没怎么引起戏剧界的注意。19 世纪下半叶出现了三个根据法文转译的德文版,两个节译本,一个全译本,也都没有搬上舞台。到了 1925 年,德国诗人克勒邦得(原名阿尔弗雷得·汉希克)根据他读译本得到的基本故事线索写了一个改编本,同年 10 月 20 日就由大导演马克斯·莱茵哈特在柏林推出,很快又在维也纳有了另一个演出。德语《灰阑记》的成功使得英语国家的戏剧家也产生了兴趣,克勒邦得的版本又被译为不同的版本。1925 年 12 月 29 日,纽约犹太人的意第绪语剧院推出了《灰阑记》的美国首演。1929 年 3 月 14 日的伦敦演出演了很久,主演是从美国请来的华裔安娜·梅·王,参加演出的还有后来成为英国演员之王的劳伦斯·奥立弗。在美国,在布莱希特的《高加索灰阑记》首演的前后,1930 年、1933 年、1941 年、1945 年、1947 年、1950 年、1954 年都有剧院演出该剧。①

克勒邦得的《灰阑记》以及多个据此而来的英国、美国版《灰阑记》一次次证明了"浪漫化东方"对西方观众的吸引力。本来李行道这个剧本是个社会问题剧加公案剧,并没有什么浪漫的成分。女主人公海棠先是被卖身为妾,后又被伙同姘夫杀害亲夫的大老婆马太太陷害入狱,这些悲惨的情节悬念迭起,但毫无浪漫可言;后来包公用灰阑判案固然伸张了正义,用的也只是智慧而不是浪漫的感情。自 18 世纪起对东方感兴趣的西方人往往把东方和浪漫连在一起,于

---

① 见 Wenwei Du,"*The Chalk Circle* Comes Full Circle: From Yuan Drama though the Western Stage to Beijing Opera," *Asian Theatre Journal*, Fall 1995, p.308。

连的法文译本忠实有余而浪漫阙如,所以没有戏剧家产生兴趣。克勒邦得的改编本之所以吸引了大西洋两岸那么多观众,就是因为他在剧中加进了一条几乎要喧宾夺主的浪漫的爱情线索。就像伏尔泰的《中国孤儿》一样,克勒邦得也为全剧设置了一个爱情的前提:皇帝的儿子在妓院结识了海棠而且一见钟情,此时的海棠还是刚刚来到妓院,仍然是个处女身——以后的百老汇《西贡小姐》也是学的这个套路,哪怕身为妓女,女主角也一定要在台上才献出第一次。太子得以成为海棠的第一个男人,却因不能暴露自己的身份而眼睁睁地看着海棠被马娶去为妾。但全剧最后太子终于有了报仇的机会——是他(而不是原剧中的包公)前来审海棠一案,他不但用灰阑之计救下海棠,在娶她之前还让海棠来决定如何发落马太太和她的姘夫及其先前那个差点杀了她的昏官。海棠说:

> 朱(昏官)和周(姘夫)都不配做官,应当罢官,那以后就随他们到哪里去吧。虽然马太太在老公的茶里下毒是不可原谅的,可还是放她走吧。走吧,给你自己泡杯茶去——看你的良心怎么说吧。[1]

最后这句话似乎是在暗示要马太太照样给自己的茶里下毒,但海棠并没有强迫她这么做,还是给了她选择的自由。太子不但为弱女子做主,还要让弱女子来做主,这显然是反映了西方思维方式的处理,完全超出了原剧本所反映的中国历史背景的可能,但克勒邦得知道,像这样适度西方化是使得来自中国的故事能为西方观众接受的最好办法。而在西方观众的眼里,这个结局却变成了中国特色的仁

---

[1] Laver James, trans., *The Chalk Circle, a Play in Five Acts Adapted from the Chinese by Klabund*, London: Heinamann, 1929, pp. 102—103.

慈的儒教的体现——100多年之前伏尔泰就是这样浪漫化中国的。

此外,《灰阑记》的导演还在演出形式上动了很多脑筋,竭尽全力使之看上去像中国戏,甚至把当时的中国戏剧家努力要改革掉的所谓旧戏舞台的"陋习"——当众检场奉为至宝,以至于当检场人在百老汇舞台上出现了几次以后,剧评家认为那"是美国观众最熟悉的中国戏剧的形象"①。另一个剧评家这样描述道:

> (剧场的)东方气氛简直不可抗拒。到处都燃着香,检票员穿着黑绸睡袍,门厅里供应着茶,锣声响起,无处不在的检场人打开一个绿色麻布做的幕布,一个演员……宣布演出开始……②

1940年代布莱希特多数时间住在美国西部洛杉矶,他的合作者露丝·伯劳住在纽约,他们通过来回通信一起创作了《高加索灰阑记》。布莱希特所看到的《灰阑记》原本就是克勒邦得的德文本,住在纽约的伯劳很可能还看到了该版本的英语演出。1941年、1945年和1947年三个演出都是在纽约,而1941年演出的剧场的负责人欧文·皮斯卡托是布莱希特早年的师长和同事,当时也因为躲避纳粹的迫害而从德国旅居美国。皮斯卡托在英语世界以一本名为《政治戏剧》的书闻名,他在布莱希特出道之前就已是这方面的开拓者,后来布莱希特的戏剧手法和观念中有很多都是来自皮斯卡托的影响。但皮斯卡托主要是个导演,远不如布莱希特会写,既没有留下原创的剧本,也没有成体系的理论。他在美国的时候处境比布莱希特好,在纽约有自己的剧院,但因此也容易陷于事务。《灰阑记》的演出不是他导

---

① Richard Watts, "The Theatres: Charm and the Chinese," *New York Herald Tribune*, March 27, 1941.

② Wilella Waldorf, "The Circle of Chalk," *New York Post*, March 26, 1941.

演的,作为剧院负责人,他选了这个洋溢着浪漫的异国情调的剧本,并没有以此来体现他喜欢的政治戏剧的理念。当然也可以说,在当时演中国戏也是一种政治的表现,因为美国那时和中国是第二次世界大战的盟国,在美国各地为抗日募捐的第一夫人宋美龄、赛珍珠写中国的小说和据以改编的好莱坞电影《大地》,以及百老汇先后上演的中国古装戏如《王宝钏》、《琵琶记》等都成了美国人开始熟悉起来的中国文化的象征。这样看来,《灰阑记》的浪漫化改编倒是在无意中为中国的政府公关出了一把力。颇具讽刺性的是,这个浪漫化的改编恰恰来自当时美中两国之共同敌人的德国,克勒邦得的灰阑记故事在1920年代的德国和在1940年代的美国传递给观众的所指大不相同。

和当时的皮斯卡托相比,布莱希特在洛杉矶的处境看上去很不理想,他的作品在美国很少有卖点,虽然住在好莱坞旁边,他的写作风格与好莱坞格格不入,几乎完全没有打进那个圈子。本来他早在1933年就曾以《三毛钱歌剧》在百老汇大获成功,可来了美国以后反而很难找到剧院愿演他的戏。他在美国的九年中只有过一个比较大的演出,是他和电影明星查尔斯·劳顿合作的《伽利略》,此外都只有些小型演出,包括一个《三毛钱歌剧》的复演和后来的《高加索灰阑记》的世界首演,都是大学的学生演出。不过从长远看,他那时候乏人问津的自由职业者身份倒给了他更多的思想的空间。他不像皮斯卡托要天天为剧团的事务和观众的趣味而动脑筋,有足够的时间来考虑一些形而上的问题,构思能够在历史上留下持久影响的作品。克勒邦得的妻子曾经是他的演员,他很早就知道莱茵哈特1925年导演的《灰阑记》,但那个本子与他的兴趣距离很远。他在美国的时候得到一个关于《灰阑记》的正式约请,要他给又一个曾给他演过戏的女演员写戏,这位演员路易丝·瑞娜因为出演赛珍珠的电影《大地》成了好莱坞著名的能演东方角色的女明星,现在她想在百老汇演《灰阑记》。①布莱希特接受了约请,但是他并没有为百老汇而改变自己(后来这个约稿合约被取消了),他的想法还是和以前那些德国人、英国人、美国人都完全不同,当然也和中国人完全不同。

克勒邦得嫌原来的《灰阑记》没有爱情,太苦太干——本应有唱的戏曲剧本没有唱、光看文字确实会显得干瘪,所以给它加进了情感戏。这样做英文叫 flesh out,即让骨骼上长上更多的肉。而布莱希特所要的恰恰相反,他看重的只是故事的骨骼和核心。这个戏的核心在所有权问题上,这才是马克思主义者布莱希特的兴趣所在。虽然他看的版本是克勒邦得的浪漫版,他首先就要去掉里面那个太子和海棠的浪漫情节,其次还要去掉李行道剧中海棠和马老爷之间丈夫和小老婆的关系,这两个关系都调和了阶级矛盾,对他要表现的主题毫无助益。他让他的女主角格鲁雪变成佣人,这样她和马太太的冲突就不再是很有中国特色的同一丈夫的两个女人之争,而成了更有普遍意义的明确代表对立阶级的主仆之争。不过,布莱希特要动的最大的手术还不在这里,他要把《灰阑记》原来关于所有权的主题,那个克勒邦得一点也没去动的主题,来个根本的改变:他要在全剧最后关于孩子的灰阑之争中,让养母而不是生母得到孩子。为了这个改变,他编了一个全新的情节:格鲁雪的贵族主人因动乱而逃走,把孩子扔给了她;她为了抚养这个孩子,失去了自己的男朋友,后来又完全违心地找了个久病的丈夫做保护人;含辛茹苦把孩子养大有了感情,贵族夫人却回来要讨孩子了。这时候的格鲁雪当然不肯把孩子

---

① James K. Lyon, *Bertolt Brecht in America*, Princeton University Press, 1980, pp. 124—125.

给她,但是法律会帮她吗?

布莱希特知道他要做的是个革命性的改变。李行道的《灰阑记》只能把孩子判给生母,因为这是一切传统社会的要求。这样的故事不仅在信儒教的中国是天经地义的,在基督教文化的欧洲和伊斯兰教文化的中东也同样如此。《圣经》和《可兰经》中都有类似的故事,都由代表智慧的先知来出主意判定谁是真正的母亲,唯一的不同是他们都没有想到在地上画个石灰圈也就是"灰阑",而是要两个母亲把孩子生生拉开或者劈开,不像中国的故事那样儒雅。但最重要的是,来自这三个传统文化的智者全都规定孩子一定要归还给生母,因为天然的血缘关系永远不变。而这正是布莱希特所要颠覆的传统观念。

对布莱希特来说,这个观念绝对是不合时宜的,而且并不只是因为它来自中国文化。传统的普世主义者都认为,在所有的地方,血缘关系都一直是和继承关系直接相关的,而继承就是财产的所有权问题,所以,血缘关系的不可更改也就意味着财产所有权的不可剥夺。然而对于既相信普世主义又主张革命的马克思主义来说,《共产党宣言》所号召的就是全世界的工人阶级都团结起来,去夺取资本家的财产。因此,宣扬永恒不变的传统的隶属关系不符合当时全世界共产党的理想。这一点又具体表现在两个方面:首先,当时的苏联是世界上唯一的社会主义国家,已经成功地将沙皇和资本家拥有的政权和财产夺到了劳动人民手里,随着二战的接近胜利(《高加索灰阑记》的写作时间是1944到1945年,二战的最后一两年),眼看就要有更多的国家将要以苏联为榜样来改变政权和财产的所有权。其次,二战在给苏联造成沉重的灾难之后,在战争结束时却使她得到一大好处——由于诸多加盟共和国和东欧卫星国的成立,苏联的版图和影响一下扩大了许多。当时美国和苏联在如何分配欧洲利益的问题上冲突非常尖锐,最突出的问题就在德国,特别是柏林的分割。战后的柏林被分成四个区域,各归苏、美、英、法四国管辖(后来美、英、法三国的辖区合并为西柏林,苏联辖区成为东柏林)。远在美国的布莱希特怎么看待他的祖国的归属问题呢?《高加索灰阑记》就是他的回答。

　　布莱希特最喜欢的剧作样式是公开强调普世性价值的寓言剧,他在对原剧的结局和主题做了革命性的改动以后,又毫不留恋地去掉了原剧的中国色彩,把故事的背景挪到了中欧的格鲁吉亚——那时候已经变成了苏联的一部分。但因为争孩子毕竟是一个古代的故事,布莱希特可能还是担心观众未必能看清楚他想要表达的寓意,便又特意在灰阑记这一古代故事之外套上一个当代的故事,干脆直接让两个苏联集体农庄的人来争论一块土地在二战结束以后应该归谁的问题。布莱希特非常清楚这个戏的政治性质和现实意义,该剧的合作者伯劳在回忆录《为布莱希特而生活》中写道:"他急切地要找到一个能把'灰阑记'传奇和我们的时代联系起来的东西。"[1]几年后当西德的剧团紧接着东柏林首演也要推出该剧时,他又理智地同意了他们删去序幕的要求,因为他知道,"否则就没法在法兰克福等地演出"[2]。从总体上说,这个制造间离效果的戏中戏结构确保了观众不会沉溺到剧中人的情感和命运中去,而一定会从中跳出来回到当代,领悟到故事所要传达的主题"一切归善于对待的"。有了这样一个序幕,灰阑记的故事就成了类似于教师在课堂上用来演示道理的一个案例,失去了自己的独立意义,完全为教师要阐明的理论服务。同样

---

[1]　Ruth Berlau, *Living for Brecht*, New York: Fromm International Publishing Cooperation, 1987, p.160.

[2]　同上。

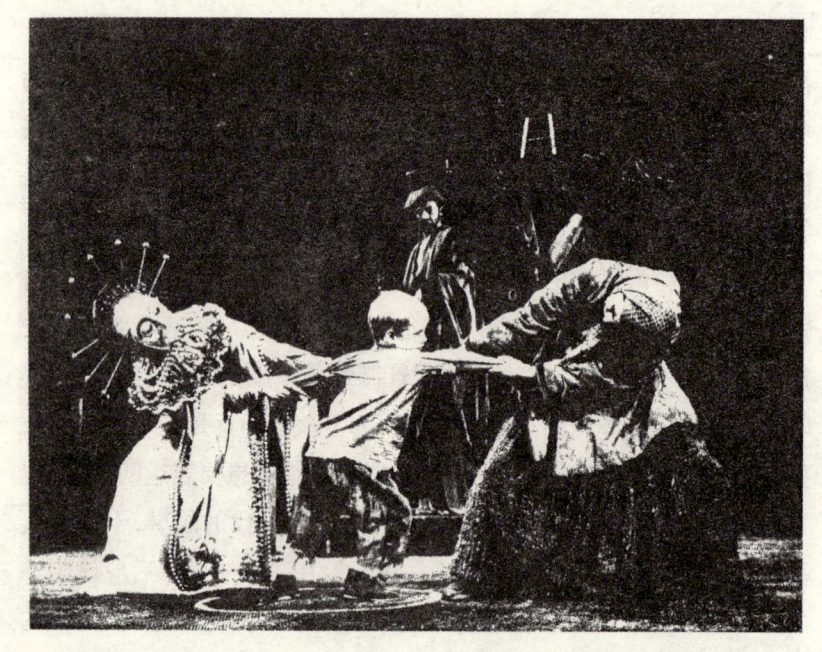

图 15 《高加索灰阑记》中两个母亲争儿子(布莱希特导演)

地,《灰阑记》也失去了它的中国身份,完全被布莱希特用来为他的观点服务。

具有讽刺意义的是,布莱希特这个观点本来是用来支持以苏联为代表的社会主义阵营的扩张的,但它客观上也可以被看成是为美国势力的扩张提供了理论依据。1945 年正是美苏两大超级大国划分各自势力范围的一年,两国都从战败国那里攫取了很多地盘和利益,又立即开始加紧在亚非拉三大洲的渗透,力图扩大势力。当时极其敌对的双方都很高兴有这样一个鼓吹"新主人逻辑"的戏。布莱希特回到东柏林以后,得到东德政府给予的非常特殊的待遇,不但有了一个完全由他和夫人、演员魏格尔领导的柏林剧团,而且保留了西德护照,可以自由来往于东西方两个阵营之间,这在冷战时期是极为罕

图16 《高加索灰阑记》中两个母亲争儿子(孙惠柱导演)

见的。布莱希特导演的《高加索灰阑记》于1954年10月7日在东柏林自己剧团的剧院里首演,紧接着西德的法兰克福也演了;第二年他带自己的演出到巴黎参加国际戏剧节,立刻声名大振;1956年他去世不久后,他的遗孀魏格尔带着他排好的《高加索灰阑记》和《胆大妈妈和她的孩子们》等三个戏访问伦敦,随后又于1957年访问莫斯科,都引起极大轰动。接连四年里在东西欧四大城市的成功演出使得布莱希特成了在当时两个对立的世界里唯一得到一致公认的一流剧作家和导演。

《高加索灰阑记》的成功远远超过了以前所有的《灰阑记》版本,它的秘诀在于超越了具体的文化和地域的限制(冷战时期的"东方"和"西方"两个概念同时有着地域和政治两方面的意思),也就是说在于它的普遍性和抽象性。做到这一点在写剧本时还相对容易一些，那么布莱希特在舞台上是怎么来体现普遍和抽象的观念的呢？

对于戏剧学者来说，幸运的是，布莱希特导演的几个经典演出都被柏林剧团的艺术家们用"博物馆版"的方式一代一代复排保存了下来。1986年我在加拿大多伦多看到了柏林剧团在布莱希特去世30年后第一次访问北美大陆的演出，其中就包括《高加索灰阑记》。不幸的是，这个让我盼望了许久的演出却并不如想像的那么出色。

布莱希特在塑造这个戏的舞台形象时十分注意展示阶级对立，但又不像当时不少社会主义国家的戏剧家那样流于公式化，他的处理极有特色，用的一个基本的手段就是面具——有选择地用。序幕中的苏联集体农庄庄员都是当代人，都没有面具。戏中戏是古代的寓言，需要面具来间离一下，但此时的布莱希特已经明白，他年轻时竭力鼓吹的间离效果应该具体情况具体分析，因此他一分为二，以统治阶级和被统治阶级为界，给贵族和走狗们戴上面具，而让格鲁雪等劳苦民众都裸着脸。这样做从审美角度看也很有效果，因为女主角格鲁雪可爱的脸庞显然是观众都喜欢看到的，她甚至还在给饥饿的孩子喂奶的时候露出了很大一部分胸部。当然这里完全没有色情的成分，凸显的是母性的美，观众看了更会同情她。她的主要对立面贵族夫人当年是布莱希特夫人魏格尔演的，但是为了艺术，她也戴上了一个把脸全部遮住的凶恶的面具，完全不考虑自己的形象。

不知道布莱希特有没有想到过，他在这个戏里对面具的有选择运用恰好和中国戏曲中脸谱的运用有暗合之处。戏曲中青衣、花旦、小生等年轻主角的脸谱与人的自然状态比较接近，连男人演的女人——如布莱希特亲眼见过的梅兰芳——都基本上露出脸的本色；

而坏人则多半会画上明显风格化的脸谱。可见角色的间离与否以及间离的距离跟观众对角色的喜爱程度很有关系,不能一概而论。可惜的是,中国戏曲中这一类有用的美学经验他了解得还是太少,在排练剧中一些完全可以用上戏曲手法的流动场面时,他就缩手缩脚,一筹莫展。

说起来布莱希特还是西方第一个学到了中国戏曲编剧的流动性的知名剧作家。在他以前西方剧作绝大多数都以固定的场景为前提,其最极端的形式就是所谓"三一律",从头到尾一堂景,多数希腊悲剧和易卜生中后期的戏都是这样;莎士比亚和其他文艺复兴时期的剧作家算是非常喜欢流动的了,一个戏可以写上二三十个场景,但流动一般只发生在两场之间,一旦角色上了场,场景就不动了,要等到演员下场才能换地点流动。布莱希特就没受到这个陈规的束缚,经常写出需要在舞台上流动的场面,如早期的《措施》和《例外与常规》以及后来的《胆大妈妈和她的孩子们》等,而《高加索灰阑记》中的格鲁雪逃难一场是最典型的中国式流动场面,因为没有《胆大妈妈和她的孩子们》中那样一辆写实的大车可拉,格鲁雪的翻山越岭必须是写意的。

但剧作家布莱希特自己写下的场面却给导演布莱希特出了难题。他写流动场面是因为他读过很多中国和日本的剧本译本,并且深受其益;但是他没有看过很多演出,不知道怎么在舞台上体现这样的流动。大家都知道他在莫斯科看了梅兰芳的演出深受启发,但那很可能是他观看中国戏曲的唯一经验,而梅兰芳演的都是些展现他个人演技的折子戏,布莱希特并没有机会看到中国戏曲怎样展现情节曲折的大戏。而且,他也没有任何受过戏曲训练的风格化演员,所以他的格鲁雪在舞台上逃难时走的还是基本写实的直线台步,布景也是基本写实的山和桥,只不过把尺寸全都缩小了许多。格鲁雪小心翼翼地爬上去又爬下来,看上去就像在少年宫里的"勇敢者的道路"上翻越障碍物。

　　西方导演的拘泥写实在那时候是个相当普遍的现象,就是在理应十分灵动的音乐剧中,也常常是名动实不动。1980 年代我在百老汇看根据马克·吐温的小说《汤姆·索亚历险记》和《哈克·贝利历险记》改编的音乐剧《大河》,剧中充满了在密西西比河上流动的场面,但舞台呈现却是一个放在河上基本不动的巨大木筏,每过若干分钟一场戏以后,由机器推着挪一挪地方,十分笨拙。还有一部根据约翰·斯坦贝克的小说《愤怒的葡萄》改编的百老汇话剧,表现一群农民从南部坐卡车逃荒去加利福尼亚,舞台中央放一辆卡车,却很少看到流动的场面,也要等若干分钟一场戏完了才让卡车转个角度,全剧还是以静为主。英国大导演彼得·布鲁克花了好几年时间,把印度最长的史诗《摩诃婆罗多》做成了一个演出长达九小时的戏剧。这个时间空间跨度极大的复杂故事充满了旅行和征战,但在布鲁克手里也变成了一段段静止的场面。打仗时观众看到的是一排人单腿跪在地上,摆个拉弓射箭的造型——这还是印在很多海报说明书上的得意之笔。在另一场里,一个士兵举着一个很长的云梯原地旋转,就算是动得很激烈的战斗了。每看到这些场面,我总不禁要感叹,这都是些第一流的导演大师,而且还对东方戏剧表现出了强烈的兴趣,怎么在处理这些戏时就没学到点东方戏剧的流动之美呢?结论只能是,他们都太强调普世主义的价值观和美学观,就是在创作东方母题的作品时还是固守着熟悉的西方艺术观,对本来可以给他们很大帮助的具体实用的东方艺术手法学得太不够。

但是西方人学东方艺术也真不是件容易的事,已经有不少东方人在批评这些西方大师对东方艺术的借鉴是"掠夺",说这与掠夺文物掠夺资源毫无二致,甚至性质更加严重。布莱希特算是运气,他去世时还没有东方主义的说法,比他年轻的布鲁克就因为染指印度的"圣经"《摩呵婆罗多》而饱受印度学者的指责,被视为当今戏剧界文化帝国主义的经典案例。事实上布莱希特在《高加索灰阑记》中鼓吹的就是"一切归善于对待的"这样一种新主人逻辑。分裂前的苏联早已和美国一样成了公认的企图统治全世界的超级大国,现在来看,这种逻辑在地缘政治上已经不合时宜,在文化上则确实很像文化帝国主义的说法。可问题是,精神文化的遗产也能和祖先传下来的国土那样,把边界划得那么清楚吗?我认为既不可能也不应该(物质的文物则另当别论)。布鲁克的《摩呵婆罗多》1988年到纽约演出时,我对一些义愤填膺的印度同学说,如果布鲁克当时把目光转向中国,弄个九小时的《三国演义》到世界各地去演出,中国人多半会很高兴,不但会为他们提供素材,教他们戏曲身段,还只怕他们兴趣不浓,学得不够。

中国和印度对待西方文化的态度总体上很不一样。印度被英帝国殖民近三百年,跟中国相比,那里的文化人普遍英语更好,对西方文化的了解也更多,但反对文化帝国主义的声音却一直更加响亮,就因为西方文化最初是由殖民者强加在他们的先辈头上,用来取代他们自己的文化的。对一向十分虔诚地信奉自己的宗教的印度人来说,那绝对是一种侵略的象征,就是在独立以后也无法改变。西方文化"文"则"文"矣,就像被人强行刻在身上的文身,已经成了身体的一部分,可就是再好看,也总是时时会引起屈辱的回忆。当他们看到当年殖民者的后代又来觊觎他们的古老文化,气更是不打一处来。西方版《摩诃婆罗多》最激烈的批评者是在耶鲁大学戏剧学院留学后回国的拉斯丹·巴如卡,这位印度戏剧界在国际上最著名的后殖民理论家在《戏剧与世界》一书中指出:

> 欧美的跨文化主义者好像对其他文化都很开放,可是不管你多么愿意接受这一点,西方在经济和政治上的霸权很清楚地限制了甚至否定了不同文化之间平等交换的任何可能。[1]

因为交换不可能平等,巴如卡就很反感欧美导演如布鲁克和理查·谢克纳等以跨文化的名义来挪用他们的文化遗产。而中国人一般并不这样看。绝对的平等固然是不可能做到的,那么到底是谁得益更多呢?问题是怎么来衡量平等不平等,怎么来衡量得益的多少?从长远的意义上说,文化交流不是进出口贸易,可以精确地计算出超入超。中国人不像印度人那样笃信宗教,我们虽然也有过一百多年遭受帝国主义压迫的半殖民地的痛苦记忆,但西方文化中的精华,从《天演论》(严复译的赫胥黎专著)到《吟边燕语》(林纾译的莎士比亚戏剧故事)到《汤姆大叔的小屋》、《玩偶之家》再到"德先生"和"赛先生",基本上都是中国的文化人主动去"拿来"翻译、改编、出版、演出、宣讲,并且深受广大民众欢迎的。西方人对他们的文化在中国的推广当然也出了很大的力,而且目的是为了他们自己的长远利益,但由于我们自己正好也要,他们的大多数文化传播活动(除了直接的传教以外)在中国人眼里就成了帮助,而不是强加。欧美人在中国开学校办医院,虽然多半都和教会有关,但从总体上说,因此而皈依其宗教的中国人并不很多,而这些机构带来的其他文化成分包括自然科学、社会科学、文学艺术都造成了极为深远的影响,主要原因就在中

---

[1] Rustom Bharucha, *Theatre and the World*, London: Routledge, 1993, p.2.

国人自己就希望把西方的好东西"拿来",以期有朝一日可以"以夷制夷"。在这方面日本人比中国人还要开放,他们从来没有被殖民的经历,所以对西方文化更加欢迎,更少保留。因此,事实上东西方之间的跨文化交换关系十分复杂,远不是像赛义德在《东方主义》一书中那样把东方和西方简单地一分为二就能解决的。《东方主义》讲的主要是中东,和印度这个前殖民地还比较接近,但和中国的情况就差别很大了。

在中国,一方面大多数艺术家并不大介意让布莱希特或其他西方艺术家挪用我们的精神文化遗产,另一方面我们自己也很乐意挪用人家的精神文化遗产,只要它对中国社会有意义。就像当年我们用各种方法演了很多莎士比亚和易卜生的戏,1980年代以来,布莱希特成了中国戏剧家的新宠,这在很大程度上恰恰因为他老是在"觊觎"中国文化,挪用了很多中国文化的因素,和中国特别"有缘"。

但中国戏剧界与布莱希特的接触还是走过了一条曲折的路。布莱希特在中国的第一个演出是黄佐临1958年在上海人民艺术剧院导演的《胆大妈妈和她的孩子们》。因为那是中国和东德政府之间文化协定的一部分,一切都要严格地按照德国人的方法来排。其时布莱希特去世才两年,他在执掌柏林剧团的最后几年里极其认真地把自己的排练过程记录下来,出了好几本演出的"样板书"(Model Book),成为日后他那几个戏的"博物馆版"的依据。在这样的气氛中,黄佐临尽量忠实地把布莱希特的"间离效果"理论用到他的戏里,结果是"把观众都间离到剧场外面去了"。这个戏的反战主题本来就与中国人有相当的距离,再加上这个极其陌生的风格,弄得看戏的观众越来越少,有一次散场时只剩下三个人,其中有一个还是黄佐临的老朋友巴金。这次惨败整整20年以后,布莱希特才重新回到中国舞台上。中国青年艺术剧院的导演陈颙邀请黄佐临到北京和她共同执导《伽利略》。这个戏描写科学家如何应对巨大的外界压力，可以引起刚刚走出文革浩劫的知识分子的共鸣。这一次"共鸣"是个重要的目标，他们吸取了上一次的教训，抛开了布莱希特的理论，干脆用中国演员和话剧观众最熟悉的斯坦尼斯拉夫斯基的现实主义方法来排戏，果然取得极大成功，轰动全国，以至于从演伽利略的主角到各地戏剧界的同行都在说，哪有什么布莱希特理论？演话剧就得靠斯坦尼。

这个说法其实也是片面的。《伽利略》确实可以用斯坦尼的方法来演，因为该剧集中刻画了一个复杂的人物，不是一个典型的布莱希特式的剧本，而布莱希特这样的剧本并不很多。所以，在1978年的《伽利略》获得巨大成功以后，布莱希特又从中国舞台上消失了好几年。自1980年代初起，写实话剧一统天下的局面慢慢被打破，有志于创新的戏剧家把眼光朝向了刚刚打开不久的国门之外，在各种各样的戏剧流派中，布莱希特渐渐吸引了最大的注意。这一方面固然是因为他的马克思主义背景最符合中国社会政治的需要，另一方面就是因为他与中国传统戏剧的亲密关系。1985年4月中国召开了第一届布莱希特研讨会，同时在北京和上海推出了好几个布剧的演出，包括由中央戏剧学院演出的《四川好人》。但该剧的译者丁扬忠教授认为那个演出"过于拘泥于传统的布莱希特风格"[①]。不久，成都的川剧院接受他的建议，改编了他翻译的话剧本，1987年川剧《四

[①] Ding Yangzhong, "On the Insatiable Appetite and Longevity of Theatre," *The Dramatic Touch of Difference: Theatre, Own and Foreign*, Erika Fischer-Lichte, et al. eds. Gunter Narr Verlag Tubingen, 1990, p. 170.

川好人》问世,得到了中国戏剧家和国际布莱希特学者的广泛好评。①

关于《四川好人》和四川的关系还有一个有趣的故事。众所周知,该剧事实上和四川毫无关系,布莱希特虽然热爱中国文化,原来却并不知道四川是中国人口最多的一个省,还以为只是个城市,因此他的剧本手稿上关于地点的说明是:"半西方化的四川市"。看到这份手稿的英译者艾瑞克·班特利故意将错就错,就照此译成英文发表。尽管后来布莱希特得知后做了订正,把四川市改成了四川省,班特利还是没改他的英译,因为他认为:"谬误常常会比事实更合适。"②之所以"合适",就是因为这个明显的谬误更能让读者明白,这个戏不是真的在讲四川的事,而是一个可以放在任何地方的"寓言"——就像班特利给他译的两个布莱希特剧作的英文版取的名字"Parable"一样。

但是,既然你用了中国四川的名字,能不能信口胡编而完全不考虑四川人的反应呢?四川有那么多人,还是有人对此有反应的。1983年黄佐临先生亲口告诉我一个笑话,著名川剧作家魏明伦早就有兴趣把布莱希特这个戏改成川剧,从他那里要去了一个台湾出版的中译本(当时丁扬忠的译本尚未出来),但是后来却又说不行了,因为省里有位领导听说此事以后很生气地说,四川一亿人口,谁敢说连一个好人也没有?

---

① 同第224页注①;Ursula Dauth:"The Adaptation of Brecht's *The Good Person of Setzuan* in Sichuan Opera,"见杨慧仪等编:《我的名字不是布莱希特》,香港:国际演艺评论家协会(香港分会),1999年,第119—151页。

② Eric Bentley's note in *Parables for the Theatre* by Bertolt Brecht, English version by Eric Bentley, et al. New York: Grove, 1941, p.9.

当时我也觉得那是一个好玩的笑话。果然没过几年就没人那么较真了,川剧《四川好人》成功上演,从成都演到了北京。那时我已经到了美国,接触到声讨文化帝国主义的后殖民主义批评,又看到美国人一本正经用中国风格排演《四川好人》,再一想那位四川省领导人的话,就觉得那未必是不值一提的无知笑话了。就拿布莱希特的两个"中国戏"相比较,《高加索灰阑记》挪用中国故事确实丝毫无损于中国,但《四川好人》虽然事实上与中国无关,却有可能给人一个误导的印象,至少不会有助于中国人的形象——哪怕导演把中国戏曲的风格用得再漂亮也罢。譬如我们演莎士比亚的戏,英国人肯定不会生气,也不会来要版税,如果挪用成戏曲剧目他们还更感兴趣;但如果我们编一出断言没一个好人的戏,硬说发生在现在的利物浦(《四川好人》中有飞行员,显然是当代故事),还特意请英国人教了正宗的英国 manner(风度)去那里演,人家会高兴吗?

魏明伦后来还是把《四川好人》改成了川剧,但做了相当大的改动,剧名也改成了《好女人坏女人》。女主角沈黛不再是一个典型布莱希特式的分裂的形象,而是一个较为写实的内心复杂的人物,这就使她靠向了戏曲传统的人物塑造,更易于为戏曲观众所接受。

在我看过的所有《四川好人》的中外版本中,如果不考虑剧中情景和剧作家的文化差异的话,剧情之中并不存在什么跨文化的因素。但这个情况现在改变了。2003 年 10 月,一个从内容到形式都真正跨文化的解构版本在纽约由中美两国演员共同推出,翌年 1 月,同一组演员移师上海戏剧学院演出。这个新戏的新名字叫《神仙与好女人》,突出了由美国演员演的神仙和中国演员演的四川人的冲突,也就是说,后殖民主义批评已经不再是戏外的批评,而是被编进了戏里。

我是这个戏的编剧,整个项目是在上海戏剧学院和纽约巴德学院两校的领导和教师、学生的共同努力下创作出来的。2002年夏天巴德学院戏剧系负责人杰夫·西谢尔来到上海戏剧学院,探讨两校合作的可能。在参加讨论的荣广润院长的支持下,我们当即决定让两校的演员共同来演出一个《四川好人》的跨文化解构版,剧中的外国神仙将和当地的人物发生冲突。一年以后,《神仙与好女人》诞生了。我在该剧的说明书里写了这样一些话:

谁说四川没好人?是布莱希特。《神仙与好女人》的故事源于他的《四川好人》。

在这位德国戏剧大师的名剧里,三位神仙下凡来找好人,然而偌大一个四川却找不到一个好人,只有妓女沈黛心肠还好,愿意给他们住处。神仙们庆幸终于找到了好人,临走前留给沈黛银元,要她继续做好人。沈黛用这钱开了家小店,一心做好人,但大家都来骗吃骗喝,小店很快就难以维持。沈黛还爱上落难的飞行员杨森,为支持他的事业倾尽积蓄,但杨森自私负心,沈黛伤心欲绝。无路可走的沈黛突然失踪,而她的表哥隋达来了。隋达手段毒辣,然而行之有效,他要回人们欠的钱,小店生意蒸蒸日上。人们害怕这位厉害的隋达,想念好人沈黛,他们怀疑隋达杀了沈黛,把他送上法庭。神仙也来到法庭,质问隋达沈黛何在。隋达拉下面具——"他"就是沈黛,她就是不知道,怎么才能一直做好人,不做坏人?布莱希特将这一千古难题留给了全世界的观众。

《神仙与好女人》无意回答这个问题,相反却要问一问布莱希特这个从未到过中国的西方男人:为什么说人口上亿的四川连一个好人也没有?又为什么偏偏看中了一个妓女?

图 17 《神仙与好女人》解构《四川好人》：
神仙不怀好意假扮飞行员引诱沈黛

我们的故事就从这里开始。

除了四川人和神仙之间有矛盾以外，三个神仙也不再都是一个调子，现在这三位变成了真正有动作有性格的角色。好心又轻信的女神仙是一心一意要找到好人，而两个男神仙根本不相信四川会有好人。他们和女神仙打赌以后一同前往，千方百计设套作梗，怎么也不想让她找到好人，就是找到了也要让他们变坏。眼看沈黛小店开得好好的，两个神仙先后戴上面具，装扮成贪婪顾客和遭难的飞行员，去引诱她偏离正道，逼得她没法做好人。这些是剧中新加进去的内容上的跨文化因素。

在形式上，这个戏也充分发挥了中国戏曲的特长。由于有原为秦腔演员的上戏表演系教师肖英担任该剧的形体设计，剧本的很多场面为形体方面的表演留出了大量的空间。例如原剧中飞行员杨森是用绳子在树上上吊自杀，不便于演员发挥演技，也不好看。因此改为从桥上跳河，沈黛见到后立刻跳下去救他。舞台上四个演员用两条蓝绸布拉成桥的形状，转瞬又把绸布变成涌动的河水，演沈黛和杨森的演员在两边翻滚扑腾，然后把头伸出"水面"，忽而对话试探，忽而又沉入水中，让两只手在水面上缱绻起舞，造成一种既有戏曲的写意特色又突显出现代性的意境。此外，演员还跳出戏来互换角色（这一点比布莱希特自己实践过的间离效果更有间离效果），让中国神仙也造访西方，看到康康舞等完全西方风格的动作和行为，这样剧情使两种形式本身也产生碰撞，让观众大笑不已。

  几十年来致力于支持美国和亚洲艺术家交流的纽约亚洲文化协会会长拉尔夫·萨缪尔森在祝贺信中写道："这个戏妙极了，在戏剧、教育和国际交流各个方面都非常成功。我认为它最好地体现了我们大家都想要做而还没有做的项目。"[①]

  为什么大家都想做而又没有做呢？其实跨文化戏剧并不是新东西，早在古希腊就有了《美狄亚》，莎士比亚的《威尼斯商人》和《奥赛罗》、伏尔泰的《中国孤儿》、贝拉斯科的《蝴蝶夫人》等等都是反映文化差异和冲突的极其著名的剧作。但是20世纪的戏剧家将更多的兴趣转到了风格上的跨文化戏剧，布莱希特就是一个突出的例子。在他的两个所谓的"中国戏"里，东西方的戏剧风格和故事结合了起来，但剧中没有任何真正的中国人物。而今天我们处在一个文化交往日益频繁的全球化时代，因此内容上的跨文化戏剧变得特别有意义，它除了能给观众提供审美愉悦外，还有助于增进不同文化的人之间的相互了解。参加这个项目的演员是一个跨文化的组合，这不仅

[①] Ralph Samuelson's email to William Sun, Oct. 7, 2003.

是演一个跨文化的戏所必需的,而且对演员自身来说也是极好的学习机会。虽然在剧中两种肤色的角色之间冲突不断,在台下两国演员可都是非常好的朋友。导演西谢尔特别指出,在当今的世界上也许这只是一种被艺术家理想化了的跨文化关系,但他希望我们的这些经验也能给美国政府中那些热衷于"圣战"的领导人一些启示:只要我们正视我们之间的不同,并且努力去理解和尊重对方,不同文化之间的和睦相处还是可能的。

和国际舞台上暴力不断的文明冲突相比,这样的跨文化合作演出当然只是一种理想化的模式,但是将来这样的演出一定会越来越多。布莱希特以及其他不少现代剧作家的形式上跨文化的剧作,可以为这样的重新挪用和重新创作提供灵感和素材。

十一、黑白要不要分明？

不久前在北京大学参加美国戏剧研讨会，又一次看到中美学生同台演出，但这次是奥尼尔的家庭剧《啊，荒芜》。看见中国人演的父母和白人演的子女对话，小儿子恺默发出了疑问：爸爸妈妈都是中国人，孩子怎么会是白人呢？恺默还是在美国生的，但他回来的时候太小，不知道这在美国叫"非传统选演员"，俗称"色盲"——对演员的肤色视而不见。"色盲"在美国舞台上早已是家常便饭，所以该剧的美国导演把这方法也带到了中国。2005年3月31日《纽约时报》的一篇文章举了一串舞台和银幕屏幕上的类似例子，例如著名黑人影星丹泽尔·华盛顿和白人影星杰西卡·海希特在百老汇扮演莎士比亚历史剧《裘利斯·恺撒》中一对古罗马的夫妻；电视连续剧《老友记》中的白人教授罗斯去和黑人约会，他那些无话不谈的朋友们谁也不置一词；电影《岔路》里那个和白人恋爱的亚裔女主角是个黑孩子的母亲，但谁也没问，谁也不用解释，仿佛这就是美国生活的常态。

可是文章的作者凯伦·詹姆斯紧接着就写道："但只有傻瓜才会以为我们已经进入了这样一个种族和谐的乌托邦，当前跨种族的婚恋关系是个既热门又棘手的题材。"①她举例说,1960年代很流行的《猜一猜谁来吃晚餐》并未过时,现在又有人重拍了一版,把角色的肤色对换一下,让一个黑人家庭看到女儿带来白人男朋友大吃一惊。那白人坐出租车去见未来丈人时,问女朋友有否跟父母说过他是白人;女朋友说没有,黑白没关系。可开出租车的黑人司机插嘴说:"有关系。"后来的一切果然证实,白人男友到了黑人家里动辄得咎,一次次差点被赶出家门。黑人白人相处之难就是在这部有着好莱坞式大团圆的喜剧中也无法回避。詹姆斯说,另一部电影《请看真相》更揭示了在政治容忍的表相背后的种种对于跨种族关系的恶毒态度。也就是说,在今天的美国,有的人认为黑人和白人已经没什么两样,肤色的差异不值一提;但也有人认为种族差异非常重要,黑白分明,绝不能忽略不计。到底哪一派观点更能够代表大多数呢?

二十多天后,《纽约时报》又有一篇讨论黑白关系的文章说,现在社会上黑白通婚已经多了很多,1967年以前全国41个州有法律禁止异族通婚,而到了2003年,美国已有3%的白人女子有黑人丈夫,6%的黑人男子有白人妻子。但是,"好莱坞什么时候敢公开放映一部丹泽尔·华盛顿和瑞茜·威瑟斯彭激情相爱的大片?相对于在种族关系上取得的所有成就,在银幕上黑人男子和白人女子的浪漫仍然是一个重要的禁忌。"② 之所以有这个禁忌,是因为全靠市场的电影制片人必须考虑大多数人是否接受,他们多持黑白分明的观点。相比之下,面对小众的戏剧家就更加理想主义,更容易倾向于普世主义知识

---

① Caryn James, "When It Comes to Casting, Love Conquers Color," *New York Times*, March 31, 2005.
② 克瑞斯特:"黑白爱——美国影视的种族禁忌",《纽约时报》2005年4月24日,转引自《社会科学报》(上海)2005年5月12日。

分子的色盲派。纽约大学教授理查·谢克纳 1989 年为他主编的《戏剧评论》写了一篇代表这方面极端主张的社论,题为《选演员不看种族、不看性别、不看体型、不看年龄》。[①]2000 年美国戏剧研究学会的成员在网上对"非传统选演员"的做法展开了一场热烈的讨论,其中一位莱德佛女士用她的亲身经历告诉人们为什么看人应该"色盲":

> 我住在洛杉矶,这里常常是生活模仿艺术和娱乐。在这里性别和种族都变成主观的了,也许应该说是显出了它们的主观性。我在和学生讨论种族问题之前总是先问他们的文化身份。这里的父母(的肤色)经常会和他们的孩子不一致,如果假定他们应该一致,会使你陷入最尴尬的境地。……这里的生活就像我们以为是很危险很实验的舞台上的演员组合一样。[②]

我也曾在洛杉矶住过,相信莱德佛说的确是事实,问题在她忽略了另一种事实。在洛杉矶这个多种族多文化的移民大都市里,一方面有很多相信种族和谐、主张不看肤色的"色盲"者,另一方面还有不少在骨子里不接受他者种族文化的"色过敏"者,这其中既有程度不同的白人至上主义者,也有不愿向白人主流文化妥协的少数民族文化坚持者。事实上正是后者改变了美国历史上由白人提出的跨文化关系的国策,把"熔炉"的比喻改成了"色拉盘",要求在与其他人群共处的同时保持而不是消融掉自己的特点。互不融和的色拉盘固然可以是一种理想的状态,但也容易变成以种族为界线的冲突人群。洛杉矶一带是美国最大的移民地区,有色人口早已经超过了白人,时常

---

① Richard Schechner, "Race Free, Gender Free, Body-Type Free, Age Free Casting," *TDR*, spring 1989.

② Leslie Radford's 8 February 2000 entry in American Society for Theatre Research (ASTR). "Gender/Race Blind Casting, 'Facts,' and 'Truth.'"

可以看到莱德佛引以自豪的"种族和谐的乌托邦",但一旦出事就会成为种族冲突的发源地。1992年黑人罗德尼·金在高速公路上被四名白人警察追截以后暴打一顿的镜头引起了全世界的关注,那四个警察后来被判无罪,这一判决点燃了黑人暴乱的导火线,几天之内死伤数百人,经济损失数千亿美元——这一切就是发生在洛杉矶。

即便是在不发生此类事端的平常日子里,美国的种族关系也远非"种族和谐的乌托邦"信奉者所想的那么美妙。举个例子,按逻辑推理,如果种族关系真是好到像莱德佛说的那样可以"色盲"的话,那就可以完全不看肤色来选演员了,既能让黑人演麦克白、基督山,也可以叫白人演奥赛罗、汤姆大叔甚至马丁·路德·金——其实黑人演白人要化妆还挺难的,白人化黑人就容易得多。但事实上,对任何美国导演来说,后一种做法将是冒天下之大不韪的"恐怖"事件,想都不要想。就因为黑白种族关系在美国是个爆炸性的敏感问题,那么做会引起黑人的公愤,让"犯规"的白人艺术家背上"种族主义"的黑锅,可能意味着艺术生命的终结。

既然是"非传统选演员",既然是"色盲",为什么让黑人演麦克白、基督山大家欢迎,而叫白人演奥赛罗、汤姆大叔就会变成"种族主义"呢?要解释这一明显的对白人演员"不公平"的做法,必须从美国舞台上白人和黑人的历史说起。

其实从整个19世纪到20世纪初,美国戏剧中的黑人基本上都是由白人涂黑了脸来演的,当时并没有引起什么黑人的抗议,有一个这样的戏还给黑人帮了极大的忙,那就是19世纪全世界最火爆的剧目《汤姆大叔的小屋》。这个戏是根据斯陀夫人的小说改编而成的,实际上当时在各地热演的剧团用的是不同的本子,但故事全都来自这部当时就已经被译成二十种语言的全球畅销小说。美国文学史家传为美谈的一则逸事说,林肯总统在南北战争胜利以后见到斯陀夫人时握着她的手说:"原来就是这个小女人挑起了这么个大战争。"[1]之所以这么说,是因为《汤姆大叔的小屋》这个主要讲黑奴的苦难和抗争的故事感动了无数美国北方的白人,帮助了林肯总统下决心发动废除奴隶制的南北战争。因为当时的文盲率还比较高,这个故事的感人力量在很大程度上是由它的舞台版传递出来的。但那时候美国根本没有黑人职业演员——黑人大都还在南部农场里做奴隶,汤姆大叔等众多黑人角色自然是由白人来演,这些白人演员用他们的表演为解放黑奴做出了重要的贡献。南北战争胜利以后,解放了的黑奴才得以离开他们前主人的农场,但仍然很少有登台演戏的。黑人开始进入以前只有白人居住的城市,白人和他们的距离更近了,了解更多了,却不一定能说关系更好了。渐渐地舞台上出现了一个以说唱为主的剧种,专门由白人涂黑了脸来嘲讽黑人,因为主角常常都叫吉姆·库若,也叫"吉姆·库若秀"。中国好像从来没有这类完全歧视性的剧种,中国舞台上最接近的可能是以前上海的滑稽戏中用苏北话嘲讽苏北人的部分,但那只是一小部分。"吉姆·库若秀"发展到后来,有了点钱的黑人也来看,渐渐地黑人自己也来演了。对黑人自己出演历来是嘲讽黑人的"吉姆·库若秀",目前在黑人圈内还有不同的看法,很多激进的黑人主义者认为那些演员是叛徒,为了一点私利不惜出卖族群的自尊和自己的良心。但我在塔夫兹大学指导的博士生戴维·克赖斯纳在博士论文中提出了为他们辩护的观点,认为出演"吉姆·库若秀"的黑人演员对原剧种进行了戏讽和颠覆,他们的"曲

---

[1] Gary Carey, *Stowe's Uncle Tom's Cabin*, Lincoln, Nebraska: Cliffs Notes, 1984, p.6.

图 18　正面反映黑人生活的划时代剧作《阳光下的葡萄干》

线登台"策略也为更正规的黑人职业演员如后来的大明星保罗·罗伯逊等铺了路。克赖斯纳本人并不是黑人而是犹太人,这使他的理论更显得大胆,但这篇论文在答辩时得到两位哈佛大学非洲裔研究系(美国黑人研究的最权威机构)资深教授的很高评价,他毕业后立刻被聘为耶鲁大学本科戏剧系主任,这一观点也已被广泛接受。[1]

事实上对"吉姆·库若秀"最大的戏讽和颠覆来自一个同情黑人的法国剧作家,日奈的《黑人:一个玩笑剧》要求演员必须都是黑人,分成两组,一组演白人,必须带上白面具而不能靠化妆,而且面具要

---

[1] David Krasner, *Resistance, Parody, and Double Consciousness in African American Theatre, 1895 – 1910*, New York: St. Martin's Press, 1997.

明显地露出背后的黑脸。他写道：

> 这个剧是白人写给白人看的。万一观众都是黑人，那么每晚都要去请一个白人来，男女不论。演出组织者应该正式地迎接这个白人，并领到前排座位上。演员们就为这个人而演。演出时要有一束追光一直打在这个象征性的白人身上。
>
> 万一没有白人愿来呢？在黑人观众进场时给他们发白面具。要是他们不接受，就做个假人来代替。①

全剧是一场仪式，由一群黑人表演杀一个白女人的过程给白人的法庭看。台上的"白观众"坐在高于黑人的平台上，显出居高临下的地位；但实际上他们却和台下那被聚光灯盯着的白人观众一样，受尽嘲讽。从故事来说，这些白人大人物是来看一个关于自己的同胞被杀的黑人仪式，这个白女人的葬礼也就是他们自己的葬礼。从剧场性来看，因为这些白人是黑人带着小丑般的面具演的，当然只会被丑化。表面上他们很有威势，经常打断仪式以图控制局面，但实际上全剧是被压迫者对有权势者以仪式为武器所作的极大的挖苦。此剧对白人的耍弄尖刻无比，甚至连尤涅斯库这样的先锋派人士看剧时也受不了，中途退场。②

二战以后美国的黑人演员越来越多，正面反映黑人生活积极向上的戏终于出现了。1958 年的《阳光下的葡萄干》是一部划时代的作品，黑人女作家劳瑞恩·汉斯白瑞描写了芝加哥一个贫困的黑人家庭在得到一笔保险费以后发生的分歧，剧中唯一的白人是个小丑般的角色，上门来想用一大笔钱买通他们退出在白人聚居社区买的房

---

① Jean Genet, *The Blacks*, New York: Grove Press, 1960, p.4.
② 参见 Robert Brustein, *The Theatre of Revolt*, Boston: Little Brown, 1964, p.403。

子，结果讨了个没趣。那个平时圣经不离口的黑人妈妈在事关种族尊严的问题上毫不含糊，义正辞严，赢得了台上的全家和台下观众的敬意。

但对黑人演员来说，这样的戏毕竟不够多，他们越来越反感舞台上让白演员演黑角色的惯例，黑人能演的角色本来就很有限，仅有的几个经典黑角色如奥赛罗、琼斯皇等还老被白人霸着。这种不满在1960年代民权运动高涨的时候达到了高潮。基督教牧师马丁·路德·金领导的民权运动在普世主义白人知识分子的支持下取得了巨大胜利，黑人在社会生活各个方面争得了平等地位。为了补偿过去几百年对他们的不公，政府还制定了一些矫枉过正的特殊照顾政策，名为"平权法案"。左派知识分子的理论也开始矫枉过正，不但把"吉姆·库若秀"视为黑人的奇耻大辱，还把曾对解放黑奴做出过重大贡献的《汤姆大叔的小屋》定性为奴隶哲学的喉舌，因为汤姆大叔既不像年轻黑奴那样愤而出逃，更不就地反抗，努力学认字就是为了能读白人的圣经，一味逆来顺受，忍辱负重，最后被奴隶主打死在农场里，临死还说，他爱所有的人。有的黑人甚至把提倡非暴力运动最后被刺杀的金牧师本人也看成是汤姆大叔式的人物。《阳光下的葡萄干》中的妈妈自然也被视为一路货。

当时美国的民权运动正和非洲的独立运动同时进行，理想主义高涨，美国黑人掀起了寻根热，激进的黑人领袖如 W.E.B.杜波瓦还真的离开美国回到加纳定居。那些和金牧师持不同政见和宗教观念的穆斯林黑人和"黑豹党"激进分子在舞台上也找到了自己的表现手段，一个著名的黑人剧作叫《荷兰人》（作者阿米利·巴拉卡，他抛弃了欧式的名字勒罗伊·琼斯，改成阿拉伯名字），描写一节纽约地铁列车上仅有一个黑男人和一个白女人，自以为信奉普世主义的开放女子向黑人调情,可黑人受不了她居高临下的态度,最终将她杀死。此剧极为精练地反映了当时和金牧师的主张相对立的那种绝不与白人妥协的社会思潮。

民权运动的高潮过去后,非洲各国也都独立了,可情况并不像当初所想的那么好,美国黑人也不再热衷于和非洲兄弟套近乎了。黑人有了自己的剧团,专演只有黑人角色的戏,舞台上谢绝白人和其他人等;与此同时南美人、亚裔、印第安人也都依样成立起各自独立的剧团,美其名曰多元文化戏剧。自1980年代起最出色的黑人剧作家奥格斯特·威尔森即便不论肤色也可以算是美国数一数二的剧作家,但他坚持自己的黑人身份。其实他父亲就是白人,但他从来没见过,因为那不负责任的男人撒下种就溜之大吉,这使得威尔森更决心和白人划清界限。他去世前完成了一个历时十多年,反映黑人百年历史的现实主义马拉松十联剧,每十年都有一剧,其中多部获得托尼奖。这十个剧中多数全是黑人,只有极少几个出现了白人配角。威尔森不但在剧作上黑白分明,对导演、演员也严令不许错位,在和哈佛大学著名戏剧教授布鲁斯廷的一场公开论战中甚至提出连犹太裔和意大利裔美国人这样的文化界限都必须划清,不能让任何导演去染指非本族文化的剧作,更不用说让白人来导演他的戏了。

与此同时,一些不像威尔森那么绝对的黑人戏剧家对黑白关系问题产生了较大的兴趣,其中最著名的是导演、制作人兼剧作家乔治·沃尔夫。他编导的成名作《有色人种博物馆》恰恰找出《阳光下的葡萄干》来进行戏讽。本来剧中那个满口圣经语录的妈妈最后是说服了一心反抗的愤青儿子,让他相信社会还是有希望的。沃尔夫却用布莱希特的手法一边调侃她对上帝的虔诚,一边让她眼睁睁看着儿子被一个白人刺杀而死——这白人是由黑人演员戴上白面具演

图 19　反映黑白关系的《凯若兰，或变化》

的，正是日奈发明的办法。

后来沃尔夫成为美国最大的非营利性剧院纽约大众剧院的艺术总监，编导了一系列反映黑白关系的戏。音乐剧《杰利最后的演出》取材于真实的故事，剧中肤色较浅的艺人杰瑞竭力否认自己的黑人血统,要当白人。女剧作家苏姗－劳瑞·帕克斯的《美国戏》讲一个黑种掘墓人的故事,可是他长得却像白人林肯总统,于是被人雇到一个游乐场里穿上林肯的服装做靶子,让那些恨林肯的南部白人持枪打他,既泄愤又取乐。沃尔夫发现了兴趣相投的帕克斯,把她请进大众剧院去演出一系列新剧作。

2005年沃尔夫导演了白人剧作家托尼·库希纳写的半自传体的音乐剧《凯若兰,或变化》,主人公凯若兰是1960年代一个南部犹太人家里的黑女佣,她还是像汤姆大叔和《阳光下的葡萄干》中的妈妈那样虔诚地信教,规规矩矩,但她女儿已开始接受金牧师的民权主张,要去抗议政府的种族隔离政策,不料从纽约来的犹太人比她还要激进,要把大学生造反的一套介绍过来。这个故事比较全面地反映了美国的黑白种族关系,跳出了盲目乐观的"色盲"普世主义和分离式多元文化主义那两条传统路子,为在舞台上较为现实地探讨种族关系开了新路。更有意思的是,《凯若兰》和曾被激进分子贬低的《阳光下的葡萄干》同时在百老汇演出,仅仅相隔四个街区。《阳光下的葡萄干》中的一位年轻女演员因为受了流行的所谓"政治上准确"理论的影响,曾想拒绝出演这个据说是保守过时的戏,但读了剧本以后大吃一惊,"觉得原来的想法百分之百全错了。这是个非常非常必要的戏,"立刻接了下来。当年曾经戏讽过该剧的沃尔夫也说:"这是个极其卓越的戏,极其卓越,人们每年都会演,但它不是唯一(有关黑人)的戏。"[1]

---

[1] 转引自 Anna Deavere Smith, "Two Visions of Love, Family and Race Across the Generations," *New York Times*, May 29, 2004。

近年来黑白冲突似乎不再是美国国内问题的焦点,国务卿鲍威尔和国家安全事务顾问赖斯在两届布什政府中发挥了美国历史上黑人从未起过的重要作用,以致使人觉得黑人选上总统也开始有了点希望——很可能会在第一个犹太人总统之前。这些变化说明,由于政治的需要,美国国内种族文化冲突的重心有所转移,但并不是消解了。黑人地位的提高有几个原因:首先,1960年代民权运动以后在升学、就业、提拔等各方面照顾黑人的一系列政策造就了一个日益壮大的黑人中产阶级。鲍威尔和赖斯是受益者中突出的代表。其次,拉丁裔南美移民人口的急速增长使得黑人不再是美国最大的少数民族,而且占人口比例愈益降低,不会再是白人最大的威胁。再次,自9·11以来白人警觉和怀疑的目光牢牢地盯在来自中东和南亚国家的穆斯林身上,黑人反而成了白人最坚定的爱国同盟军。这三个原因中两个都和宗教有关,由于大多数黑人皈依了基督教(新教),因此,虽然从肤色看他们比信天主教的南美人和信伊斯兰教的阿拉伯人离白人更远,却反而更容易得到白人基督徒的信任,早已失去祖国的黑人也更愿意和白人同胞团结在一起对付恐怖袭击。但这种政治结盟能否带来长期的种族和谐还很难预料。近年来不少政府和大学开始考虑终止几十年来按种族划线照顾黑人的政策,每次政策调整都争得不可开交。而对于相当一部分在大众媒体上没有话语权的白人种族主义者来说,他们早就忍无可忍。记得还在美国时,一次因为我给明尼苏达州报纸写的专栏附了照片登出来,第二天就收到一封"仇恨邮件",莫名其妙地叫嚣保持人种纯洁,反对黑白通婚,说那是"毁灭上帝创造的人类,是种族大屠杀!"也许这样的人数量很少,但是,好莱坞至今不敢拍"一部丹泽尔·华盛顿和瑞茜·威瑟斯彭激情相爱的大片",是不是就是在担心这样的人并不是一小撮?

当然，黑人社会地位的改变也不能简单地和艺术形象的改变画上等号，来自不同文化的欣赏者更是有不同的视角。过去一百多年来美国黑人舞台形象变化的轨迹和多数中国人眼里对黑人的印象几乎完全不同步。当上世纪初美国舞台上还充斥着白人嘲讽黑人的"吉姆·库若秀"的时候，中国戏剧的先行者却把黑人对白人压迫者的悲剧性抗争尊为榜样，自行将《汤姆大叔的小屋》改为《黑奴吁天录》，揭开了中国现代戏剧的第一页。在1960年代美国民权运动的初期，中国又演出了经过改编加工的《黑奴恨》，与当时事实上并无直接联系的美国黑人运动遥相呼应；紧接着又编演了支持非洲独立的《赤道战鼓》，全由中国演员仔细涂黑了脸和四肢，像非洲人一样演出。而此时美国正在把非黑人演员涂黑脸的化妆定为种族歧视行为，不成文地严加禁止。改革开放以后，中国人看到了越来越多真的黑人，1980年代《猜一猜谁来吃晚餐》在北京、上海的演出都广受好评，还是用的中国观众熟悉的涂黑脸的化妆。但当1996年北京人艺演出威尔森十联剧中最有名的《篱笆》时，因为美国导演布克的指示，彻底取消了黑人化妆。布克要求演员在这个完全写实的戏中"完全真实"地演，既像住在1957年匹兹堡的黑人，又要像1996年的北京人。这两个要求怎么可能同时实现呢？于是这些角色看上去不像美国黑人，听上去又不像北京人。问题就在这个美国导演是个白人，她对"种族主义"这顶美国政治帽子的恐惧使得她不敢让中国演员用我们几十年来行之有效的化妆术，结果把威尔森处处都要求真实的剧作变得不伦不类。美国人的政治禁忌竟使得中国舞台上从此再也没看到过能令人信服的黑人形象——除非真是由外国来的黑人演的。

媒体的普及使中国人日渐熟悉了很多地位很高的黑人，特别是那些明星，如迈克尔·乔丹、迈克尔·杰克逊、丹泽尔·华盛顿等。但光圈下的明星崇拜往往会掩盖真正的文化态度。举一个例子：前一阵我在一个反映华人在美国的电视剧中构思了两个女孩和美国同学约会的情节，讨论中有人问道：为什么让美国生的女孩约会白人，而让国内去的女孩约会黑人球星？是要让观众觉得国内去的就不如美国生的吗？故事中有个女孩后来怀孕了，中国父母最害怕的就是女儿怀上个黑孩子，大家都说这情节真实极了。呜呼，这是事实——我们对黑人的态度也未必比种族歧视的美国白人好到哪里去，尽管我们在仰望明星的时候，会以为我们已经不分黑白，已经"普世"，已经"色盲"了。

十二、《狮子王》与世界新秩序

哈佛大学战略研究院院长塞缪尔·亨廷顿是个最不会"色盲"的人。他在《文明的冲突与世界秩序的重建》一书的最后部分警告他的西方同胞们说：

> 西方能不能生存下去取决于：首先，美国人要再次肯定他们的西方身份认同；其次，西方人要将他们的文明视为独特的而不是普世性的，团结起来复兴和保护它，以对抗来自非西方社会的挑战。[1]

如果去问欧美的戏剧家是否同意亨廷顿这个观点，十有八九会肯定地说不同意，另外十分之一二则可能不回答，或者顾左右而言他。西方的文化人绝对是左派居多，而戏剧家中更是左派占绝大多数。他们近20多年来一直在使劲地宣传多元文化，也就是非西方文化，亨廷顿的这个观点在他们看来是极其保守甚至反动的西方至上论，和多元文化主义完全背道而驰，所以他们是绝不会加入到亨廷顿

---

[1] Samuel P. Huntington, *The Clash of Civilizations and the Remaking of World Order*, New York: Simon & Schuster, 1997, pp.20—21.

呼吁集合的队列中去的,尽管他们也是西方人。如果有人问,这些左派艺术家真的都和亨廷顿那么不同吗?他们都说多元文化好,是真的都要和他者文化平等地亲密接触吗?眼下就有一个很好的例子:在世界戏剧之都的纽约百老汇和伦敦西头都排名第一的《狮子王》,一个被很多媒体誉为多元文化典范的音乐剧。

《狮子王》是1990年代的一个奇迹。在百老汇戏剧制作的成本越来越高,一出戏常常要拉上十几个制作人来分担风险的时候,从来没有搞过戏剧的迪斯尼毅然下海,投资百老汇。不愧是驾驭商业艺术的高手,这个电影界的赚钱机器顿时让世人对其在戏剧市场的表现也刮目相看。他们不但财大气粗,而且有无尽的内容资源,迪斯尼1994年第一次进军百老汇,推出的就是根据他们自己的电影《美女与野兽》改编的音乐剧,一炮而红,到现在仍然每周八场在百老汇演出,同时还有九个剧组在世界各地轮流演出。这还不算,更加成功的例子是1997年7月在明尼亚卜勒斯试验性首演的《狮子王》,该剧不久后移师纽约一个2000座的新剧场,立刻成为百老汇三十多个戏中最难买到票的一个。2003年10月我去纽约看戏,《狮子王》仍然是最热门的——那时它已经在同一个剧场演了2500场了。

我没在纽约看《狮子王》。那以前我曾经两次在洛杉矶教课,组织学生去看《狮子王》的巡回演出版,我自己也没看。我早看过了明尼亚卜勒斯的首演版,以后就不想看了。不光是为了省钱,主要是看了心里不舒服。

1997年那次去看之前我也没有太高的期望,记得几年前电影刚出来时陪着儿子去看,差点打了瞌睡。我对孩子的戏没有太大的兴趣,再说这个剧组中也没有什么大明星。不料一到剧场就看出有点不同的气氛,这里不仅有带孩子来的父母,更有不少结伴或单独而来的成年观众。幕布刚刚从镜框舞台上升起,还没有听到一句台词,坐满了1500人的剧场就开始激动起来——须知美国人看戏通常都是很安静的。其实台上并没有什么高科技的花招,不要说不能跟迪斯尼擅长的银幕特技相比,就是比起《歌剧院的幽灵》等音乐剧来也朴素得太多。这里让人耳目一新的是亚洲和非洲的极土的民俗表演手法。

故事的开头和电影一样,观众看到的是一个生生不息的动物王国,但那画面大不一样。一个演员头上戴着顶极长的"高帽子",脚上踩着高跷,手上也撑着高跷,轻轻巧巧地就把非洲草原最有特色的长颈鹿演得活灵活现,引来观众的热烈掌声。主角辛巴和他的父亲、叔叔这三头狮子和演员若即若离,那能让观众看清演员表情的面具,就像是中国的傩戏中套在额头上面的面具。豪猪则是一个演员身上套着个硕大无比的木偶,猫鼬梯蒙的身材要比演员小得多,就干脆让演员站在本偶背后操纵,像日本文乐一样人偶共舞。还有一个演员穿着鹿装飞奔而来,手里拿着许多细棍子,上面顶着十几个木偶鹿,好像一头大鹿带着一群小鹿奔腾跳跃,又使我想起了中国的采茶扑蝶舞。这一幅幅生动的画面在"生命轮回"的背景音乐中徐徐展开,正是东方太阳升起的时候。可那太阳竟是简简单单地搁在地上的一块日本式圆形纸帘,上面用一根绳子拉着,在金黄色的灯光下从地上慢慢地升起来。场内的情绪达到了第一次高潮。对于看惯了以假乱真的高科技"虚拟现实"的观众来说,这些个毫不掩饰的原始舞台手法造成了最激动人心的魔术般的"幻觉"。就在这一刹那间我明白了,为什么电影观众在已经把创纪录的钱丢进了迪斯尼票房以后,还要再到剧场里来,再看一遍这个熟得都能背出来的故事。

《狮子王》的新鲜感几乎完全是从它古朴的非西方表现手法里来的。迪斯尼搞这个戏的时候决心尝试一条和《美女与野兽》不同的路。《美女与野兽》的改编是由专搞主题公园的设计师主持的,表面上很"现实主义",就是老老实实把平面的银幕动画形象翻译成了人在舞台上表演的三维立体,此外并没有多少创新。这么做虽然也赚了不少钱,但他们还不满足。为了进一步在舞台上发挥银幕所不具备的潜力,这一次他们冒险请来了一位从来没有做过百老汇的戏,反而对非西方非主流艺术特别感兴趣的先锋派戏剧专家朱丽·泰摩(Julie Taymor)。泰摩曾经在印度尼西亚的巴厘岛上住过几年,专门学他们的木偶和面具。这次她不但当导演,还担任了服装、面具和木偶的主要设计,并写了一部分歌词,她又请来一位非洲作曲家勒伯·M.,在音乐上加强了正宗的非洲色彩。这一切使得这出戏看起来十分符合多元文化主义,使之成为近年来炒得很热闹的一个政治标签,可它能赚钱吗?

迪斯尼的老板们虽然请了泰摩来,一开始心里并不是那么踏实。他们不时要跑到明尼亚卜勒斯看看她的排练,正式公演之前还搞了一两个星期的当众试演,得到了观众的肯定,这才算放下心来。但这时候还有一些评论家持保留态度,他们一方面赞扬明尼亚卜勒斯的首演,一方面又担心它能否得到百老汇观众的首肯。例如,《时代》周刊的剧评家理查·佐戈林写道:"问题是百老汇的观众是不是会轻易接受泰摩的观念。他们现在要看的是豪华而又逼真的特技,诸如(《歌剧院的幽灵》中)屋顶上掉下来的大吊灯,(《西贡小姐》中)飞翔的直升机以及(《泰坦尼克号》中)沉入大海的远洋邮轮。"几个月以后,《狮子王》在百老汇也受到了热烈欢迎,证明这位评论家当时的担心是多余的。后来他又在同一本刊物里宣告,《狮子王》很可能跟

《猫》一样要在百老汇"永远演下去"。

"永远"大概永远是一个夸张的字眼,但佐戈林给《狮子王》算的这个命大致上不错。《狮子王》确实和《猫》并驾齐驱了好几年,成了百老汇历史上最长寿的两种动物。这不仅仅是因为舞台剧《狮子王》有着色彩斑斓的多元文化形式,使相对开明的观众表现出那种罕见的热情,同时还因为这个故事的内容极为陈旧,与保守的美国社会中一种日益增长的集体无意识十分合拍。整个戏实在太符合许多美国人骨子里"西学为体,它学为用"的需要。那么,它的"体"是什么呢?

在明尼亚卜勒斯的剧场里看了三分之一以后,我起先的兴奋就不知不觉地消失了,反倒生出一种莫名的烦躁。稍有文学常识的人一眼就能看出,《狮子王》的基本情节是从莎士比亚的《哈姆雷特》里套过来的:弟弟杀兄篡王位,儿子为父报冤仇。《哈姆雷特》是西方历史上最著名的政治剧,但它讲的是国内政治。哈姆雷特的那句台词"丹麦是个监狱",最好地概括了全剧的主旨。剧中也提到了外族外国,但并没有起太大的作用。僭主克劳迭斯之所以能够阴谋一时得逞,靠的是宫廷手腕;他也把哈姆雷特送去外国,想借英国国王之手来杀掉他,但莎士比亚并没有把英国国王刻画成坏蛋,克劳迭斯也没有引狼入室,卖国求助,再说他借刀杀人的企图还没有成功。全剧中是有个外国人,波兰王子福丁布拉斯到全剧的最后踏进丹麦宫廷的血泊中来收拾残局。但他也不是坏人,许多导演和评论家还常常把他看成是代表了悲剧结局以后的希望。

可是,《狮子王》就不一样了,它对《哈姆雷特》最大的情节改变就是加进了一个外族——丑陋卑劣的鬣狗,让它们成了僭主斯尬的主要依靠力量。老狮子王的王国本来是国泰民安、歌舞升平,国界之内根本没有鬣狗的立足之地。为了杀掉老国王,斯尬不是像克劳迭

图 20 朱丽·泰摩导演的《狮子王》：万物臣服，唯狮独霸

斯那样直接下毒，而是和境外的鬣狗串通起来，煽动成千上万的野牛来把他踩死。篡位以后，斯尬就让鬣狗们大批地闯进狮子王国，横冲直撞，横行霸道，弄得民不聊生。辛巴要想收回他父亲的王国，首先

必须把外来的鬣狗和"狮奸"斯尬一起扫除干净。

《狮子王》的作者们是故意编出一个童话故事来影射种族或国家之间的冲突吗？谁都知道，童话中的动物都是人的化身，朱丽·泰摩还生怕观众忘了这点，特意在专为说明书而做的采访中点明："虽然他们看上去像是动物，他们也是看得见脸部轮廓的很有味道的人。"①这样看来，她设计的动物面具都不遮住演员脸，就是为了让观众更加清楚地意识到这个戏就是在讲一个人的故事，而不是什么影射。那么这个人的故事是不是关于种族或国家之间的冲突呢？不管他们是不是意识到这一点，这个1990年代的崭新的童话故事恰巧因应了冷战结束以后弥漫于美国的一种社会的集体无意识：万千物种欲争荣，唯我狮子能称雄。

20世纪最著名的文学和神话研究者诺斯罗普·弗莱依（Northrop Fry）认为，神话和童话的母题结构往往反映出一个民族的深层心理。当代美国自然和产生了古典神话的古代社会不同，美国的社会要复杂得多，也矛盾得多。迪斯尼更早推出的《美女与野兽》就很不一样，其主要观众对象是孩子，孩子们在这个戏里学到的道理是，看人不要只看外表的不同，就是外形丑陋貌似野兽的造物也可能比白白净净的美男子有着更美丽的内心，更应该得到美女的欢心，所以我们平时看到的肤色的差别又有什么关系呢？美国学校的老师们往往就用这样的童话来帮助孩子们接受多元文化的观念。

无独有偶，中国也有一个相似的神话，翻译成迪斯尼式的标题语，可以叫"俊男与野物"，中文就叫《白蛇传》。在中国大概很难想像

---

① Program of *The Lion King*: *World Premiere Broadway Musical*, Aug. 3, 1997, p. 10.

这个人蛇恋爱的故事会和美国的多元文化有什么瓜葛。也是在1997年,一个亚裔剧团在明尼亚卜勒斯把这个古老的东方传说搬上了舞台,很受欢迎,不少学校的多元文化活动组织者纷纷邀请剧团去校园里为学生演出。我刚听说的时候,还以为他们只是猎奇罢了,后来发现他们非常认真,再一问,原来许多美国人竟看出这也跟《美女与野兽》一样,是个主张种族之间应该相互宽容相互接受的寓言。原来如此!我这个熟悉《白蛇传》的中国人只好自认惭愧,还不如老美眼界开阔。在多元文化炒得沸沸扬扬的那些年里,很多种动物甚至包括猪(电影《猪宝贝》)都被用来宣扬种族平等、人际和谐,实在是浪漫得有点过分。

麻烦的是,连篇累牍的多元文化宣传渐渐引起了不少美国白人的逆反心理,1990年代国会开始收紧移民政策,反对多元文化的论调越来越多地见诸报端,2001年9·11事件以后就更不用说了。早在1997年初,塞缪尔·亨廷顿就出版了他的《文明的冲突与世界秩序的重建》一书,毫不掩饰地号召美国和欧洲的白人基督徒联合起来,取消多元文化政策,特别要在这个"西它对立"(the West vs. the Rest)的世界上警惕穆斯林和中国文化圈的挑战行动。和这样一种对多元文化的逆反心理相呼应,人们看到了《狮子王》这个关于清除异族、夺回霸权的童话。《狮子王》告诉了人们什么呢?很简单,作为独一无二的世界之王,为了重建世界新秩序,必须擦亮眼睛,赶走任何可能侵犯自己主权地位的异族敌人,以及像叔叔斯尬那样"里通外族"的内奸。简直像是中国文革中的阶级斗争故事,可是,《狮子王》里的冲突不就是这么简单?

美国权威报刊的剧评家们都没有把《狮子王》的这个明显的主题点穿,他们恐怕是不愿意,要是点穿了怎么办呢?批评的话很煞风景,不批评的话又有悖他们人文主义知识分子的身份。《纽约时报》本·布兰特利的评论用了很大的篇幅来分析该剧多姿多彩的形式,对于情节和人物却只一笔带过,说什么"泰摩女士的长处从来不是在吸引人的故事和丰满的人物形象上"。他轻描淡写地把《狮子王》称作是"一头小狮子长大成人的故事",仿佛故意忽略了该剧的主要冲突。《时代》周刊的佐戈林只提到一句,"故事中斯尬的邪恶过于夸张了"。但他没有特别指出斯尬邪恶在哪里。斯尬比《哈姆雷特》中的克劳迪斯更邪恶吗?他还没有霸占老王的妻子呢,但是他里通外族,这才是最可恶的。

　　这些看不到种族文化问题的色盲剧评家很可能会认为我这样的文化解读过于主观,是把我自己的意思强加到《狮子王》头上,或者说是"读"出了剧中本来没有的意思。剧中到底有没有这个意思呢?编导朱丽·泰摩自己的话最清楚了。她认为她这个戏绝对是有关种族的,看到那么多剧评家全都没有看出戏里的种族因素,她还很不满意。她十分自豪地告诉采访她的学者理查·谢克纳:

　　　　你想一想美国的种族问题,这个演出是非常有趣的。白人(她自己就是白人——引者注)认为《狮子王》与种族无关,认为它在种族之上,超越了种族;但对黑人来说,恰恰相反,这出戏完全是讲种族的。……歌队都不是白人——有些看上去像白人,但事实上是混血的。舞台上大多数演员都是有色人种。黑人孩子看了很激动,他们为此而写了文章——黑人观众的反应让我非常满足和感动,因为在美国的主流剧院里是不可能看到黑人演国王的。[①]

----

① Richard Schechner, "Interview with Julie Taymor," *The Drama Review*(New York)T163(fall 1999), p.54.

黑人孩子的激动使得泰摩也很激动,她觉得让黑人演了个狮子国王是给了黑人演员很大的帮助和荣耀,她还批评电影《狮子王》只让黑人给老狮子王配音,而把辛巴的配音任务给了一个知名的白人演员,"这样我们就有了一个黑人父亲和白人儿子。他们为什么不让一个黑人来配辛巴的音呢?"这又一次说明她是把剧中的动物都当做人来看的,动物的种类也就是人的种族。既然不是一个色盲的导演,难道她真的相信让黑人演了狮子王就会让观众觉得这个戏是在表现黑人称霸世界吗?任何看懂了这个故事的人都不可能那么幼稚。她知道这么说太简单化了,而且她自己也面对着为什么找了两个肤色很浅的演员来演狮子的问题。她的回答竟然是:"我不是故意去找两个浅肤色的演员来演那些角色的,对这两个角色来说那是最好的演员。"她似乎忘了,以前的色盲导演在把有色角色给白人演的时候也总是说,他们是最好的演员,根本就不考虑肤色、种族和文化的问题。她知道说走了嘴;又慌忙补充说:"我的第二个辛巴(的演员)就非常黑。黑人观众在台上会看到种族的。我知道我的作品不是非洲的,可是作曲家勒伯的音乐是非洲的。"

谢克纳故意问她:"故事是非洲的故事吗?"

泰摩只好承认不是:"这是个西方的故事。《狮子王》里很非洲的部分是勒伯的音乐,还有视觉形象,那些织物,还有嘎斯·法根的舞蹈。我找嘎斯来就是想要跨文化的动作,既是欧洲的又是非洲的,或者既是欧美的又是非洲的。"

这里她还忘了她从亚洲和很多其他地方学来的面具和木偶,她都记不清那么多非西方文化艺术成分的具体来源了。这本来就无所谓,因为她要的就是我前面说的"西学为体,它学为用",用多元文化的斑斓色彩来装饰骨子里极其西方至上的故事。让黑人和其他有色人种满足于看到他们的同胞在台上表演,却忘了表演的是要他们永远归顺霸主的故事;让白人一边欣赏浪漫的异国情调,一边放心地知道,这些为他们服务的文化他者绝不可能影响他们制定的世界新秩序。

为了了解美国人对这个问题究竟是怎么看的,1992年暑期我在洛杉矶教课时特地让学生去看了《狮子王》,然后在考卷里出了这样一道论述题:谈谈《狮子王》与多元文化的关系。学生都谈到了该剧表面上的多种非西方艺术的风格,也都谈到了《生命轮回》那一段的主题:世界上所有的物种都重要,都有各自的位置。这个班里没有黑人,但是有墨西哥裔的学生,他们就比白人学生看出了更多的东西。两个墨西哥裔的学生不约而同都写道:这个戏里的世界秩序就像美国社会一样,狮子肤色最浅,是统治世界的,那些肤色深些的动物如猴子和猪就是给人做事的,就像洛杉矶地区很多打最苦的零工的墨西哥人一样。有什么办法?世界就是这样的。

朱丽·泰摩真应该听听这些观众的感想,而不仅仅是陶醉于黑孩子幼稚的激动和感谢之中。《狮子王》对于身处世界霸主地位的白人基督徒观众当然是振奋人心的,可对于看清了它的真实主旨的有色人种来说,意思是完全不同的。

当然,绝大多数的百老汇观众只是来花钱买娱乐的,他们不愿意去想那么多,他们喜欢的主要是《狮子王》中"会刺激人们内心那种原始童真的让人耳目一新的剧场的魔力",还有它表面上的多元文化色彩;即便有人看出了它骨子里西方至上的政治隐喻,也可能会故意闭上眼睛。对大部分美国人来说,艺术和娱乐的主题本来是不必点穿的。只有在碰到直接有关政治的事件时才需要公开表态。如果说

《狮子王》这个百老汇的童话剧还太"儿戏",不足以清楚地表明某些美国人对"非我族类"的态度,那就再来看看《狮子王》创作期间1996年美国政坛上的一个荒诞剧吧。

这个闹剧被媒体称为是"亚裔献金"或者说"中国献金"案,它是怎么开始的呢?在那次选举中,大选获胜的民主党全国委员会发现了一些外国人的捐款,有不少钱是一个生于中国台湾的黄姓官员募来的,他也把不少可能捐款者请进白宫与克林顿总统见过面,照过相,其中还有几个中国大陆来的企业家。共和党控制的国会得到消息,马上吵吵嚷嚷大叫"狼来了",在国会成立专案组,由曾是好莱坞明星的参议员汤普森主持,要调查中国政府如何用捐款来影响美国政局,一下子中国成了阴谋颠覆美国的大敌。如同原本是讲宫廷内乱的《哈姆雷特》变成了大战异族的《狮子王》,本来纯粹是美国国内的两党之争,现在扯进了外来势力,堂堂美国总统麾下的民主党居然成了为几万几十万美金而受制于中国政府的卖国小偷。如此荒唐的神话却在专业化程度极高的美国政界和新闻界热炒了一两年,所有为竞选捐过款而又有个亚洲名字的人都要交代清楚钱的来历。连历来以清白著称的副总统艾尔·戈尔也为此而饱受质询和奚落,只因为他曾经到台湾人建造的洛杉矶西来寺参加过一次尼姑的募捐会。但是,直到最后,那个雄心勃勃的专案组也没有查出一点中国政府插手的证据来。

难道那些议员和记者真有那么蠢,认为几个亚洲商人为了向人炫耀跟美国总统照的相所用的一点交际费值得这么大惊小怪,还把中国政府牵进去?问题其实不是无知而是偏见。我在给明尼苏达州的《圣保罗先锋报》写的专栏中有一篇专门讲了这个问题,提醒那些反华的老美们不要忘了,他们的政府才是世界上最慷慨的政治捐款人，动不动斥资千百亿，派兵多少万到世界各地去，不光是要影响别国政府，有时候干脆就是在自己身上抠下一小块，再克隆出一个政府来，他们何曾觉得有什么不妥？为什么看到历来不问政治的亚裔人士刚刚参加了一点活动就大叫有鬼？我在文章中讽刺说，我看中国政府就是有意也拿不出那么多钱来影响美国的选举，说不定就是想要美国人也尝尝被别人"干涉内政"的味道呢。文章见报以后，有读者来信来电支持我，但也有人给我寄来了厚厚一封"仇恨信件"，是个自称的"白人种族分子"寄来的一叠牛头不对马嘴的剪报，都是从平时看不到的种族主义报纸上剪下来的所谓有色人种害白人的案件故事。我无从判断这些故事是否真实准确，但这些报纸的编辑和读者的倾向着实让人惊愕。这个寄信人坚决反对跨种族婚姻，尤其反对黑人越界，他说12%的跨种族婚姻里有黑人，"这是在毁灭上帝创造的人类，是种族大屠杀！"[1] 显然是我的观点和专栏照片上的中国脸引起了他们的反感。这样的人当然是不会喜欢讲种族融合的《美女与野兽》和《白蛇传》的，但他们一定会为《狮子王》而大声叫好，铲除异族，永掌霸权！

那么，要把《狮子王》定性为白人至上主义的戏吗？看过电影的中国人大多并没有这样的印象，世界上其他国家也有许许多多观众喜欢这个童话。不管在银幕上还是在舞台上，《狮子王》肯定还会长久地演下去。艺术的接受绝对是因地因人而异的，大家尽可以把它拿来为我所用。但是，在美国这样一个多种族混居而且老是关心别国事务的国家里，一个鼓吹等级制度和绝对王权的作品受到这么大的欢迎，实在不是吉样的兆头。时至今日，情况已经十分清楚了，

---

[1] Elroy M. Stock 1997年10月15日寄给我的英文信件。

9·11事件一发生,布什身后的美国极右集团立刻露出了真相。其实9·11帮了他们一个大忙,现在这些想要永远称霸的狮子王们终于可以撕下脸上的面具了,为了他们的世界新秩序,只要谁看不顺眼,就可以任意"先发制人",炸得他趴下再说。9·11也使得我对《狮子王》的"另类"解读更容易被人接受。记得2002年初我去英国巡回讲学,在两个大学讲到这个题目。因为到处都看到"伦敦的头号演出《狮子王》"的海报,还有点担心西方人不一定喜欢听我对他们的主流文化作这么激烈的批评,但我还是照样说了,没想到听我讲座的那些教授和博士生们并没觉得太吃惊,原来他们也一直对美国的全球扩张和文化扩张心存不满,布什政府在9·11以后的一系列举措更加深了他们对美国这个"狮子王"的反感。西方真的不是铁板一块。

现在,第一场先发制人的伊拉克战争已经很快地结束了,但《狮子王》还在百老汇和世界各地演着,而且还会"永远"地演下去。但愿它可以变成一帖清醒剂,提醒天真的人们千万不要被那色彩斑斓的多元文化的表面现象所迷惑了,其实那些色彩底下一直在跳动着一颗世界霸主的野心。多元文化融合的理想实在离我们还很远,我们必须正视各种文化之间的差别,这就是《狮子王》可以给我们的教训。

结语：跨文化戏剧和中国

当我写本书的结语的时候，狮子王还在百老汇和伦敦的大舞台上高唱着永远称霸的赞歌，但美国最坚定的反恐盟友英国却在两周内连续遭到两次连环恐怖袭击，袭击者又是穆斯林极端主义者，但这次多是出身于英国的公民，几十年基督教社会的浸染竟一点也没有改变他们的信念。亨廷顿教授一定会说，又一次可悲的"文明冲突"。曾是撒切尔夫人内阁主要成员的英国保守党大佬诺曼·泰比说，要是英国政府采纳了他的"板球测试"建议，藉此测定来自南亚的移民对英国的忠诚度，最近发生的伦敦爆炸案就可能避免。15年前他就说，南亚移民在看板球赛时往往支持他们原属的国家而不是英国，"如果一个移民社群不断往原属国看，而不是同新归属国的人民一起向前看，这样迟早是要出问题的。"① 当然世界上有很多人不同意此人的论断，但惨案毕竟又发生了——而且是在小布什总统和布莱尔首相坚称近几年的反恐战争取得了巨大成就以后，而且是连着两次。

---

① "英保守党前部长：多元文化会毁了英国"，新加坡《联合早报》2005年8月20日。

第一次袭击发生在 2005 年 7 月 7 日,伦敦人正在欢欣鼓舞,庆祝他们的城市刚刚在一天前申奥成功,将要举办 2012 年的奥运会——全人类和平聚会的最大的活动。经历了这样的打击,伦敦人将怎样来筹备七年后的奥运会?

中国的 2008 年奥运会已经近在眼前。我们应该怎样来筹备这个活动?我们肯定也要做好反恐的警力准备,但我们的主要手段是文化,是意识到和别人不一样但又能和别人平等对话的文化。北京奥运会提出的正式口号是"同一个世界,同一个梦想"(One world, one dream)。这是中国人的理想,而我们必须正视的现状则是,在我们同处的这个世界里,有着许许多多不同的梦想。北京奥运会的开幕式能不能让千千万万怀着各自梦想的人来到这里,开始向往一个共同的梦?这就要看我们的编导的文化视界和艺术想像力了。目前竞争奥运会开幕式导演呼声最高的是张艺谋,这位在太庙执导过歌剧《图兰朵》的导演曾经用他的诸多国际得奖影片向全世界介绍了中国的文化,但他的片子也招来了不少学者和作家的批评,说他自我东方化中国,刻意迎合西方评委的趣味,向他们展示了中国的落后。一个颇具代表性的说法来自长期研究并创作跨文化文学的作家兼学者王周生之口:"像《大红灯笼高高挂》那样符合西方人'东方主义'模式的作品,最能讨好西方读者。"[①]《大红灯笼高高挂》等影片还是张艺谋独立执导的,现在他作为奥运会开幕式的竞标者,已经不再是独立的艺术家,而是正式和西方合作者结盟了。和他一起竞标的对手据说也都是外国公司和中国艺术家的组合。也就是说,我们 2008 年奥运会

[①] 王周生:"'讨好',还是共谋",《文汇报》2005 年 7 月 23 日,第 7 版。

的开幕式,仅从创作者的文化身份来看,就可以肯定是一个跨文化的作品了。

现在摆在所有竞标者也是全体中国人面前的问题是:在这个奥运会上,我们应该选择哪些中国文化的元素来呈现给世界?我们要不要运用别国文化的因子?第一个问题太复杂,一两句话还没法回答;第二个问题比较简单,有些人的态度是否定的,或者基本否定,理由也很简单:北京的奥运会必须代表中国向全世界说话。完全正确,那么,"全世界"这个观众的文化构成应不应该在编导的考虑之中呢?对世界各国的跨文化表演做过深入研究的法国戏剧教授帕垂斯·帕维斯总结出跨文化表演的一个公式:从"源文化"到"标的文化"的跨越过程好像是一个沙漏的瓶颈,要经过一系列的选择和改造,包括文化、艺术、社会学和人类学的实验模型,改编者的视角,戏剧形式的选择等等,走通了就可以进入标的文化,而有的创作会卡在中间,导致失败。[①]这个公式主要是根据西方观众看到的来自非西方文化的演出而抽象出来的,对于逆向的从西到东的跨文化演出也大致适用,不过奥运会比这二者都要复杂得多。由于奥运会本身的全球性,在北京演出的开幕式的源文化和标的文化都并不是单纯的同质文化,它的观众比百老汇的《西贡小姐》那些以国际旅游者为主的观众还要远更多元。《西贡小姐》是由英国制作人凯默任·麦肯拓什掌控的跨国戏剧公司制作的长期性商业性演出,为了商业价值的最大化,要尽可能迎合各种观众的口味,吸引无论何种文化的观众都来买票看戏;奥运会开幕式则是以中国政府为依托、展现中国文化之精华的百年难遇的一次性特大景观,其面对的买票的几万现场观众只是一小部分,

---

① Patrice Pavis, *Theatre at the Crossroads of Cultures*, Longdon: Routledge, 1992, p.4.

大多数是遍布全球坐在电视机前无需付费的观众。我们要不要去迎合他们？这样的观众又怎么去迎合？

更难回答的问题是，到底什么才是中国文化的精华？2004年的雅典奥运会开幕式似乎是个展示本国民族文化的好例，既凸现了古希腊的文化，又充满了现代精神，只是我们很难学。希腊和中国一样也有着辉煌的历史，但他们的历史中断了很多年，因此两千五百年前古希腊风格的雕塑几乎是天然地可以代表希腊文化。而中国有着从未间断的五千年文明史，这是世界上独一无二的无价之宝，却给我们的编导们带来了在眼花缭乱中选择的烦恼，究竟哪些最值得拿来展示给世界？是张艺谋已经让西方人眼熟的京剧、功夫、旗袍，还是远更古老、远更气派的神话形象女娲、精卫、愚公？还是曾在舞台上大受欢迎的敦煌仙女的琵琶飞天、红色娘子军的热裤"武装"①？究竟哪些才能最精彩地代表中国文化？2000年悉尼奥运会的开幕式用一个白人小女孩和大群土著人突出了澳大利亚文化中的几乎是截然相反的两大因素，在天使般升空的小女孩面前，那些近乎裸体的土著人是在展现落后，还是在显示他们对自己独特文化的绝对自信？

英国学者B.安德森在研究全世界各种民族文化之后，提出一个理论叫"想像的社群"：

> 这样的社群是想像出来的，这是因为即便是最小的民族国家，绝大多数的成员也是相互不了解的，他们也没有相遇的机会，甚至未曾听说过对方，但是，在每一个人的心目中却存在着彼此共处一个社群的想法。

---

① 这里借用毛泽东诗词《七绝·为女民兵题照》中"不爱红装爱武装"之"武装"的衍生义。

图 21　2000 年悉尼奥运会开幕式：英国来的白人女孩与原住民

……除了原始部落那种面对面接触的社群之外（甚至这些社群也是如此），所有比它们规模大的社群都是想像出来的。所谓社群，并没有真假之分，差别只在于不同社群各有互异的想像风格。①

也就是说，除了经济、政治的强力以外，民族国家还必须要靠软性的文化的想像力才能凝聚在一起。在世界上的民族国家中，中华民族这个社群的想像力几乎可以说是最强大的，因为地域广大，交通不便，族群众多，语言难懂，但却能在几千年的长河中一直共享着同一个华夏民族的文化语汇，从礼乐到团体操，从楚辞到摇滚乐，从百戏

---

① B. Anderson, *Imagined Communities*, London: Verso, 1983. 转引自汤林森：《文化帝国主义》（冯建三译），上海人民出版社 1999 年版，第 154、156 页。

到电视剧。进入21世纪以来,这种想像力遇到了极大的挑战,因为中国人的想像越来越多地和全世界其他文化的想像混合在一起了,我们的艺术还能不能为凝聚中华民族、并在世界上张扬我们的民族文化做出贡献?我们的艺术家将如何来想像?

　　本书讨论的基本上都是西方人创作演出的跨文化戏剧,它们和中国人有什么关系呢?有几个西方的跨文化戏剧牵涉到了或真或假的中国人,如伏尔泰的《中国孤儿》,高奇和普契尼的《图兰朵》和黄哲伦的《蝴蝶君》,不管那些角色是真实的还是虚假的,因为剧作的广为传播,他们已经对西方人心目中的中国人形象产生了重要的影响。至于那些和中国人没有直接关系的戏,也常常反映出西方人对包括中国人在内的所有非西方人的种种不实之见——有负面的也有过于浪漫的。一般来说,媒体形象的跨文化传播总是比人与人直接的跨文化接触更便捷更广泛。在人类历史上的大部分时期中,舞台演出是最主要的媒体,现在有了报纸、电视和因特网,交通的发展使得人与人面对面的接触也方便多了,但虚构的典型化的形象仍然有其不可替代的作用。历史上西方人往往只能通过他们的艺术家想像的形象来认识东方人,因为东方人缺乏西方语境中的话语权;随着国力的快速增长,中国人现在有了越来越多的话语权,我们要怎样来使用它?

　　从历史的角度来看跨文化戏剧演出,现在的一个最大不同就是由单一文化的观众(如《波斯人》和《美狄亚》)变成了多元文化的受众。越来越多的中国戏剧家和电影、电视艺术家在创作初期就想到了海外市场,而海外观众的趣味和国内观众往往是有差异的,照顾到海外市场的需要,常常会牺牲一些国内观众的要求,这就会引起学者的质疑,特别是文化批评学者的质疑。本土艺术家的创作应不应该考虑他者文化的需要? 这是不是崇洋媚外的表现?

有一种观点认为,只有虚弱的文化才会担心他者文化的入侵。英国学者汤林森在《文化帝国主义》一书中指出:

> 媒介是造成强烈民族国家认同的"潜在"来源,这正如凑热闹式的体育运动及政治礼仪在举行时媒介也充作了"大众仪式的舞台"一样。不过,经过这个中介过程而产生的认同感会有多深、多长,具有多大政治意义,很有可能必须取决于媒介本身以外的因素,比如该国社会及政治稳定程度的一般状况。
>
> ……当大多数社会经验都只是环绕例行作息而运转时……民族国家的认同也就退隐至意识之后成为背景,这个时候,人们对于外来文化产品的例行接触,也就与他们消费任何其他文化商品一样,持有相同的态度,而且也受制于相同的需要。对比之下,等到社会情势不稳定、出现异端意见,或是各方积极开展对于民族国家和民族地域认同的抗争,或是本国遭到外邦威胁时,民族国家和地域认同等"遥远的想像"可以又会重新浮现于意识,而文化帝国主义之威胁也就突现了出来。①

这确实很像近年来中国的情况,每当中美、中日之间出现大的摩擦的时候,例如美军轰炸我驻南斯拉夫大使馆、南海撞机、钓鱼岛发生争端,我们会对外国文化的因素特别敏感甚至敌视,但事情过去以后,绝大多数人又会回到业已相当全球化的日常生活中,照样去消费各种各样的西方文化产品,从麦当劳、牛仔裤到麦当娜、好莱坞。事

---

① 汤林森:《文化帝国主义》(冯建三译),第169—170页。这里的"认同"一词和本书多次论及的一个重要概念"文化身份"中的"身份"在英文中是同一个词 identity,更准确但略嫌啰嗦的翻译应该是"身份的认同"。

实上,汤林森这个民族身份认同的"规律"主要还是从印度、东南亚等典型的殖民地—宗主国关系史中归纳出来的,中国这个过去的半殖民地国家从来就更加外向。自从鸦片战争以来,特别是进入 20 世纪以来,中国大量引进西方文化恰恰就是在"遭到外邦威胁"、"社会情势不稳定、出现异端意见"的时候,而且多半是出于"以夷制夷"的民族需要,由我们自己的官员和知识分子主动去"拿来"的,不像印度、中东人那样是被迫地接受殖民主义者强加于人的外来文化。中国的话剧、电影、舞剧、交响乐等诸多现代表演艺术门类全是源自西方的舶来品,经过大半个世纪的本土化过程,已经建立起自己的传统,人们很少再认为它们代表了西方文化。因此,仅仅是吸收了西方形式的跨文化戏剧在中国已经不是太大的问题。问题在于艺术家和艺术形象的文化身份。

刚才提到的悉尼奥运会开幕式的澳大利亚创作者们已经来到中国开始了他们的跨文化创作,除了参加北京奥运会的竞标以外,有几位正在上海和我们的舞蹈家们合作,为 2005 年上海国际艺术节的开幕演出改编中国经典《花木兰》。他们让白人舞者扮演匈奴侵略者,突出了这个故事中我们过去并不重视的跨文化因素,让人耳目一新。① 这个故事早已被好莱坞拿去拍成了动画片《花木兰》,然后出口转内销,配了音卖给中国人看。因为没有中国主创人员的参加,只能说那部大片已经成为西方的跨文化大戏剧的一部分。但如果那是由我们请他们到中国来和我们合作拍摄的呢?

关于文化身份向来有两种对立的理论。亨廷顿和赛义德虽然观

---

① 上海《文汇报》2005 年 8 月 8 日,第 6 版。该剧的做法和我的《神仙与好女人》异曲同工,见本书十。

点相左,但都倾向于从横向的空间维度来看,强调的是共时态中不同文化之间的差异和矛盾。亨廷顿在他最近编辑的一本书《文化的重要性》中写道:"在(上世纪)40年代和50年代,曾有不少学者重视文化因素,分析它们之间的差别,解释它们的经济和政治发展状况。……然而,在其后的60年代和70年代,学术界对文化的研究一度显著减少。到了80年代,对文化这一变数的兴趣开始回升。……社会科学界越来越多的学者把目光转向文化因素,用它解释各国的现代化、政治民主化、军事战略、种族和民族群体的行为以及国与国之间的联合和对抗。"[①] 而多数中国学者自"五四"以来一直更倾向于从纵向的时间维度看,强调历时态中同一文化的发展变化,也就是现代化所带来的"进化"。本书导言所引述的汤一介等人的文化融和说的实质就是文化要变化。其实横向和纵向这两种理论可以合成一个网络,构成互补的关系。本书追溯了西方跨文化戏剧所走过的漫长路程,从古希腊到伊丽莎白时期到启蒙运动再到二战胜利以后,所有这些案例既展现了东西文化之间深刻的差异和冲突,又证明相关的各种文化一直处在不断的发展和交流之中。两千五百年来西方跨文化的经典戏剧作品主要是在内容上跨文化,大多体现出强势文化对于他者文化的态度,从中我们可以学到很多经验和教训。站在21世纪的今天,艺术家有了比前人好过无数倍的跨文化交流的条件。当然物质条件的便利并不一定意味着思想和艺术水准的提高,例如今天的西方艺术家就拿不出像《波斯人》和《奥赛罗》那样蕴含着深厚人道主义精神的作品来。这是不是在预示,西方文化的强势地位已经比

---

① 亨廷顿、哈里森主编:《文化的重要性——价值观如何影响人类进步》(程克雄译),新华出版社2002年版,第1—2页。

不上埃斯库罗斯和莎士比亚的时代了？也许中国艺术家的机会就要来了？

  2008年奥运会的开幕式并不是严格意义上的戏剧，未必会有表现冲突的情节，但奥运会向全世界展示的不仅仅是一个开幕式，按惯例还要在外围同时推出各种各样的舞台演出，这将是中国艺术家有史以来所要面对的文化上最为多元的观众。而且，这仅仅是一个开始。中国正在经济上、政治上一步步和平崛起，我们能不能创造出与我们的政治经济相匹配的文化来？就像我们一直在分析研究人家的经典作品一样，人家终于也要来审视我们了，全世界将会看着我们的舞台。我们将拿出什么样的作品来给我们的文化他者看？

  但愿这本书能给我们的艺术家们一点小小的启发。